U0754243

张宗祥先生纪念画册

浙江图书馆　编

国家图书馆出版社

图书在版编目（CIP）数据

张宗祥先生纪念画册 / 浙江图书馆编. -- 北京：国家图书馆出版社, 2015.8

ISBN 978-7-5013-5650-8

Ⅰ. ①张… Ⅱ. ①浙… Ⅲ. ①张宗祥（1882～1965）—生平事迹—画册 Ⅳ. ①K825.4-64

中国版本图书馆CIP数据核字(2015)第180570号

书　　名　张宗祥先生纪念画册

著　　者　浙江图书馆　编

责任编辑　邓咏秋

出　　版　国家图书馆出版社（100034 北京市西城区文津街7号）
（原书目文献出版社　北京图书馆出版社）

发　　行　(010)66114536 66126153 66151313 66175620

E-mail　66121706(传真) 66126156(门市部)

Website　btsfxb@nlc.gov.cn(邮购)

www.nlcpress.com→投稿中心

经　　销　新华书店

印　　装　北京信彩瑞禾印刷厂

版　　次　2015年8月第1版　2015年8月第1次印刷

开　　本　889×1194 毫米　1/16

印　　张　15

书　　号　ISBN 978-7-5013-5650-8

定　　价　280.00元

主　编：吴琼俐

副主编：吴志坚

摄　影：钱　明

鸣谢单位：

西泠印社

浙江美术馆

海宁市文学艺术界联合会

海宁市张宗祥纪念馆

海宁博物馆

海宁市图书馆

桐乡市博物馆

平湖博物馆

序

二十八年前，我刚调入浙江图书馆工作，还是图书馆工作的门外汉。一次，听老员工谈及老馆长张宗祥先生，言谈之中对先生充满崇敬，这给我留下深刻印象。其时先生逝世已二十余年，是什么让后人对一位二十多年前逝世的前辈仍然肃然起敬、念念不忘呢？后来慢慢知道张先生是著名书画家，曾组织补抄文澜阁《四库全书》，一生抄书近万卷，给后人留下丰厚珍贵的遗产。不过，这些印象都还是耳食而来。

大概九年前，我在馆办工作，看到有人往电脑里录中医古籍，一问，原来是老领导王效良先生编《张宗祥集》所收《本草简要方》文稿。这是我第一次亲眼看到张宗祥先生的著作。先生居然著有中医著作，这让我惊叹不已。

2008 年，我履职古籍部。是年秋，第二届全国古籍鉴定与保护高级研修班和第五期全国古籍修复技术培训班同时在我馆举办，时任馆长的朱海闵女士请前来授课的全国古籍保护专家委员会主任李致忠先生、芷兰斋主韦力先生和我馆古籍部老主任何槐昌先生等共进晚餐。席间，李先生问起张宗祥先生主编的《京师图书馆善本书目》的下落。这是鲁迅建议张先生录的副本，据记载带回南方，藏在浙图。何先生答曰曾在古籍部见过。李先生返京后，我在古籍部查了半天，未见此书踪影，没能提供给国家图书馆在次年举办的百年馆庆活动中展出，成为一件憾事。同年，国家图书馆举办《四库全书》特展，张志清副馆长和我聊起文澜阁《四库全书》补抄历史，他说，国图善本阅览室原来有一个“浙江图书馆补抄《四库全书》专座”，后来搬新馆时撤掉了，如果当时留下，送给浙图作纪念就好了。我还经常遇到前来古籍部看书的学者，发现古籍部多部重要、受到学界高度关注的书也与张先生有关。

2009 年，临海博物馆六十卷本《说郛》申报“第二批国家珍贵古籍名录”。《说郛》条目繁多，是我国现存较早的一部大型丛书，元以前古书很多赖是以存。但此书版本系统复杂，向未经系统整理。张宗祥先生汇校了六个抄本，成涵芬楼《说郛》，1927 年，付张元济先生在商务印书馆出版。此书出版时，先生尚不知有临海六十卷本，后来得知此本后，千方百计请人抄来此本序跋目录，详细比对，并留下篇幅颇长的笔记。我有幸借工作之便浏览过六十卷本，比对先生笔记，深感先生眼光敏锐，见解深刻，后人很难逾越。

有一段时间，我到善本阅览室，总能碰到浙大中文系汪超宏教授。他研究戏曲史，常来馆查阅姚燮稿本《复庄今乐府选》，此书收录历代戏曲资料 858 种，极具文献价值，他建议我影印出版。我调看目录，原来是张宗祥先生 1954 年整理补编的。此目在冀淑英先生《中国古籍善本书目》后记中亦有详细记载。

近年浙江师范大学中文系黄灵庚教授在整理《明文海》，并成功申报国家社科基金重大项目，所用本子包括我馆藏的《增订明文海》。这是张先生在逝世前一天还在从事辑校的最后一部书。

凡此种种，我对张宗祥先生的认识渐渐丰富立体。先生多才多艺，学问博大精深，尤邃于书画戏曲，但没有像同辈艺术家一样留下众多作品，在先生看来，这些显然是古籍辑校之余遣兴之作。先生终身心力所萃，乃在于浩瀚繁难的文献，以及文献所承载的文化。他组织完成补抄文澜阁《四库全书》，成为浙江巨大财富；他一生抄校的典籍不断被后人挖掘整理，其价值历久弥新。他呼吁恢复并投入巨大心血的西泠印社，欣欣向荣，生机勃勃，成为篆刻传承代表组织和国际印学中心。而这一切成就又是在怎样一种环境中获得的！

我时常感到张先生的身影就在身旁，我隐约体会到一种在艰苦中铁肩担当的巨大精神力量，但无以名之。

今年元旦，我与我馆徐洁副书记（张先生外孙女）、吴志坚博士前往海宁参加市图书馆新馆开馆仪式，特意参观了张宗祥先生故居。在先生生平展览中，一张铁如意的黑白照片引起我特别的注意。我知道张宗祥先生自署“铁如意馆主”，有一柄心爱的铁如意，但铁如意究竟为何物，似乎从未有人注意。

照片中，铁如意古朴典雅，形如长剑，并非想象中闲来把玩的小器物。如意是中国传统文化美好、吉祥和智慧的象征。以铁铸成，具有坚毅之性，为历代有风骨的英才所喜爱，常用作指挥的手杖、防身的武器。千百年来许多英雄豪杰以自己的英雄壮举不断充实铁如意的精神内涵。南宋名臣文天祥制有一柄铁如意，用于指挥军事，他以“人生自古谁无死，留取丹心照汗青”的民族气节流芳千古；明末重臣赵南星也有一柄铁如意，他“慨然以整齐天下为任”,“去邪用正”，对阉竖魏忠贤展开大无畏斗争，赢得“忠毅”二字。

张宗祥先生四岁患足疾，九岁嫡母离世，十岁才能拄杖而行，靠顽强毅力勤奋学习，二十岁考上举人，二十三岁获乡先贤明崇祯举人周宗彝抗清御敌武器铁如意，遂以自号。先生一生历经风雨，坚毅不拔，不屈不挠，勇于担当，传承和发展中华文化，体现的岂不就是铁如意精神吗！

今年 7 月 24 日，海宁张宗祥书画院送来了铁如意全形拓。展卷摩挲，我仿佛看见先生慈祥坚毅的目光。在这目光里，我们必将坚定前行。

今年 8 月 16 日是先生逝世五十周年纪念日，浙江图书馆将举办一系列纪念活动，并为先生出一部纪念画册。国家图书馆出版社要求我写一篇序，拉拉杂杂写下自己点滴感受，是为序。

徐晓军

2015 年 8 月 4 日

目录

生平履迹

张宗祥(1882—1965),谱名思曾,字阆声,号冷僧,浙江海宁人。1902年(清光绪二十八年)中举人。先在嘉兴秀水学堂、浙江高等学堂和浙江两级师范学堂等校任教。1911年辛亥革命后,历任浙江省教育司中等教育课课长、教育部视学兼京师图书馆主任、浙江教育厅厅长、瓯海道尹。1928—1949年间,在平汉铁路局、中国农民银行等单位任职。

1950年3月任浙江图书馆馆长,至1965年8月16日逝世。期间,还任浙江省文史研究馆副馆长、西泠印社社长、浙江省人民代表大会代表、中国人民政治协商会议浙江省委员会常务委员、中国国民党革命委员会浙江省委员会常务委员等。

张宗祥先生青年照

早年任教

张宗祥先生早年先后在海宁开智学堂、桐乡桐溪学堂任教，后又在嘉兴秀水学堂任教，兼嘉兴府中学堂教员，教国文、历史和地理。1907年，在浙江高等学堂（浙江大学前身）授地理。1908年兼浙江两级师范学堂（今杭州高级中学）史地科教员。当时教材极其缺乏，地理教材，特别是地图，很多是张宗祥亲手描绘，直至后来去北京清华学堂任地理教员时也是如此。

"木瓜之役"胜利后浙江两级师范学堂教员合影于杭州"湖州会馆"（1909年）

前排右起第四人为张宗祥，第三人为鲁迅。

前浙江高等学堂留杭同学合影留念（1951 年）

先生曾于 1907 年在浙江高等学堂授地理。前排右起第六人为张宗祥，第七人为邵裴子；后排右起第七人为钱家治（著名科学家钱学森之父）。

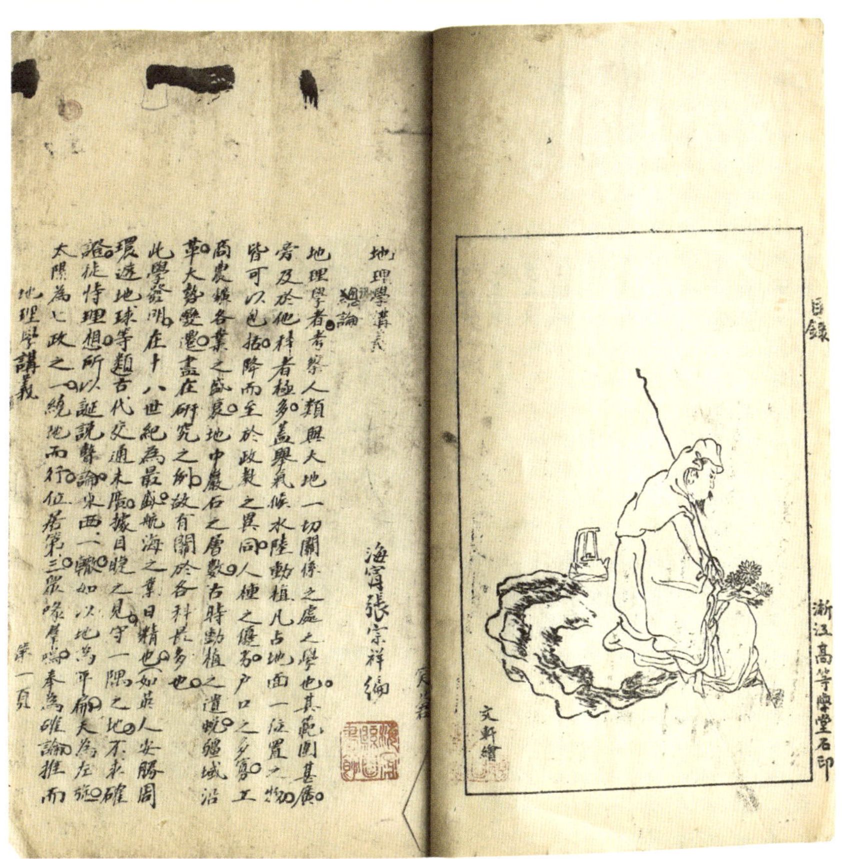

地理學講義

總論　海寧張宗祥編

地理學者。考察人類與大地一切關係之處之學也。其範圍甚廣。旁及於他科者極多。蓋舉氣候水陸動植凡占地面一位置之物。皆可以包括。降而至於政體之異同。人種之遷移。戶口之多寡。工商農礦各業之盛衰。地中巖石之層數。古時動植之遺蛻。疆域沿革。大勢變遷。盡在研究之列。故有關於各科者多也。

此學發明。在十八世紀為最盛。航海之業日精也。如英人安勝周環遊地球等。題古代交通未廣。據目睹之見。守一隅之地。不求確證。徒恃理想。所以誕說聲論。東西一轍。如以地為平。而天為左旋。太陽為七政之一。繞地而行。位居第三。眾條星曜奉為確論推而

地理學講義　第一頁

地理學講義

第十一圖

第五頁

张宗祥先生在浙江高等学堂任教时编写的地理教科书

张宗祥先生与妻子王淑英、长女张珏摄于北京寓所，时在北京教育部任佥事（1917 年）

张宗祥夫妇在温州合影

张宗祥先生中年照

京师图书馆

1919年，张宗祥先生任京师图书馆（国家图书馆前身）主任。编写《京师图书馆善本书目》，并参与故宫文献的整理。

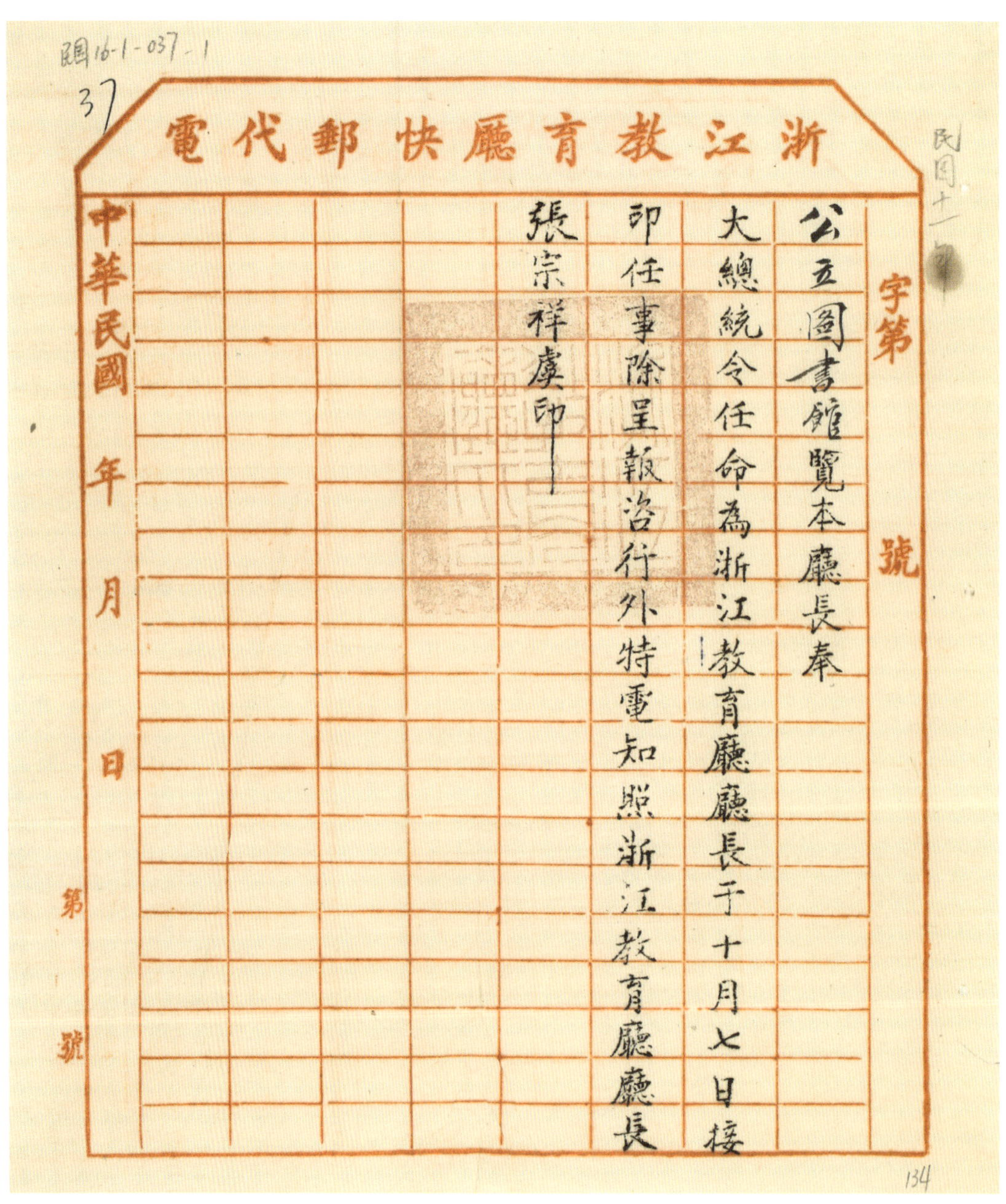

浙江教育廳快郵代電

字第　號

公立圖書館覽本廳長奉
大總統令任命為浙江教育廳廳長于十月七日接
印任事除呈報咨行外特電知照浙江教育廳廳長
張宗祥虞印

中華民國　年　月　日

第　號

张宗祥先生被任命为浙江教育厅厅长的文件

1922—1924 年，张宗祥先生任浙江教育厅厅长。1923 年，开始募款补抄文澜阁《四库全书》。在省参议会上提出建立浙江大学提案。1924 年，推行“三三制”教育制度改革。年底，补抄文澜阁《四库全书》成。

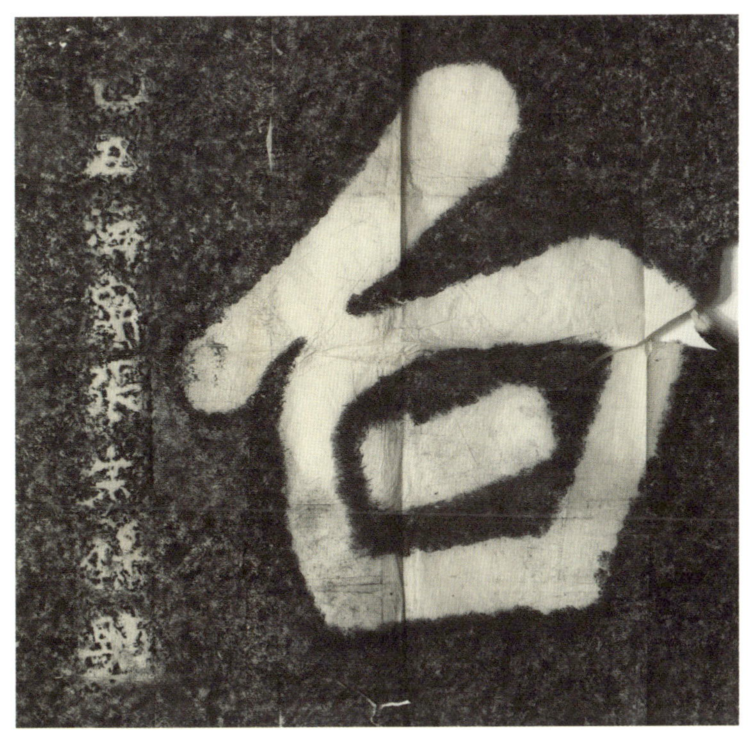

温州瑞安仙岩梅雨潭摩崖题壁“飞白”的拓片

1925—1926年，张宗祥先生出任瓯海道尹，这是先生首次担任亲民官。在任期间，他创办平民识字夜校和育婴堂，平抑粮价，整顿警务。

汉口平汉铁路局旧址（湖北图书馆提供）

1931年、1936年，张宗祥先生任平汉铁路局秘书。

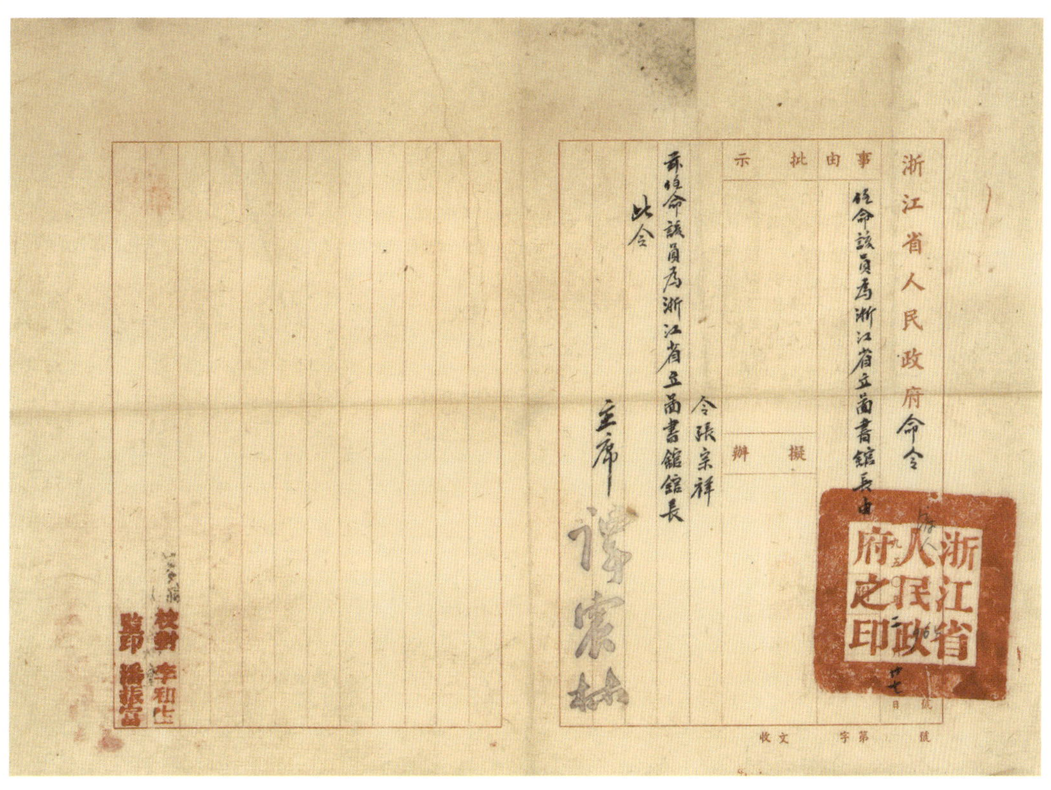
浙江省人民政府命令
事由 任命該員為浙江省立圖書館長由
批示
擬辦
令張宗祥
茲任命該員為浙江省立圖書館館長
此令
主席 譚震林
浙江省人民政府之印
校對
監印
收文 字第 號

张宗祥先生被任命为浙江图书馆馆长的任命状

1950—1965 年，张宗祥先生任浙江图书馆馆长。任内致力于整理馆务，扩充藏书。

张宗祥馆长与浙江图书馆全体工作人员合影（1950 年 10 月 27 日）

张宗祥馆长与浙江图书馆全体工作人员合影（1953 年 10 月 27 日）

张宗祥馆长与浙江图书馆全体工作人员合影（1959 年 10 月 1 日）

张宗祥馆长出席浙江图书馆全馆大会（1963年10月27日）

张宗祥馆长与浙江图书馆全体工作人员合影（1963年）

前排中是馆长张宗祥、左五是省委宣传部长金韬、左七是省文联主席许钦文、左四是副馆长张英田、左三是党支部书记沈晓明、右一是副馆长孙永乐，五排左一是研究员朱中翰。

张宗祥先生办公所在地浙江图书馆孤山路馆舍白楼外景

白楼内景（现为阅览室）

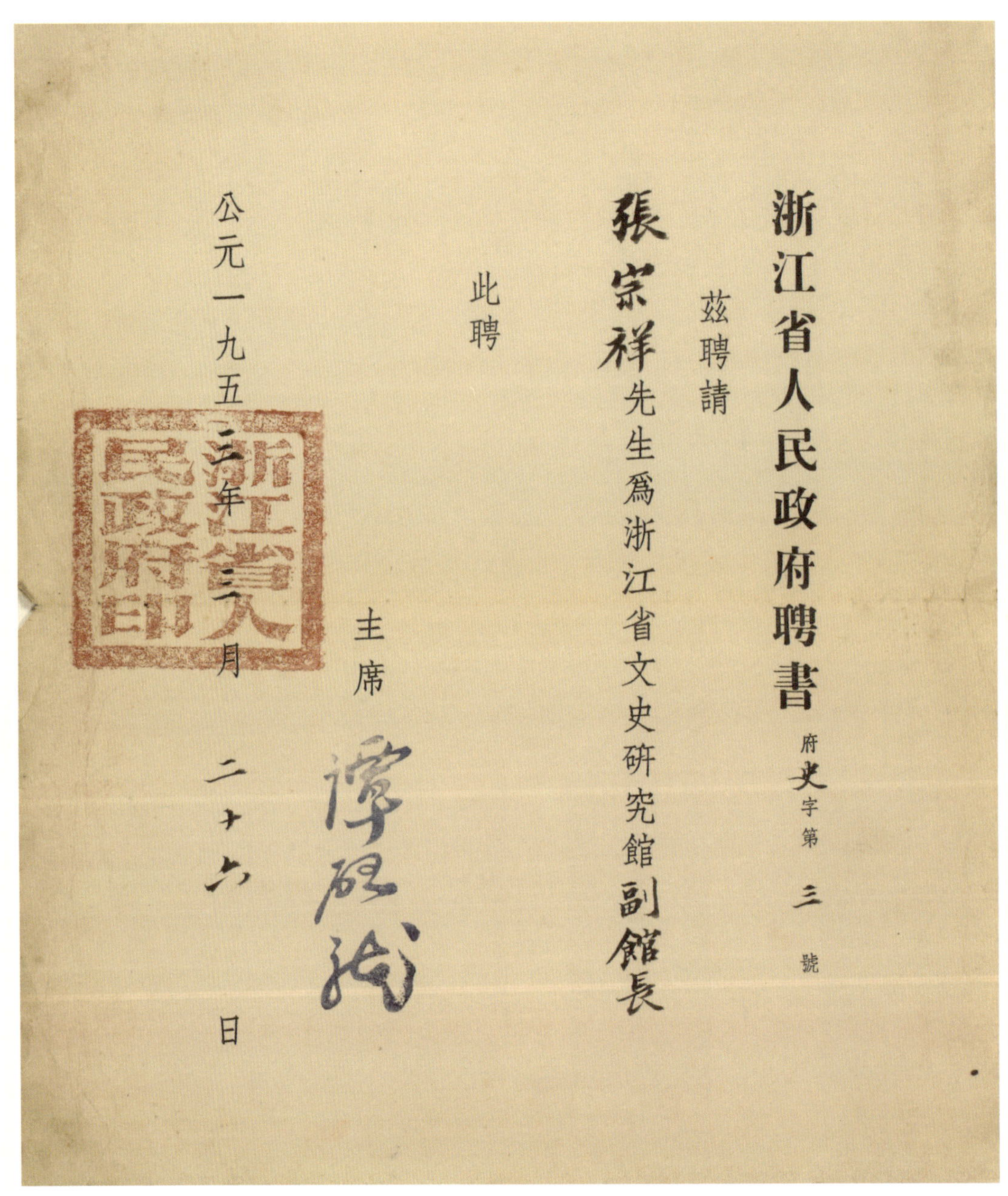

浙江省人民政府聘書

府史字第三號

茲聘請

張宗祥先生爲浙江省文史研究館副館長

此聘

主席 譚啟龍

公元一九五三年三月二十六日

浙江省人民政府印

浙江省人民政府签发的聘书

1953年，张宗祥先生任浙江省文史研究馆副馆长。

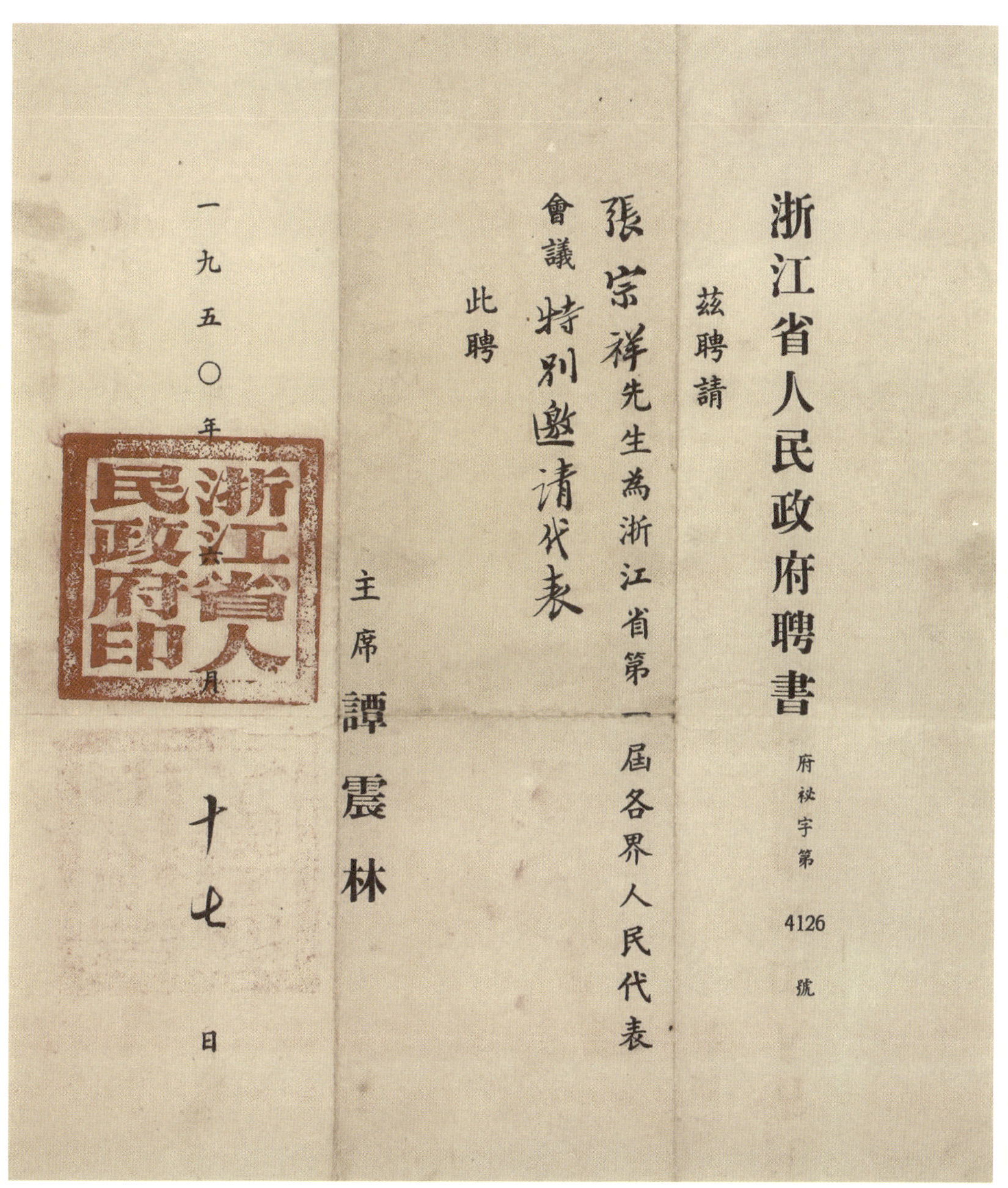

浙江省人民政府聘書

府秘字第4126號

茲聘請

張宗祥先生為浙江省第一屆各界人民代表

會議特別邀請代表

此聘

主席譚震林

一九五〇年　月十七日

浙江省人民政府印

张宗祥先生被聘为浙江省第一届人民代表会议特邀代表的聘书

浙省开人民代表会议，邀予为特约代表。自筹备委员会起，以至预备会、正式会，继续六十余日，始毕事。以土改、征收制度二问题为中心。（摘自张珏：《冷僧自编年谱简编》）

西泠印社

1956年，张宗祥先生在省人大会议上提案恢复西泠印社。1957年，当选为西泠印社筹委会主任。1963年，出任西泠印社社长。

西泠印社六十周年大会合影（1964 年）

前排左起第四人为马一浮、第五人为张宗祥。

张宗祥先生老年时期照片

张宗祥先生与沈钧儒先生在杭州合影

摄于 1956 年 9 月，此年先生 75 岁，沈先生 83 岁。

周恩来总理与张宗祥先生亲切交谈

张宗祥先生在西湖边（1965 年）

张宗祥先生在杭州寓所挥毫

旁立者为外孙女小佐。

张宗祥先生之墓（杭州南山公墓）

浙江海宁张宗祥故居主楼

故居前的罗汉松

1882 年 4 月 3 日，张宗祥生于浙江省海宁市硖石镇。少时与蒋百里一起勤奋苦读；俱文采斐然，齐名乡里。长大成才各有贡献，硖石镇上流传“文有张冷僧，武有蒋百里”之说。

1965 年张宗祥先生逝世后，其子女遵照先人遗愿，于 1984 年由张宗祥先生的长女张珏代表家属把张宗祥先生的故居（556 平方米）无偿捐赠给海宁市人民政府。1989 年海宁市人民政府把故居列为重点文物保护单位，1993 年在张宗祥故居建立张宗祥纪念馆和张宗祥书画院。2011 年，张宗祥故居被公布为浙江省省级文物保护单位。

生平履迹

海宁故居

举人第

爱愚草堂

与故居隔河相望的惠力寺

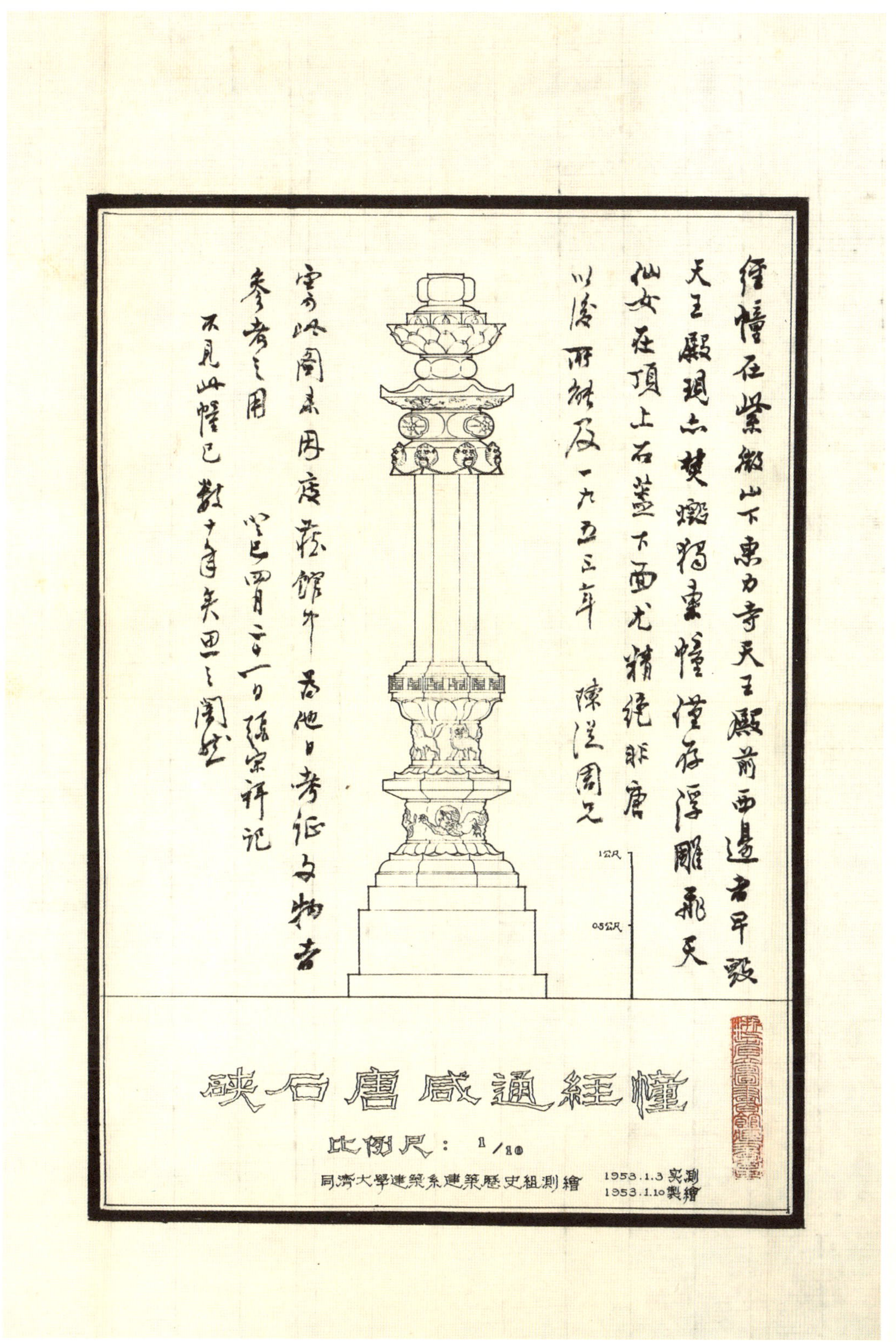

张宗祥先生关于惠力寺唐咸通经幢的题记

铁如意

“长二尺许，面嵌杂花，背嵌回文卍字，皆银丝。头上花文，已剥蚀不可辨，无款识。宋器，相传宋赵清献物，明为周忠介所藏，后归青萝先生。先生姓周，名宗彝，字重五，号青萝，崇祯己卯科举人……”（摘自张宗祥：《记铁如意》）

清兵入关进硖石前，周宗彝以铁如意为武器，带领乡人血战，兵败殉国。张宗祥先生崇其英雄，敬其大义，千方百计觅得了这柄散失在民间的铁如意，极珍爱之，以“铁如意馆”为书斋名，手抄书目录及手抄书稿纸上都可见到，并刻成图章用在所作字画上。抗日战争中，先生辗转北京、汉口、重庆等地，铁如意一直带在身边。

张宗祥先生衣物

张宗祥先生使用的书桌椅

张宗祥先生使用的毛笔和周建人（时任浙江省省长）送的毛笔

张宗祥先生拓碑用的棕拓、铁如意馆的笺纸及印板

张宗祥先生使用的调色盒

张宗祥先生使用的铜尺

张宗祥先生使用的扇形书夹

张宗祥先生使用的烟斗

张宗祥先生使用的茶杯、放大镜

张宗祥先生使用的棋盘

张宗祥先生使用的诊病的脉枕

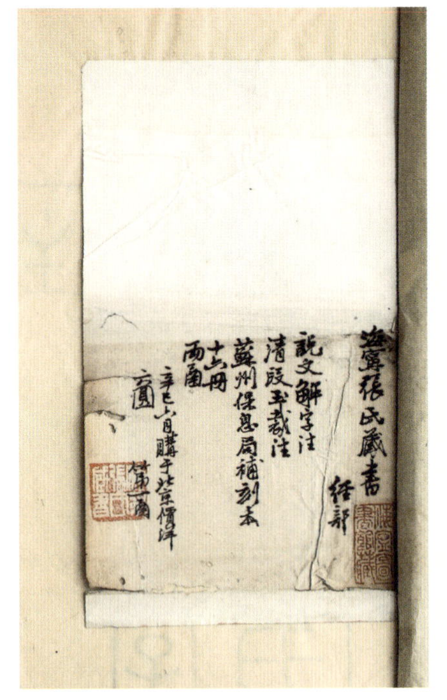

张宗祥先生的藏书条

张宗祥先生捐赠给海宁市图书馆的部分藏书

常用印章

张宗祥先生生平收藏的刻章，内有沙孟海、方介堪、韩登安、谢磊明等名人刻章，共120多方，全部捐赠给国家，由西泠印社负责接收。

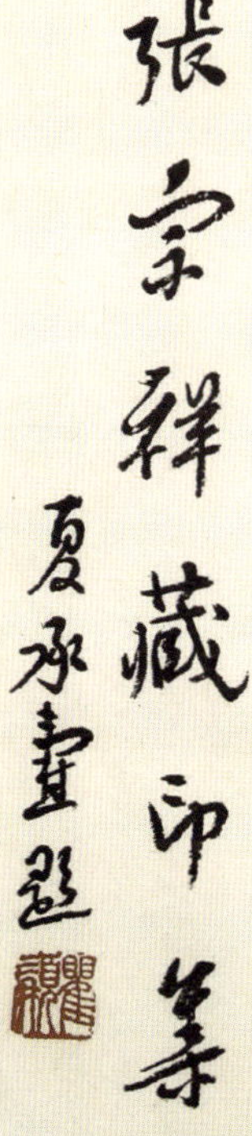

《张宗祥藏印集》

1985年，西泠印社出版《张宗祥藏印记》。西泠印社把张宗祥先生的藏印，辑为专集。在这本专集里，多为先生请人镌刻的姓名、斋馆等印，均用原印拓出。

以下印章照片由西泠印社提供，拓印来自《张宗祥藏印集》。

张冷僧

钱君匋刻 2.1×2.2×2.7 cm

宗祥印信长寿

介庵刻 2.3×2.3×4.4 cm

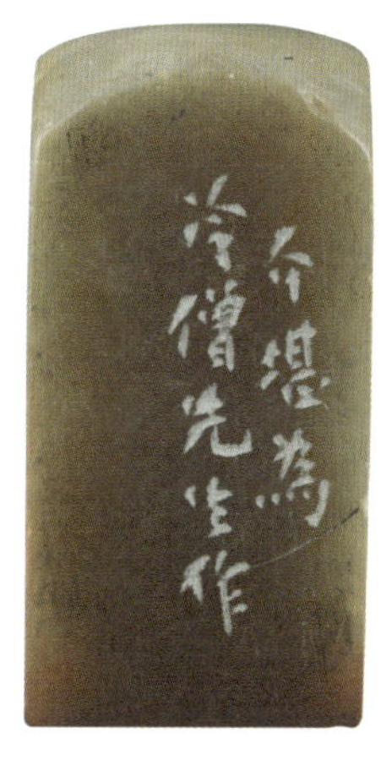

读书余兴

方介堪刻 2.0×2.0×4.1 cm

手抄六千卷楼

韩登安刻 1.8×2.2×1.6 cm

铁如意馆

韩登安刻 2.0×2.7×1.6 cm

笔耕

（清）丁敬刻 1.9×0.9×3.8 cm

老小孩子

韩登安刻 2.1×1.6×1.9 cm

冷僧五十以后作

任小田刻 2.2×2.1×5.5 cm

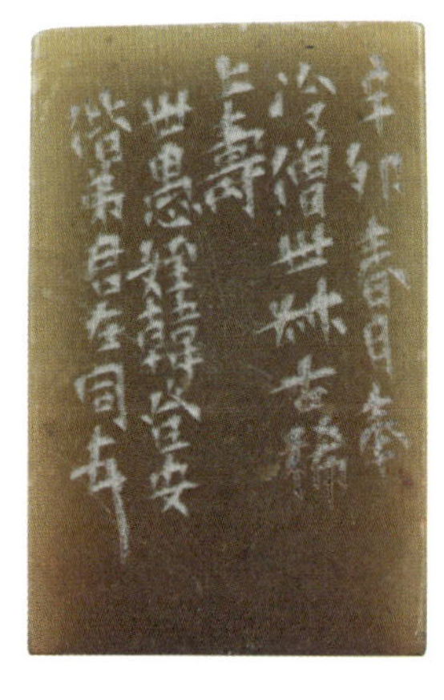

冷僧七十岁后作

韩登安刻 3.0×1.9×1.9 cm

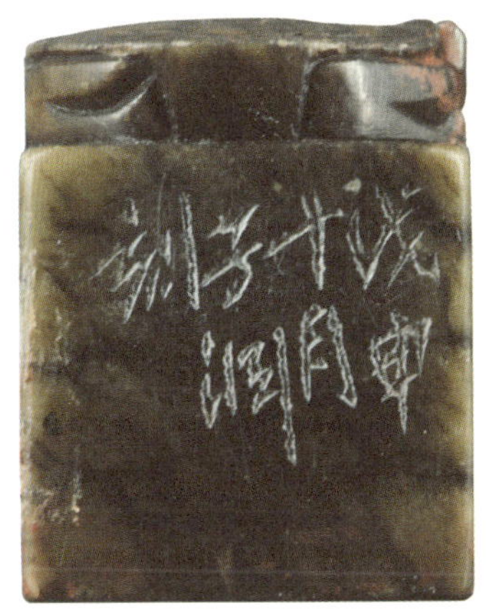

冷僧珍赏

经亨颐刻 2.0×2.0×2.4 cm

冷僧墨戏

沙孟海刻 1.2×3.8×5.5 cm

冷僧书画

谢磊明刻 7.1×1.6×1.6 cm

古籍辑校

予自十二岁始出就外傅，读四子书，其时如饥者得食，不择精粗，以果腹为度。三十以后，方事雠校，与单君不庵、周君豫材、朱君蓬仙等，从事古籍。自三十五岁起，赵慰苍同年喜搜孤本，傅沅叔先生富于庋藏，予亦乐此不疲，如入宝山，无所不爱，抄校诸书，恒至夜以继日。至五十七岁，抗战军兴，始不能每日抄校。入川之后，若断若续。六十三岁后，竟未抄一书。所抄之书，有为亡弟麟书保存海上者，有为友人保存汉口者，有为身携入川者。胜利还都，在南京时，一度会集清点，计少三千九百余卷，如《太平御览》之类，所存仅二千数百卷。本意欲抄八千卷，与丁氏八千卷楼相匹，今年将七十，恐此愿难偿。所存之书，向未编目，因亟为订定，留一纪念。此皆亲手写定，其中影写本之乌丝栏，亦皆亲手所画，后有得者，幸念其辛苦而珍藏之。庚寅冬，海宁张宗祥记，时年六十有九。（摘自张宗祥：《铁如意馆手抄书目·序》）

《铁如意馆手抄书目》 二册 张宗祥撰 24.5×18 cm

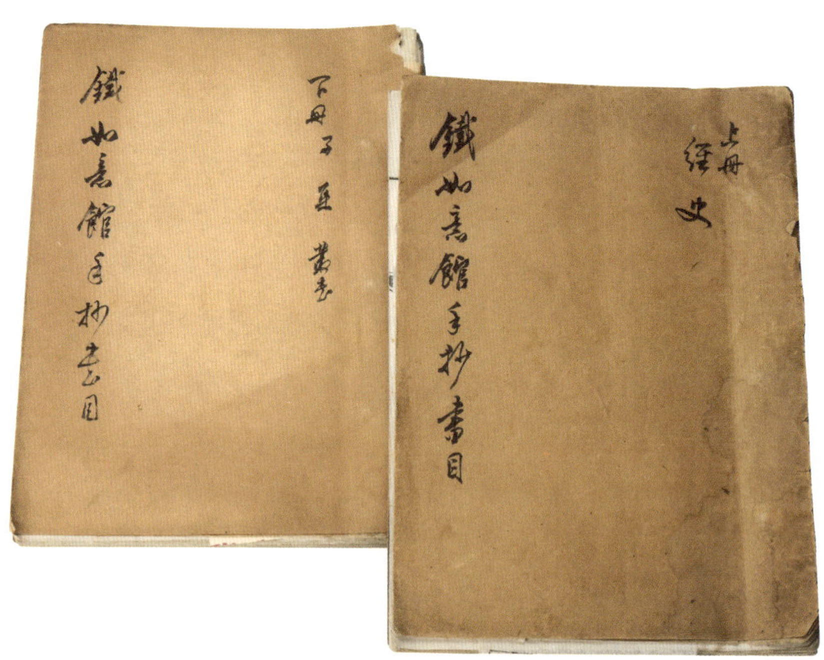

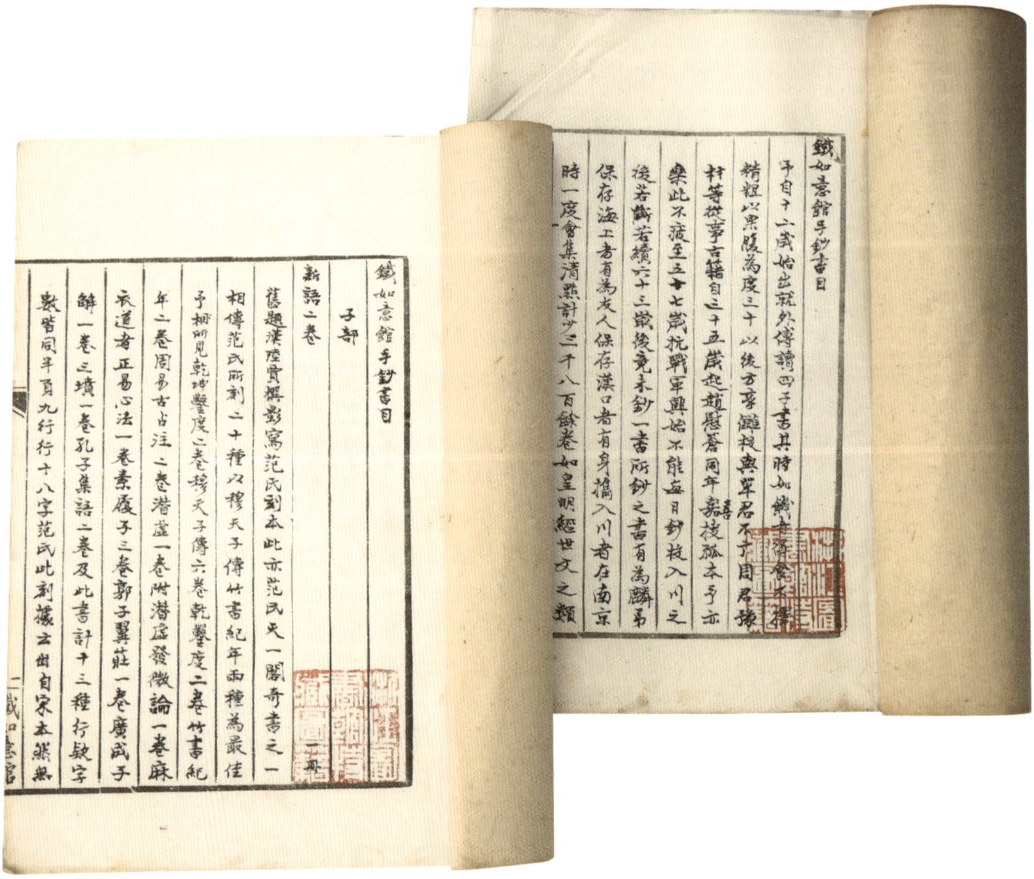

古籍辑校

《铁如意馆手抄书目》

年其附錄則自正統七年楊士奇請修建文實錄起至崇禎四年李若愚請復建文帝廟謚及弘光詔陵復謚爲止靖難一役實千古未有之事事後窮搜海內外者千餘年師卒隱而不見終仍歸骨京師鄭瀛後以黄冠終閩杭州東嶽廟道士姓鄭者瀛之裔也此書已有排印本浦江鄭氏譜至崇禎止無鄭瀛名

傳經表一卷 與古文尚書冤詞補正合訂一冊

清周熏懋撰熏懋字竹泉海寧人耕崖先生子經自易以至孟子人自漢至宋略注行狀無刊本

元朝人物略四卷 一冊

清孫承澤撰承澤字耳北號北海又號退谷益都人世隸上林苑籍故亦稱北平明官四川防禦使入清仕至吏部左侍郎此書錄自稿本原不分卷以類爲起迄卷一全闕條上批云改忠義然全書實僅分勲德事功諫諍撫循四類無忠義一類疑退谷欲補充之而採輯未竟之作也首有退谷逸叟序原書首頁鈐有北平孫氏一章故知爲孫氏所撰

成化間蘇材小纂四卷 一冊

明祝允明撰允明字希哲長洲人此書據祝自敍稱宏治改元詔中外諸司撰集事跡上史館爲實錄簡允明等數弟子員司其事因私纂記爲此書四庫入存目摭六卷而所敍著纓纂丘壑纂孝德纂女憲纂方術纂五名及各纂人數均與

十一 鐵如意館

《大小戴礼记合纂》二十卷　四册　张宗祥纂注　25.7×19.3 cm

一九六〇年秋后，从事《晏子春秋》《大小戴礼记合纂》，初定目录。……一九六二年，邀赴黄山、莫干山避暑。未去，合第五次矣。非矫情也。予尚能不畏热。热天，尚能趁早晚凉爽，做点治学工作。予乃着手《大小戴礼记合纂》序录。四易稿而成。一面注释原书，热甚，则校《淳化阁帖》以自遣。若入山，书多不能尽携，安能为之！偷闲着笔。《大小戴礼记合纂》，自暑假至此，亦已誊清三之一矣。会毕，不计朝暮为之。至六三年一月一日毕工。又校对五日，初稿告竣。腕力、精神仍旧，两眼则更花矣！甚矣，吾衰！谁能更使我如六十、七十时乎！（摘自张珏：《冷僧自编年谱简编》）

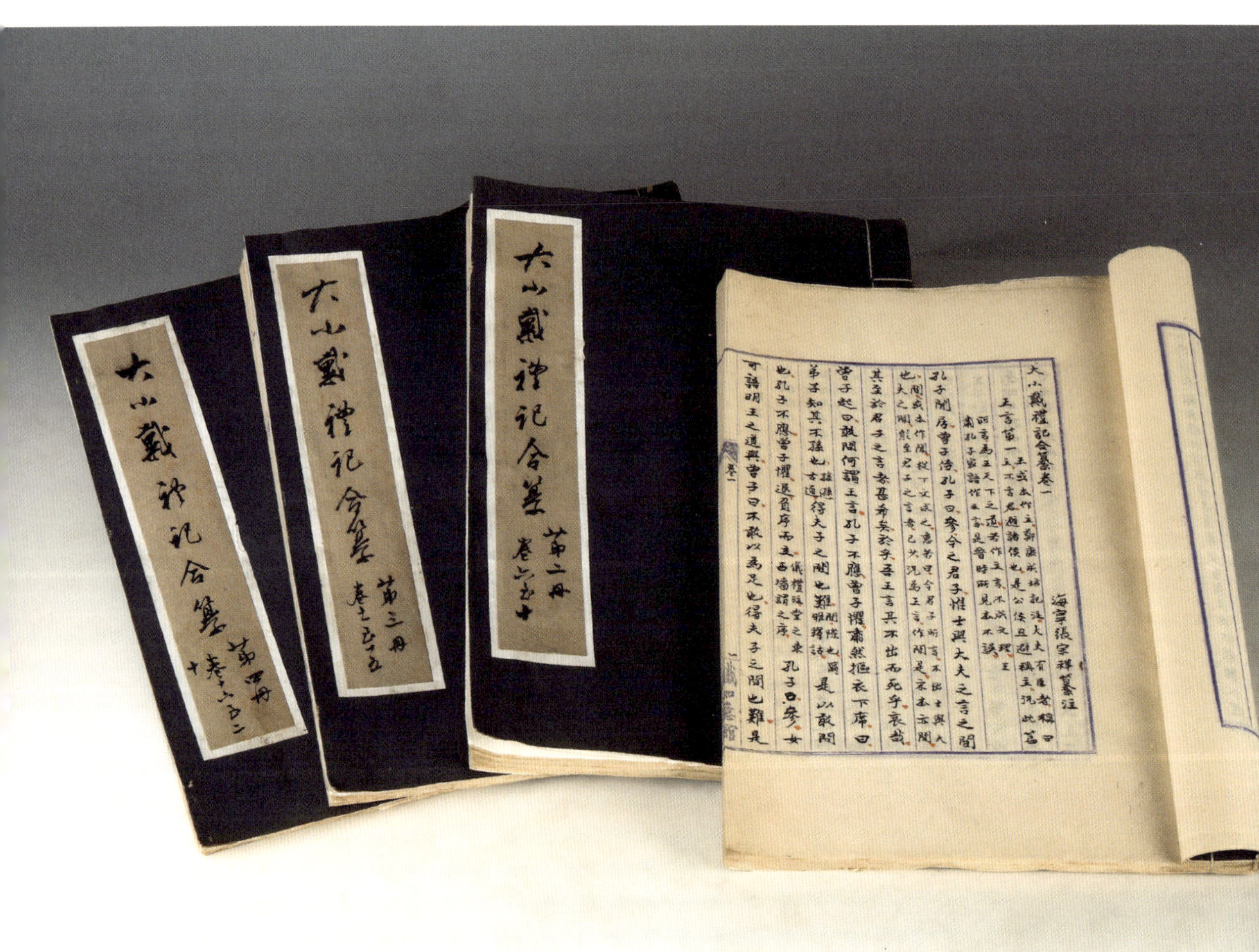

大小戴禮記合纂序録

儒字不見於易詩書三書周禮禮記始有之周禮太宰四曰儒以道得民注曰儒諸侯保民有六藝以教民者又大司徒四曰聯師儒注曰師儒鄉里教以道藝者周禮一書無論其真偽如何要必出於易詩書之後注則尤為後人之說周禮之所謂道是否限於六藝實不可知蓋儒未成家之前實一教導學生一切事物之人決不必限於六藝六藝者後人據儒已成家之後所定之義也揚子法言尚有通天地人曰儒之說是知儒字之始生乃合人類需要之義而造成未必若後世儒家專限於一家之言蓋所謂道實指各事各物發展經過之規律而言非後

之道夏小正月令為授時農政之本實治國平天下要政而盛德明堂位又古代所重視以為頒曆施令之地故先次之以明堂而又繼之以月令自此而下保傅至於曾子事父母皆言教子明孝齊家之本也自中庸至于武王踐阼從言脩身主行立誠主敬之道其脩身之要乎勸學學記二篇尤為切磋進德之本故次之孔子閒居至於坊記雜言政禮至坊記而以禮防民之旨顯矣故繼之以禮察玉藻諸篇也皆所以明禮之用也曲禮事記雜禮自曲禮以下始分列之自幼小至於冠昏喪祭而深衣者又古人常服故附于冠禮之後也祭祀以下乃及朝聘燕饗而以投壺終之投壺固射之遺意也此予分類合纂之意

也至於樂雖與禮相聯然古有專書今書固亡亦不能雜入禮中此蓋禮記而非禮樂並記之書也故列之末卷五帝德帝繫二篇為專記古代帝王史跡世系之文曾子天圓為泛論天地萬物之書易本命亦為泛論天地人物之出生而終之於乾坤此四篇者或出二百四篇古文中或出曾子十八篇中大戴録之尚未刪節於禮固無干涉也然因此得存古書數篇司馬遷且採之成五帝本紀豈非幸事故仍列樂記之後此編録全目之意也至於諸篇之中或出自漢前之作或漢人加以傳義或純出漢人之筆當在書中諸篇目下詳之此不及敘

一九六二年五月一日張宗祥記

《学易》六卷　四册　（清）李塨撰　25.2×16.7 cm

清李塨撰。塨字恕谷，号刚主，蠡县人。少与王源同师颜元，文辞与姜宸英齐名，后又从毛奇龄学。……书成于康熙五十二年，距乡举时已二十三年。录自手稿本，其说《易》以人事相比，一宗习斋，此难得之书也。（摘自张宗祥：《铁如意馆手抄书目》）

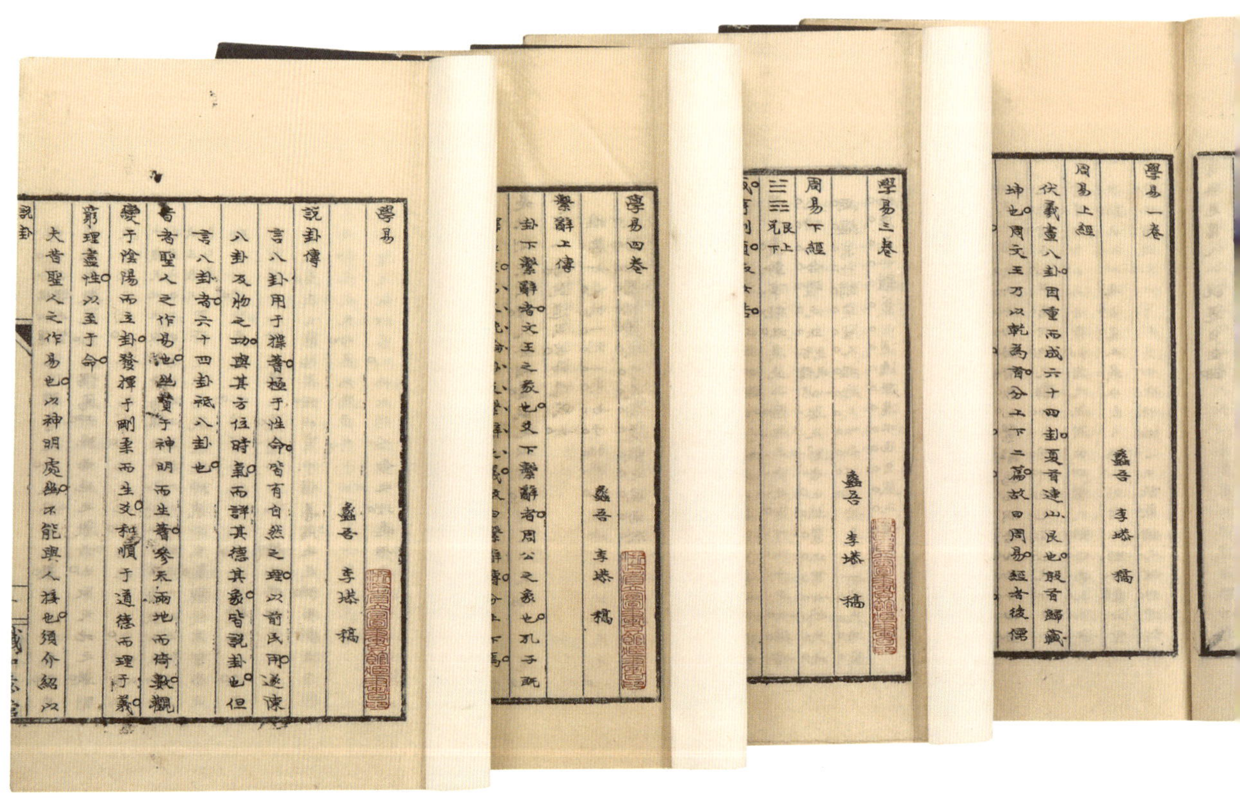

《诗古音》三卷　一册　（清）杨峒撰　27.5×18.8 cm

清杨峒撰。杨氏益都人。此书以顾炎武《音学五书》、江慎修《五音标准》为主，而时加以辨订，有功《诗经》之作。（摘自张宗祥：《铁如意馆手抄书目》）

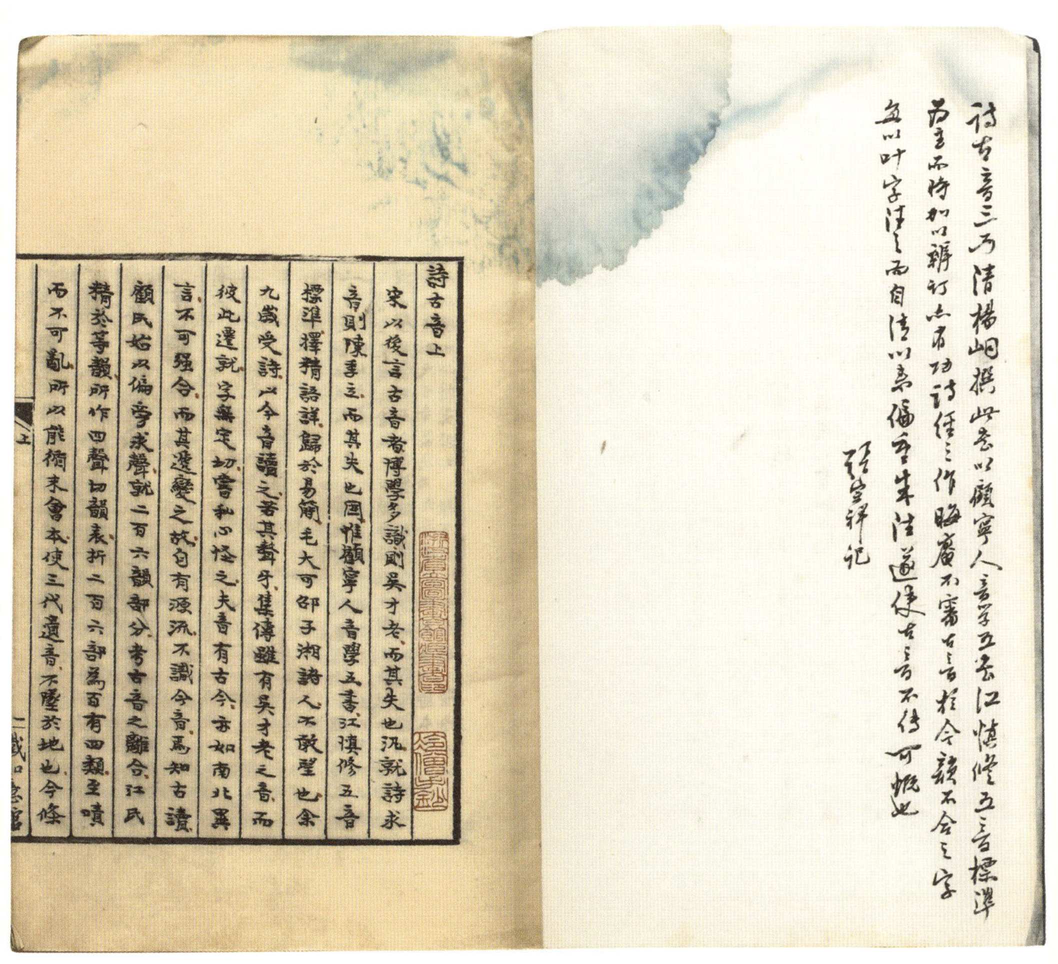
詩古音三卷 清楊峒撰 此書以顧寧人音學五書江慎修五音標準為主而時加以辨訂亦有功詩經之作晦庵不審古音於今韻不合之字每以叶字注之而自清以來偏重朱注遂使古音不傳可慨也

張宗祥記

詩古音上

宋以後言古音者博學多識則吳才老而其失也氾就詩求音則陳季立而其失也固惟顧寧人音學五書江慎修五音標準擇精語詳歸於易簡毛大可邵子湘諸人不敢望也余九歲受詩以今音讀之苦其聱牙集傳雖有吳才老之音而彼此遷就字無定切會私心怪之夫音有古今亦如南北異言不可强合而其遷變之故自有源流不識今音焉知古讀顧氏始以偏旁求聲就二百六韻部分考古音之離合江氏精於等韻所作四聲切韻表析二百六部為百有四類至賾而不可亂所以能循末會本使三代遺音不墜於地也今條

鐵如意館

《毛郑异同考》十卷　十册　（清）程晋芳撰　27×17 cm

清程晋芳撰。晋芳字鱼门，号蕺园，上元人。乾隆时为《四库全书》纂修官。著有《周易书旨》《尚书今文释义》《左传翼疏》《礼记集释》《勉学斋文》《蕺园诗》及此书。原缺序，今据《文集》补。未见刻本，录自旧抄。（摘自张宗祥：《铁如意馆手抄书目》）

毛鄭異同考序

今之學者類稍知讀注疏不盡從事宋學矣然即一經之中注疏之異同得失亦未易辨也
即如小毛公之于詩得六世之傳于子夏其言簡質而深密誠有如李清臣葉夢得所稱者康成
出而申毛以難三家遂使三家坐廢然箋之與傳異者且四五百條宋賢謂康成以禮釋經與毛乖
迕然豈無鄭得而毛失者乎王子雍詩學五種今皆不傳孔疏中間存一二述毛非鄭為多王基申鄭
以駁毛孫毓朋王而難毛鄭陳統又申毛鄭以駁孫諸家之說雖皆不得其全然一斑時見後人奉若
珠珍而曲直之分往往淆而莫定譬之兩造既備師聽兩辭惟事模棱莫分曲直遂欲以兩是存之
詎足以了獄案乎且宋賢之說經也一則苦于瀾翻一則好為臆斷然去取毛鄭之閒亦閒有合者而自
出新義有复出毛鄭之外足以勝之者士人或泥古以疑今或是今而棄古皆未可為平心善學者也
余以暇日翻覽說詩諸家因即毛鄭傳箋條其同異雜取諸家辨正復斷以己意既卒業編成十
卷非敢謂己之所說必不倍于經言蓋欲告人以學經之法不可專執一家由此以斷杜服之
春秋先後鄭之周禮庶幾是非疑似若觀火之明為不死章句下也

此序見勉學堂文集卷二今補錄卷首

丁丑九日張宗祥

《古文尚书冤词补正》一卷　与《传经系表》合订一册　（清）周春撰　26.5 × 17.6 cm

清周春撰。春字芚兮，号松霭，海宁人。此书为紫阳氏受毛西河之斥而发，终以望溪与刚主一书，著书之旨昭然。（摘自张宗祥：《铁如意馆手抄书目》）

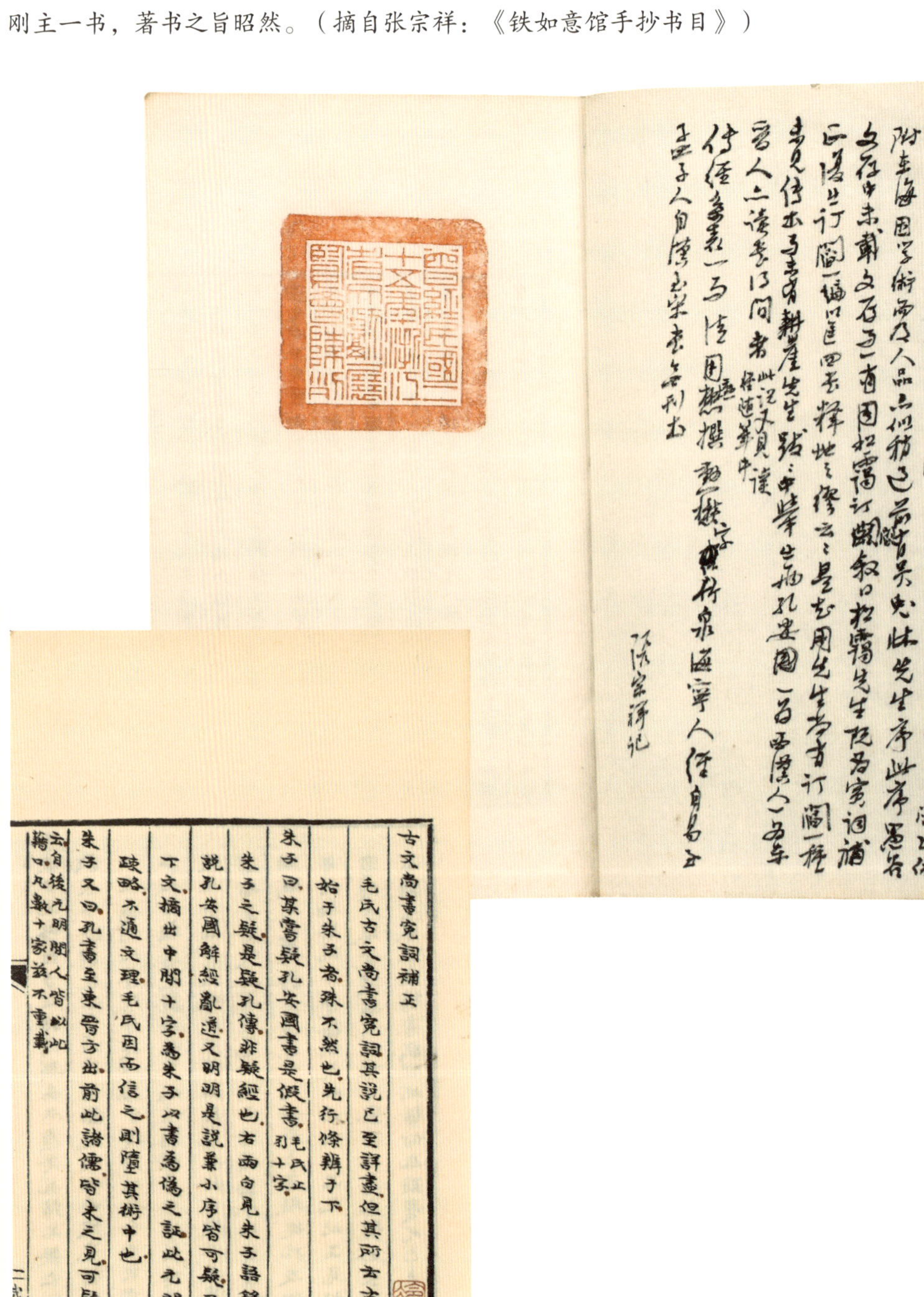

古文尚書寃詞補正

毛氏古文尚書寃詞其說已至詳盡但其所云古文之寃始于朱子者殊不然也先行條辯于下

朱子曰某嘗疑孔安國書是假書（毛氏止引十字）

朱子之疑是疑孔傳非疑經也右兩句見朱子語錄明明是說孔安國解經亂道又明明是說兼小序皆可疑乃不顧上下文摘出中間十字為朱子以書為僞之証此元明人看書疏略不通文理毛氏因而信之則墮其術中也

朱子又曰孔書至東晉方出前此諸儒皆未之見可疑之甚（毛氏）云自後元明閒人皆以此藉口凡數十家茲不重載

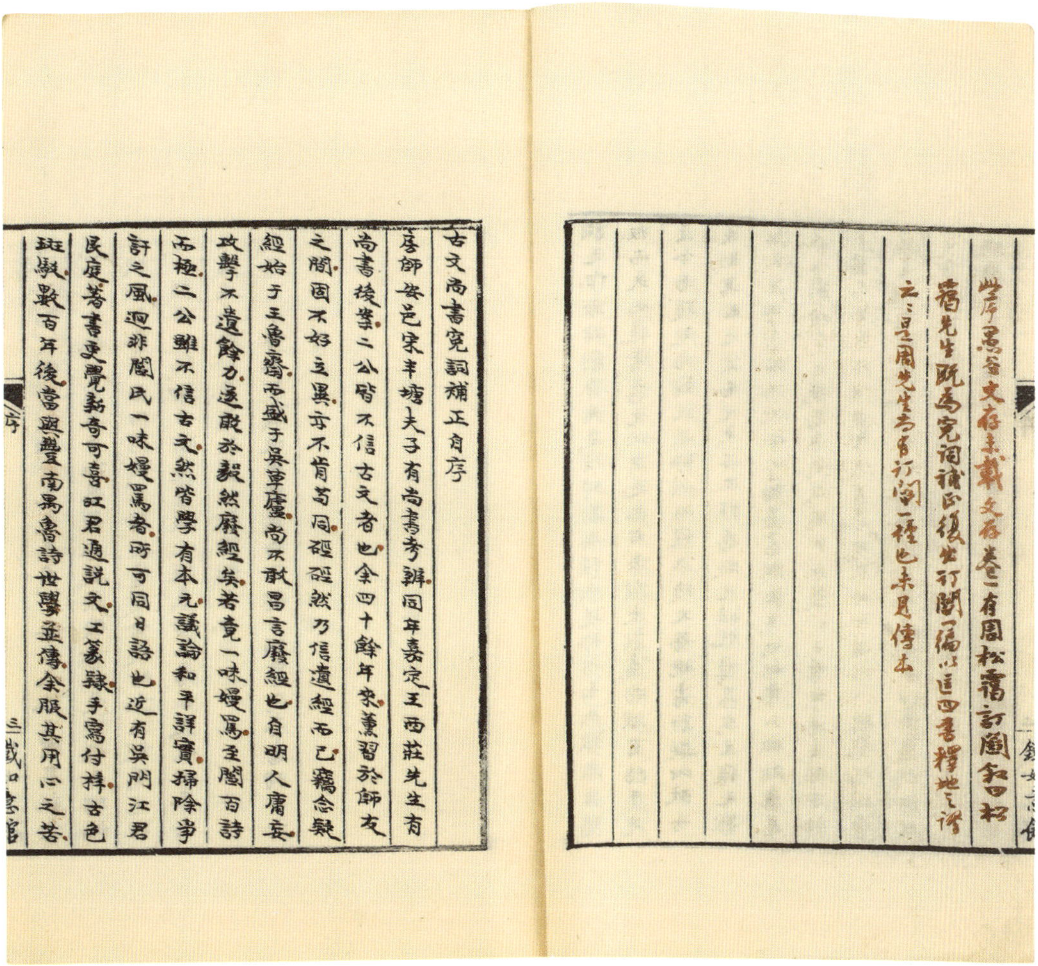

此序爲谷文存未載 文存卷一有周松靄訂閻和毛
靄先生既爲寃詞補正復出行閻一編以匡四書釋地之誤
云云是周先生尚有行閻一種也未見傳本

古文尚書寃詞補正自序

受業師安邑宋半塘夫子有尚書考辨同年嘉定王西莊先生有尚書後案二公皆不信古文者也余四十餘年來薰習於師友之間固不好立異亦不肯苟同硜硜然乃信遺經而已竊念疑經始于王魯齋而盛于吳草廬尚不敢昌言廢經也自明人膚妄攻擊不遺餘力遂敢於毅然廢經矣若竟一味嫚罵至閻百詩而極二公雖不信古文然皆學有本元議論和平詳實掃除爭訐之風迥非閻氏一味嫚罵者所可同日語也近有吳門江君艮庭著書更覺新奇可喜江君通說文工篆隸手寫付梓古色斑駁數百年後當與豐南禺魯詩世學並傳余服其用心之苦

《熙宁字说辑》五卷附录一卷　二册　（宋）王安石撰　26.5×19 cm

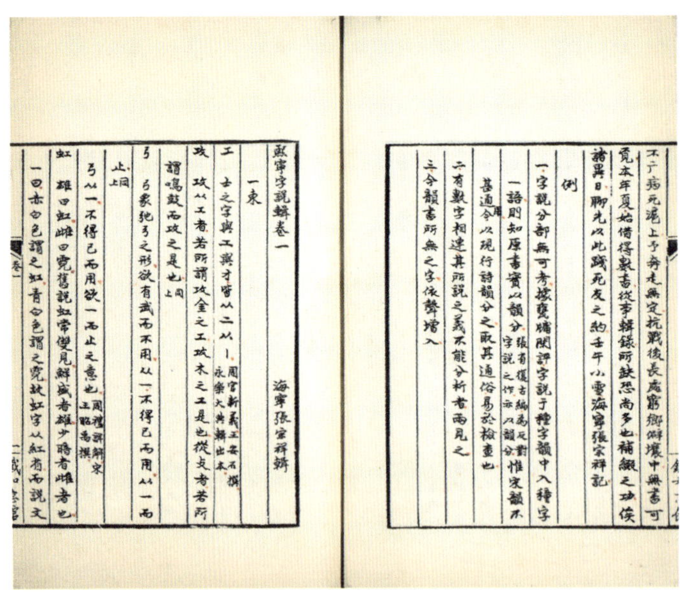

不广病死滬上予奔走無定抗戰後長處鄉僻壤中無書可
覓本年夏始借得數書從事輯錄所缺恐尚多也補綴之功俟
諸異日聊充以此踐死友之約壬午小雪海寧張宗祥記

例

一字說分部無可考據覽備閱評字說于種字韻中入種字
一語則知原書實以韻分 張有復古編為元對字說之作亦以韻分 惟宋韻不
甚通今以現行詩韻分之取其通俗易於檢查也
一有數字相連其所說之義不能分析者兩見之
一今韻書所無之字依聲增入

熙寧字說輯卷一　海寧張宗祥輯

一東

工　工之字與工與才皆从二从丨 周官新義王安石撰 永樂大典輯出本
攻　攻从工者若所謂攻金之工攻木之工是也從攴者若所
謂鳴鼓而攻之是也 同上
弓　弓象弛弓之形欲有武而不用从一不得已而用从一而
止 同上
弓从一不得已而用欲一而止之意也 周禮詳解 宋王昭禹撰
虹　雄曰虹雌曰霓舊說虹常雙見鮮盛者雄少暗者雌者也
一曰赤白色謂之虹青白色謂之霓故虹字从紅省而說文

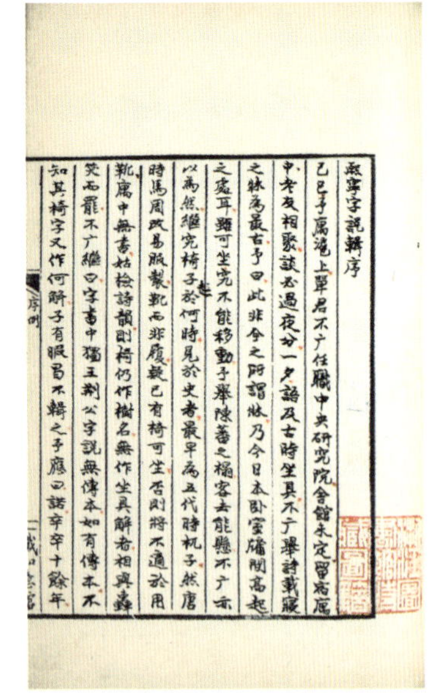

熙寧字說輯序

乙巳予寓滬上罪君不广任職中央研究院舍館未定留宿寓
中老友相聚談必過夜分一夕語及古時坐具不广舉詩載寢
之牀為最古予曰此非今之所謂牀乃今日本臥室牖間高起
之處耳雖可坐究不能移動予舉陳蕃之榻客去能懸不广亦
以為然繼究椅子於何時見於史者最早為五代時杌子然唐
時馬周攻易服制靴而非履疑已有椅可坐否則將不適於用
靴處中無書姑檢詩韻則椅仍作椅名無作坐具解者相與
笑而罷不广繼曰字書中獨王荊公字說無傳本如有傳本不
知其椅字又作何解予有暇曷不輯之予應曰諾辛辛十餘年

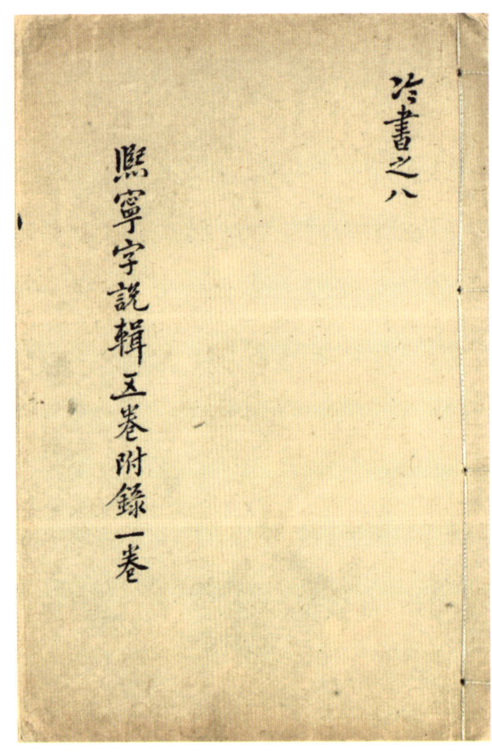

冷書之八

熙寧字說輯五卷附錄一卷

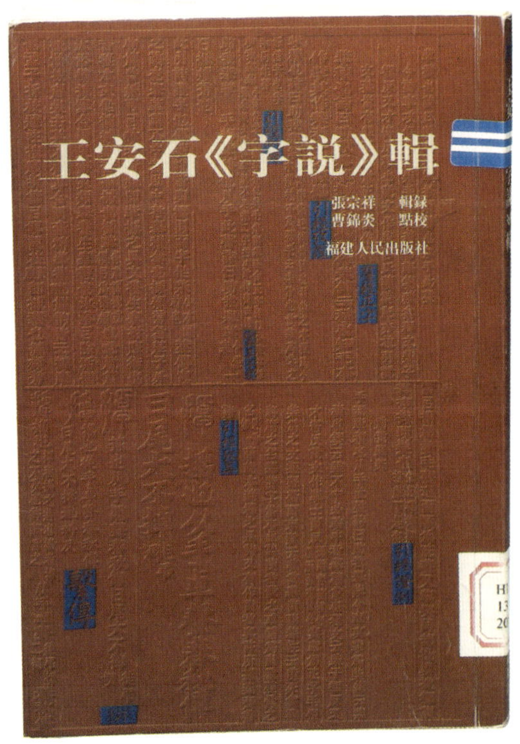

《王安石〈字说〉辑》

张宗祥辑录，福建人民出版社，2005 年

古籍辑校

史部

《罪惟录》一百零二卷　四十一册　（清）查继佐撰　26.5 × 19.2 cm

清查继佐撰。继佐字伊璜，海宁人。……先生是书，最注意者，“靖难”、“夺门”、“议礼”、“鼎革”数事。……《桂主》之后，附以《韩主》、《郑成功》及《台湾》二传，又慨乎言之，则惓惓故国之心可见矣。……原书向藏仁和吴氏清来堂，今归吴兴刘氏嘉业堂。承翰怡兄借抄，凡六阅月而毕，又为整理之。（摘自张宗祥：《铁如意馆手抄书目》）

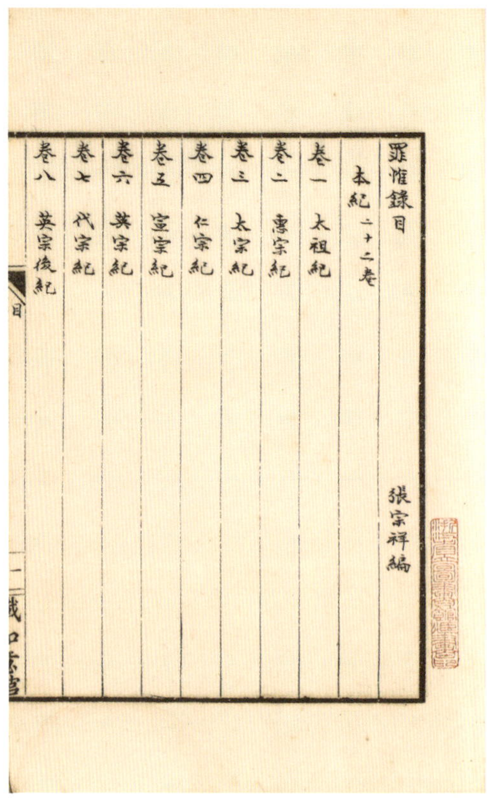

罪惟錄目

本紀二十二卷　　張宗祥編

卷一　太祖紀
卷二　惠宗紀
卷三　太宗紀
卷四　仁宗紀
卷五　宣宗紀
卷六　英宗紀
卷七　代宗紀
卷八　英宗後紀

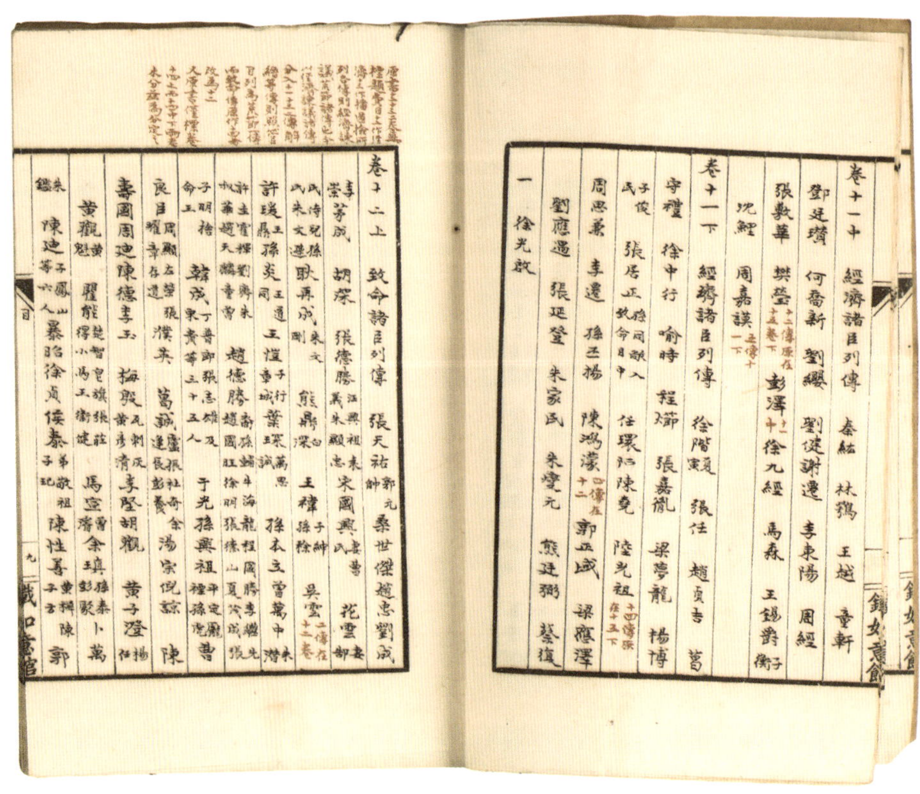

卷十一十　經濟諸臣列傳　秦紘　林鶚　王越　童軒
鄧廷瓚　何喬新　劉瓛　劉健謝遷　李東陽　周經
張敷華　樊瑩　彭澤　徐九經　馬森　王錫爵
沈鯉　周嘉謨
卷十一下　經濟諸臣列傳　徐階　張任　趙貞吉　葛
守禮　徐中行　喻時　程　張嘉胤　梁夢龍　楊博
張居正　任環　陳堯　陸光祖
周思兼　李遷　孫丕揚　陳鴻漸　郭正域　梁應澤
劉應遇　張延登　朱家民　朱燮元　熊廷弼　蔡復
一　徐光啟

卷十二上　致命諸臣列傳　張天祐　秦世傑　趙忠　劉成
胡深　張德勝　宋國興　花雲
耿再成　熊鼎　王禕　吳雲
許瑗　孫炎　王愷　葉琛　孫本　曾萬中
趙德勝
韓成　于光　孫興祖
張　撲　萬　余　湯　宗　倪　綜　陳
壽國　周　迪　陳　德　李　玉　梅　殷　李　堅　胡　觀　黃　子　澄
黃觀　瞿能　馬宣　余瑱　卜萬
陳迪　暴昭　徐貞　侯泰　陳性善　郭

《国榷》一百零八卷　八十三册　（明）谈迁著　25×17.3 cm

清谈迁撰。迁字孺木，海宁人。……是史之编在国变前，史之成在国变后也。……书中所纪，有与《实录》不同者，皆注明于后，此孺木先生一生用力之书也。……此书予假蒋氏五砚楼旧抄本过录。……甲子至永嘉，承假携行箧中，因得全抄。（摘自张宗祥：《铁如意馆手抄书目》）

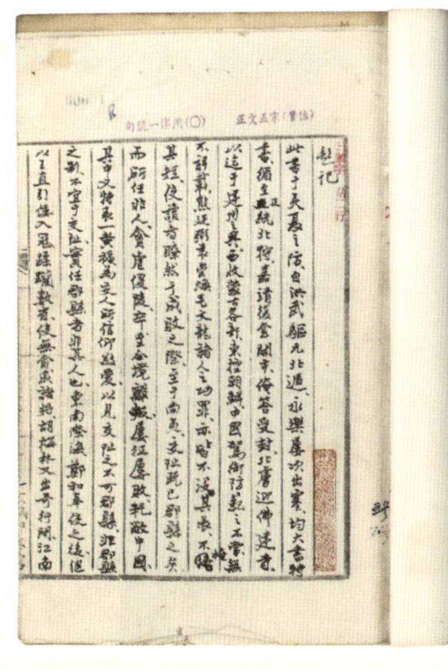

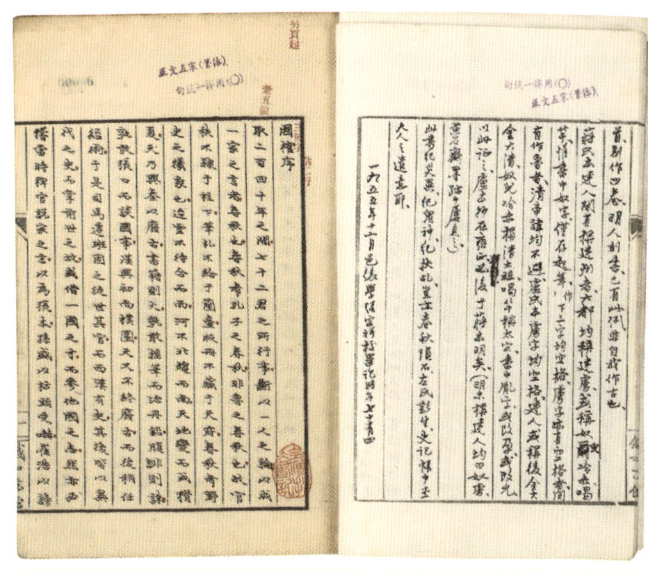

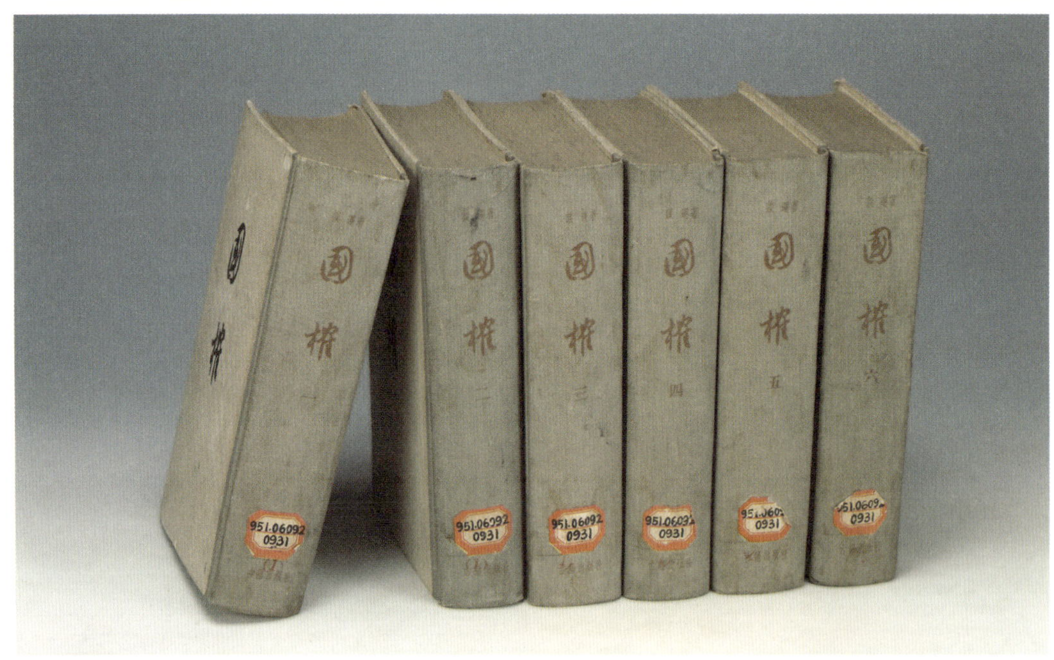

《国榷》 张宗祥校点，古籍出版社校点本，1958 年

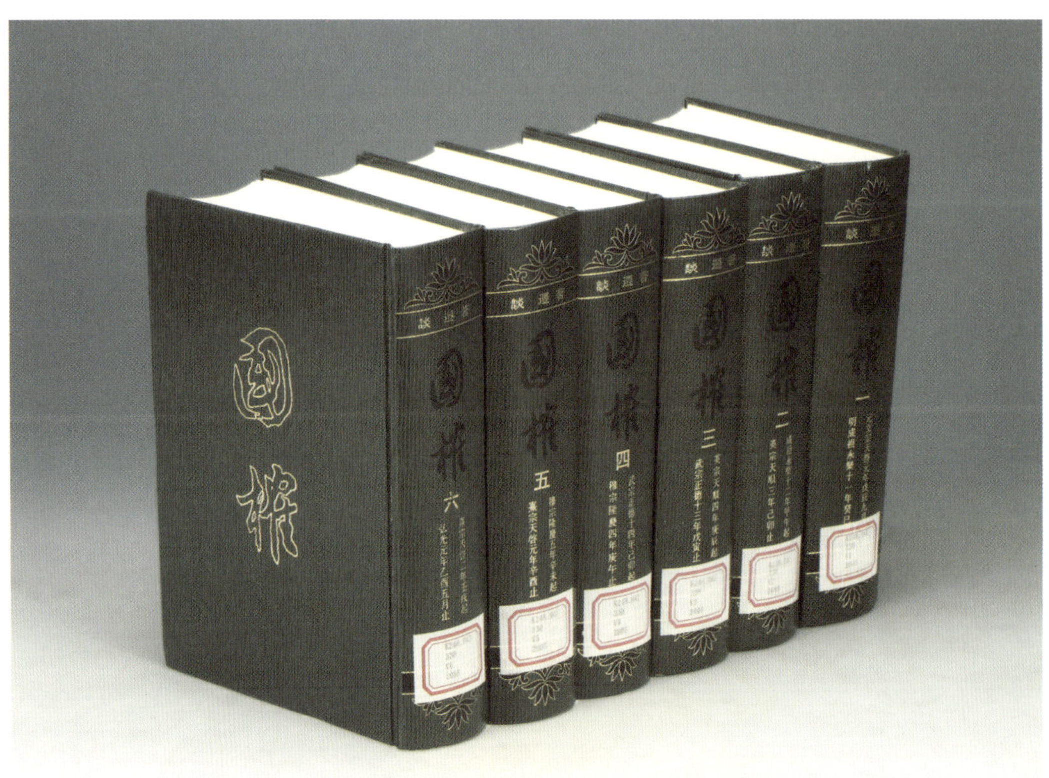

《国榷》 张宗祥校点，中华书局重印本，2005 年

《洛阳伽蓝记》的三个出版本

魏杨衒之撰。此书刊本，以明如隐堂本为最古，以吴若准《集证》本为最详，然南面皆作三门，漏载“津阳”一门。予据《水经·榖水注》为之补订，其他校订处颇多。第一部为校补本，第二部为写定付商务印书馆影印底本。按此书予首借校者，为绿君、照旷、如隐各本，后又参以《集证》，故付印时名之曰“合校本”。（摘自张宗祥：《铁如意馆手抄书目》）

《洛阳伽蓝记》　张宗祥编校，商务印书馆，1930 年初版
《洛阳伽蓝记合校本》　张宗祥校，商务印书馆，1955 年重印

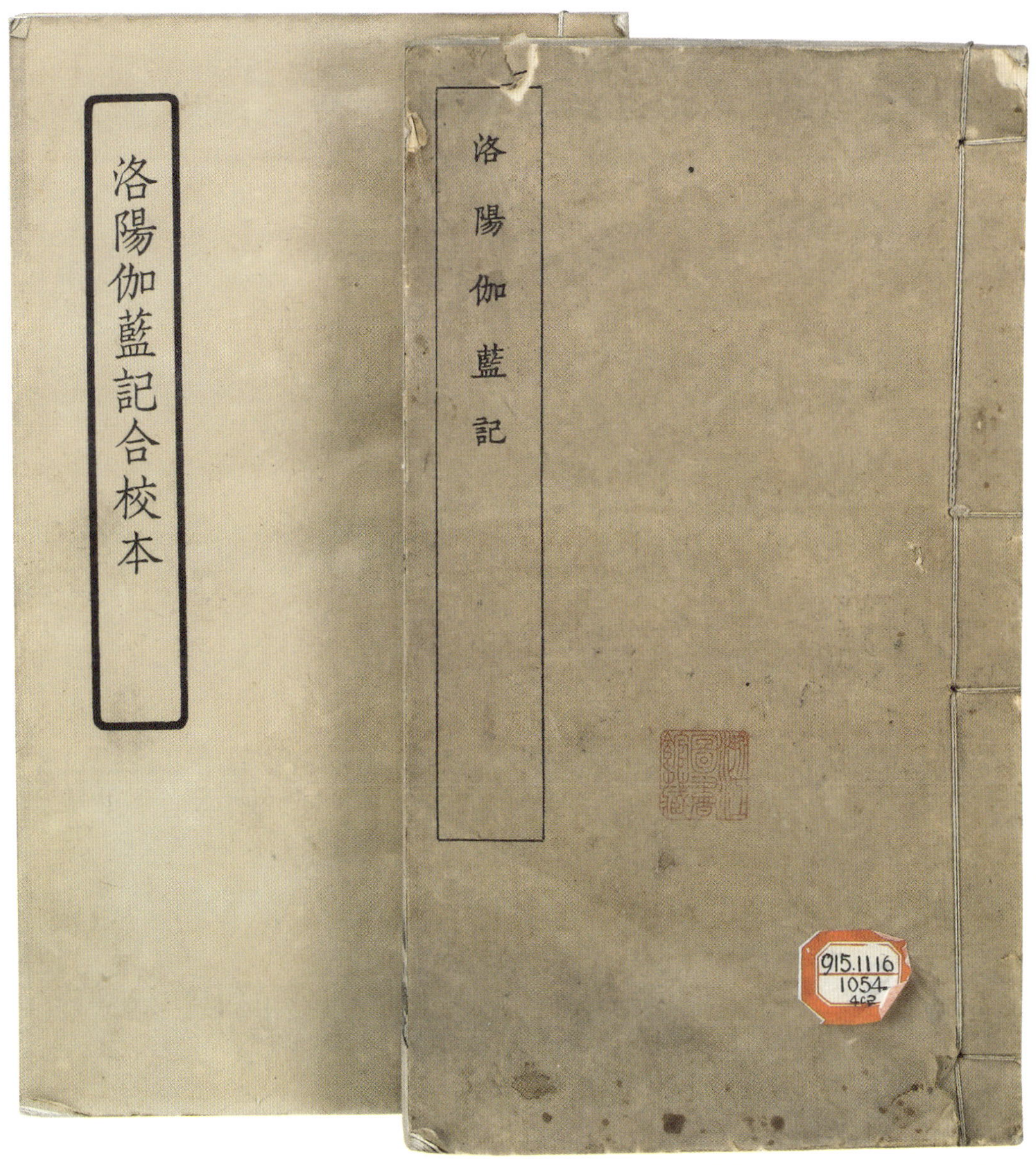

张宗祥先生
纪念画册

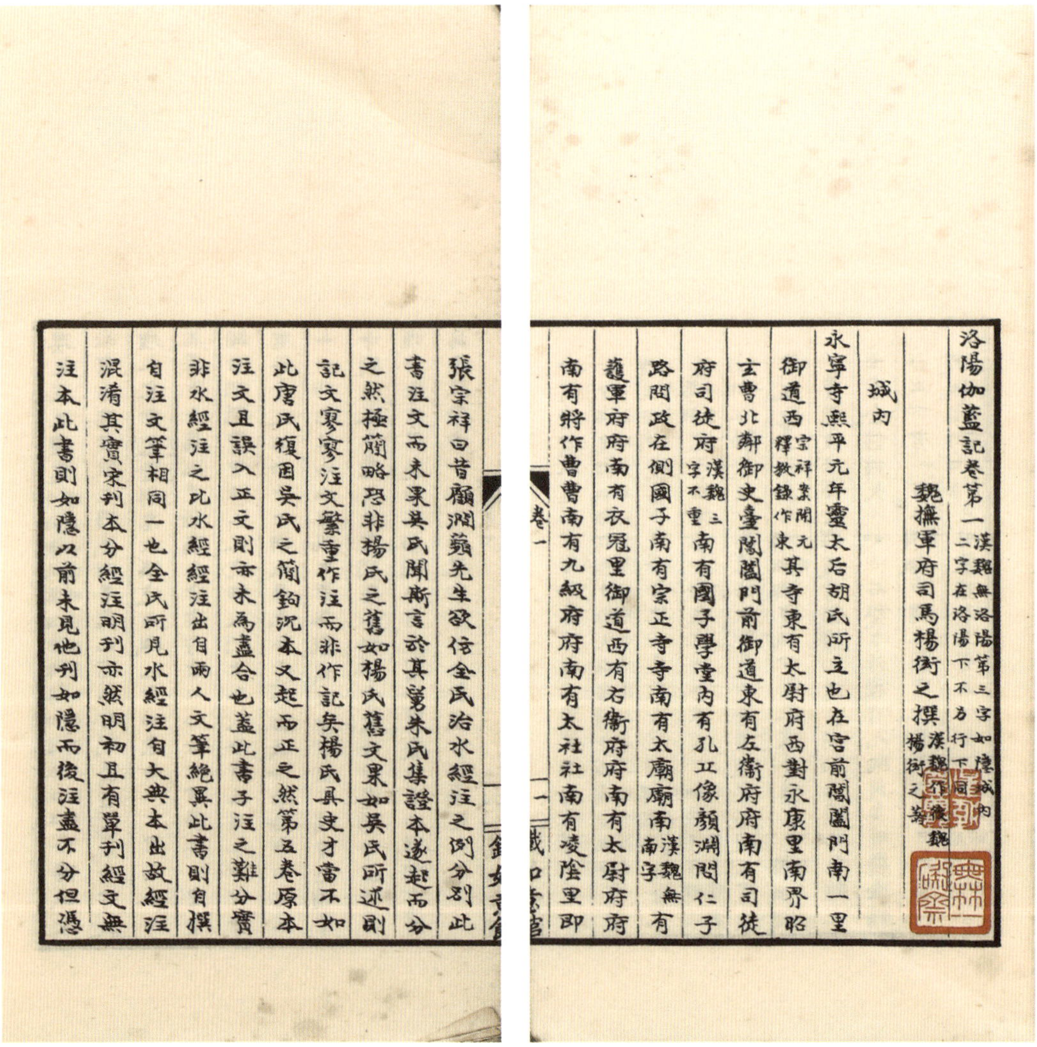

洛陽伽藍記卷第一 漢魏無洛陽第三字如隱城內二字在洛陽下不另行下同

魏撫軍府司馬楊衒之撰 漢魏作後魏楊衒之著

城內

永寧寺熙平元年靈太后胡氏所立也在宮前閶闔門南一里御道西宗祥案開元釋教錄作東其寺東有太尉府西對永康里南界昭玄曹北鄰御史臺閶闔門前御道東有左衛府府南有司徒府司徒府漢魏三字不重南有國子學堂內有孔丘像顏淵問仁子路問政在側國子南有宗正寺寺南有太廟廟南漢魏無南字有護軍府府南有衣冠里御道西有右衛府府南有太尉府府南有將作曹曹南有九級府府南有太社社南有凌陰里即

卷一　一　鐵如意館

張宗祥曰昔顧澗薲先生欲仿全氏治水經注之例分别此書注文而未果吳氏闡斯言於其篡朱氏集證本遂起而分之然極簡略恐非楊氏之舊如楊氏舊文果如吳氏所述則記文寥寥注文繁重作注而非作記矣楊氏具史才當不如此唐氏複因吳氏之簡鉤沉本文起而正之然第五卷原本注文且誤入正文則亦未爲盡合也蓋此書子注之難分實非水經注之比水經經注出自兩人文筆絕異此書則自撰自注文筆相同一也全氏所見水經注自大典本出故經注混淆其實宋刊本分經注明刊亦然明初且有單刊經文無注本此書則如隱以前未見他刊如隱而後注盡不分但憑

《洛阳伽蓝记合校》

张宗祥合校，江苏广陵古籍刻印社，1997 年影印

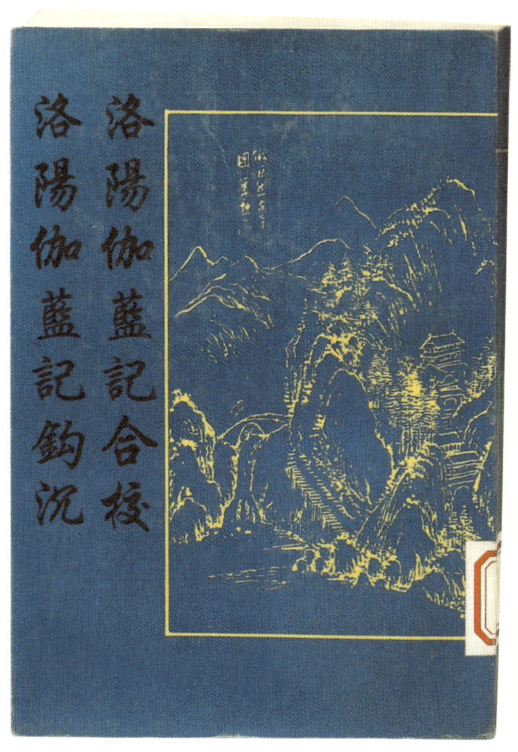

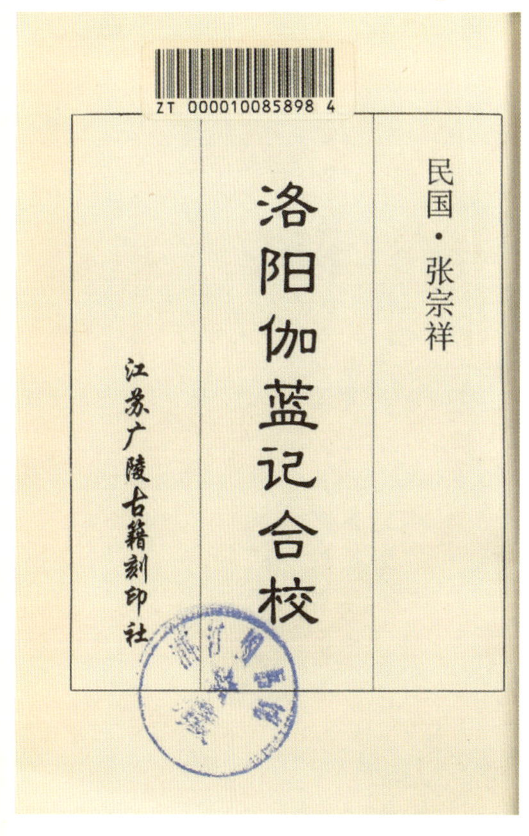

《越绝书》十五卷　一册　25.1 × 18.6 cm

不著撰人姓名。据《丹铅录》《珍珠船》《留青日札》等书，定为汉袁康、吴平撰。此书刊本最早为宋嘉定庚辰东徐丁黼刻于夔州，次为嘉定壬申汪总刻于绍兴，又次为元大德丙午绍兴路刊本。二宋一元，今皆未见，所见者明翻本而已。访集各本雠校，又旁证他书，为之刊定，写成此书。丙申，商务馆已影印。（摘自张宗祥：《铁如意馆手抄书目》）

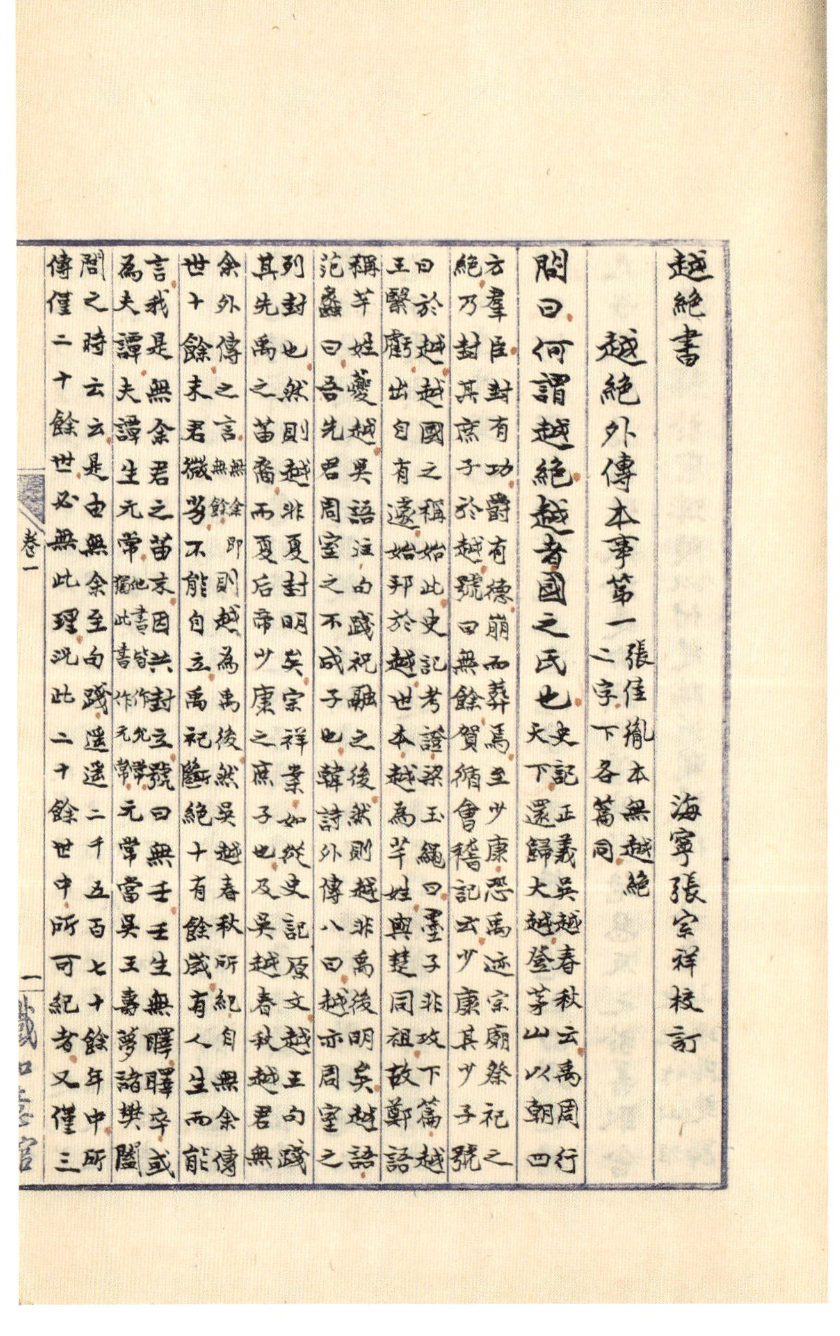
越絕書　海寧張宗祥校訂

越絕外傳本事第一（張佳胤本無越絕二字下各篇同）

問曰何謂越絕越者國之氏也（史記正義吳越春秋云禹周行天下還歸大越登茅山以朝四方羣臣封有功爵有德崩而葬焉至少康恐禹迹宗廟祭祀之絕乃封其庶子於越號曰無餘賀循會稽記云少康其少子號曰於越越國之稱始此史記考證梁玉繩曰墨子非攻下篇越王繄虧出自有遽始邦於越世本越為芊姓與楚同祖故鄭語稱芊姓夔越吳語注由越祝融之後然則越非禹後明矣越語范蠡曰吾先君周室之不成子也韓詩外傳八曰越亦周室之列封也然則越非夏封明矣宗祥案如從史記原文越王句踐其先禹之苗裔而夏后帝少康之庶子也及吳越春秋越君無余外傳之言（無餘即無余）則越為禹後然吳越春秋所紀自無余傳世十餘末君微劣不能自立禹祀斷絕十有餘歲有人生而能言我是無余君之苗末因共封立號曰無壬壬生無曎曎卒或為夫譚夫譚生元常（他書皆作允常獨此書作元常）元常當吳王壽夢諸樊闔閭之時云云是由無余至句踐遙遙二千五百七十餘年中所傳僅二十餘世必無此理況此二十餘世中所可紀者又僅三

卷一　一　鐵如意館

越絶書隋唐志云子貢撰崇文總目云子貢撰或曰子胥書録
解題云無撰人名氏相傳以為子貢者非也其書雜記吴越事
下及秦漢直至建武二十八年蓋戰國後人所為而漢人又附
益之耳四庫提要據楊慎丹鉛録胡侍珍珠船田藝蘅留青日
札定為漢袁康吴平撰閣書分裝兩册每册首即標漢袁康撰
四字而卲位西先生四庫書目注則専以吴平字君高為撰人
今案子貢一出亂齊存魯破吴霸越之説尚非事實子胥賜劍
廟自縣門距沼吴亦尚有年以為撰此實屬不倫陳氏以為漢
人附益戰國後人之作則書中雜以術數實漢代專門之學又
宗公羊家言尤非戰國之作此蓋漢人收輯戰國舊聞撰為是

書其姓名籍貫詳記隱語之中確然可考四庫提要之説蓋可
據也君高之為平字理亦可通且其文字亦與論衡相近獨越
紐録是否即為此書無可證實耳
此書刻本最早為宋嘉定庚辰東徐丁黼刻於夔州次為嘉定
壬申汪綱刻於紹興又次為元大德丙午紹興路刊本此二宋
一元今皆不見著録所見者均明刊本繙宋者有明正德己巳
本半頁八行行十六字繙元者有雙柏堂本張佳胤本萬曆時
刊本皆半頁八行行十七字其餘嘉靖二十四年孔文谷刊本
嘉靖丁未陳塏刊本吴琯古今逸史本程榮何鏜漢魏叢書本
多不勝舉然皆行款不同字句略有小異編目分卷不一如此

而已非有大出入也今合校各本從其長者義有可通則注於
下僅漁父一歌陳塏本略多數字耳
此書分卷有作十四卷者有作十五卷者有作十六卷者然其
篇數均為十九崇文總目所云内記八外傳十七今内經内傳
存者六篇亡其二篇外傳十三篇亡其四篇然第三卷吴内傳
一篇止吴何以稱人乎蔡昭公南朝楚越王句踐欲伐吴王闔
廬吴人敗于就李越王句踐反國六年五則與吴越事有關顧
所記亦屢雜無序其他更皆述記堯舜至周公古事不獨與吴
内傳不相涉與本書亦不相涉倘非他書錯簡或者本為越絶
原文而篇名已佚雜在其間未可知也至此書必有佚文則四

张宗祥先生纪念画册

虛總目已引證及之本書注中亦間有一二實無可疑
越自句踐歸國行計倪范蠡之術獲吳報仇霸于中國其遺在
富民貴穀古所謂民爲邦本食爲民天耕三餘一耕九餘三之
道越盡行之此其精神詳于計倪內經外傳枕中兩篇之中最
此書之要旨也雖作者篤信公羊雜以五行之說刪蕪存粹要
是至文至若外傳紀寶劍一篇風胡子之言曰軒轅神農赫胥
之時以石爲兵黄帝之時以玉爲兵禹穴之時以銅爲兵當此
之時作爲鐵兵威服三軍云云此其所論由用石以至用鐵可
謂詳矣夫玉者石之精華銅者鐵之先驅今之論史者以玉附
石以銅麗鐵僅分石鐵未辨玉銅此書赫然昭示明白可云他

書所未有中史所獨詳矣是知歐冶干將術精鍊冶純鈞巨闕
器貴合金由石玉銅鐵至于戰國更求鍊冶之精製作之純此
非先民之垂範後世之良師耶昔官甌海龍泉之劍馳譽至今
大索以求若無良者擇耆老進而詢之耆老對曰世傳術訣書
均傳寫魯魚雖訛故籍尚存銅錫銀鐵錙兩有定按訣鍛鍊出
鑪之後諸皆分居不能混合故不能成此豈古所謂躍冶者耶
蓋法雖存而用法之精神其亡久矣亦大力不齊之故也夫以
戰國之際已知冶鐵之精後反失之則負我先民也深矣
宗祥世居海鹽獅山則爲武原之鄉清初還居硤石則在就李
之南固越民也壯歲之後從事[illegible]屢經變亂奔走流離手寫

序　三

之書失亡太半存者二千數百卷而已今年七十有五幸際明
時大同之盛燦然在望然雙目已花神氣日耗繼此之後或者
僅能策杖逍遥于和風旭日之中不復能伏案作書整理故籍
于越絕書曰絕者絕也殆不繼之意也因亟寫定此書以供覆
瓿丙申清明前一日海寧張宗祥記

目　一

《越绝书》

张宗祥校订，商务印书馆，1956 年

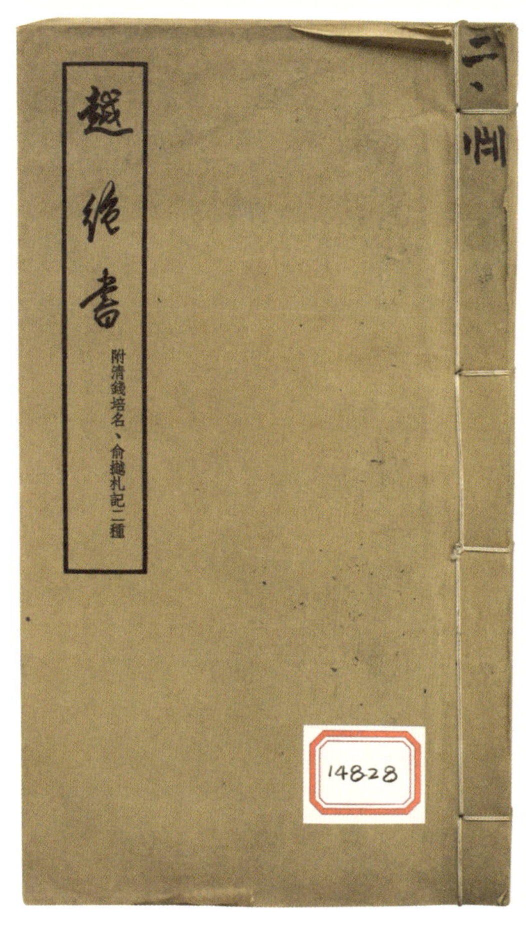

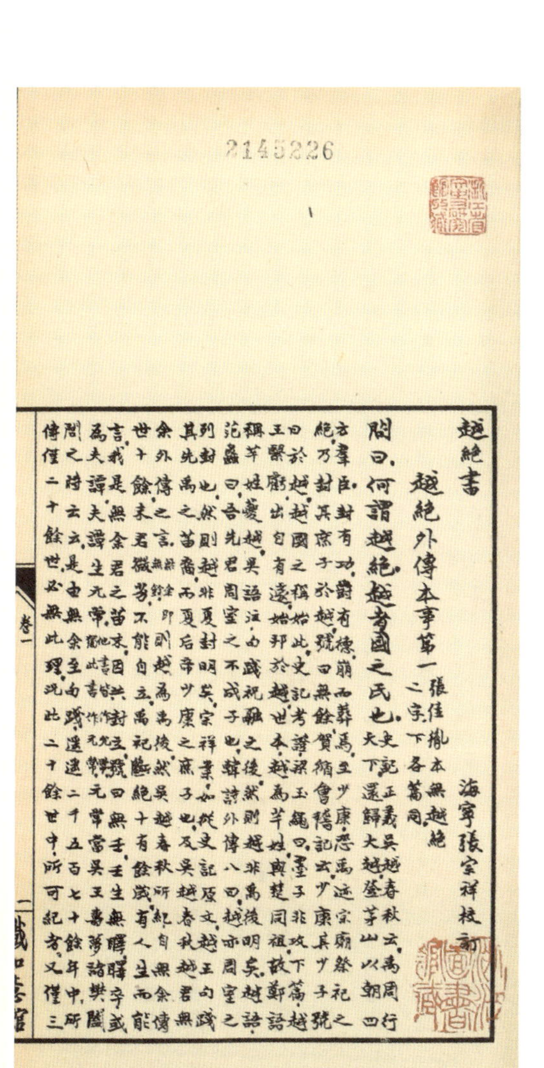

《英杰归真》一卷　一册　（清）洪仁轩撰　25.5×18.8 cm

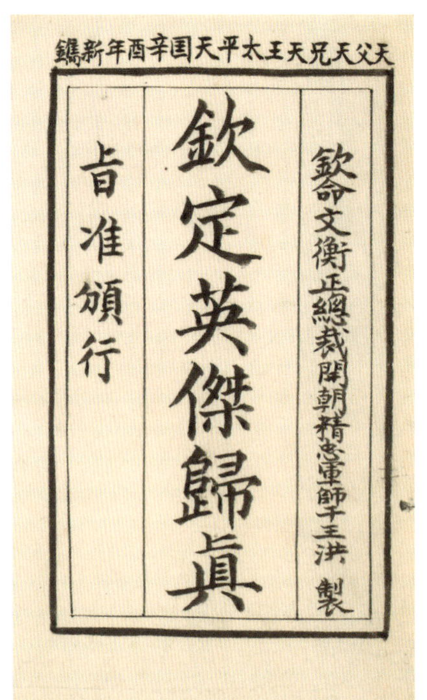

天父天兄天王太平天国辛酉年新镌

钦定英杰归真

簦命文衡正總裁開朝精忠軍師干王洪 製

旨准頒行

時

天父天兄天王太平天国辛酉十一年三月初一日

干殿刑部尚書小官何春發

干殿禮部尚書小官汪蘭垣

甲官副信隊勇忠宣小官 朝福干殿吏部尚書 劉盛培

天試文狀元開朝勲臣小官 昱天福干殿文正總提 劉闓忠等敬序

甲官正信隊勇忠宣小官 朝福干殿文副總提 吳文彬

干殿戶部尚書小官何其興

干殿兵部尚書小官丁錦堂

干殿工部尚書小官辛振甲

英傑歸真

一日有投降者據云自是甚麼紅頂雙翎與某妖不和欲歸天朝出力報効具稟求見 本軍師念切該等亦是天中帝土之人故准伊進見遂傳令府官兩傍排列引進跪呼千歲後請安道禧畢平身旁立 干王問以來意伊即答以妖運該終大小不和民心不附恐難與天国抗也況真聖主天王得天心眷顧每至極處逢救為此故特來歸順焉求 殿下不棄

《吴中往哲记》一卷　一册　（明）杨循吉撰　26.6×17.6 cm

《水经注》四十卷　存卷五至八、卷十六至十九、卷三十四、卷三十八至四十　六册　（北魏）郦道元注　31×21.3 cm

道元字善长，范阳人。此书影写宋本……予初影得十六至十九及三十九、四十共六卷，为寒云袁氏之物。继影得五至八、三十四、三十八及三十九之前半，则傅藏园先生处所借也。……此书自明以降，考订校勘，皆出自陆孟凫、柳大中影抄宋刻本。若宋刻本，则无闻焉。此残本出清内阁库中，实希世之秘籍，字画整健，当出北宋。（摘自张宗祥：《铁如意馆手抄书目》）

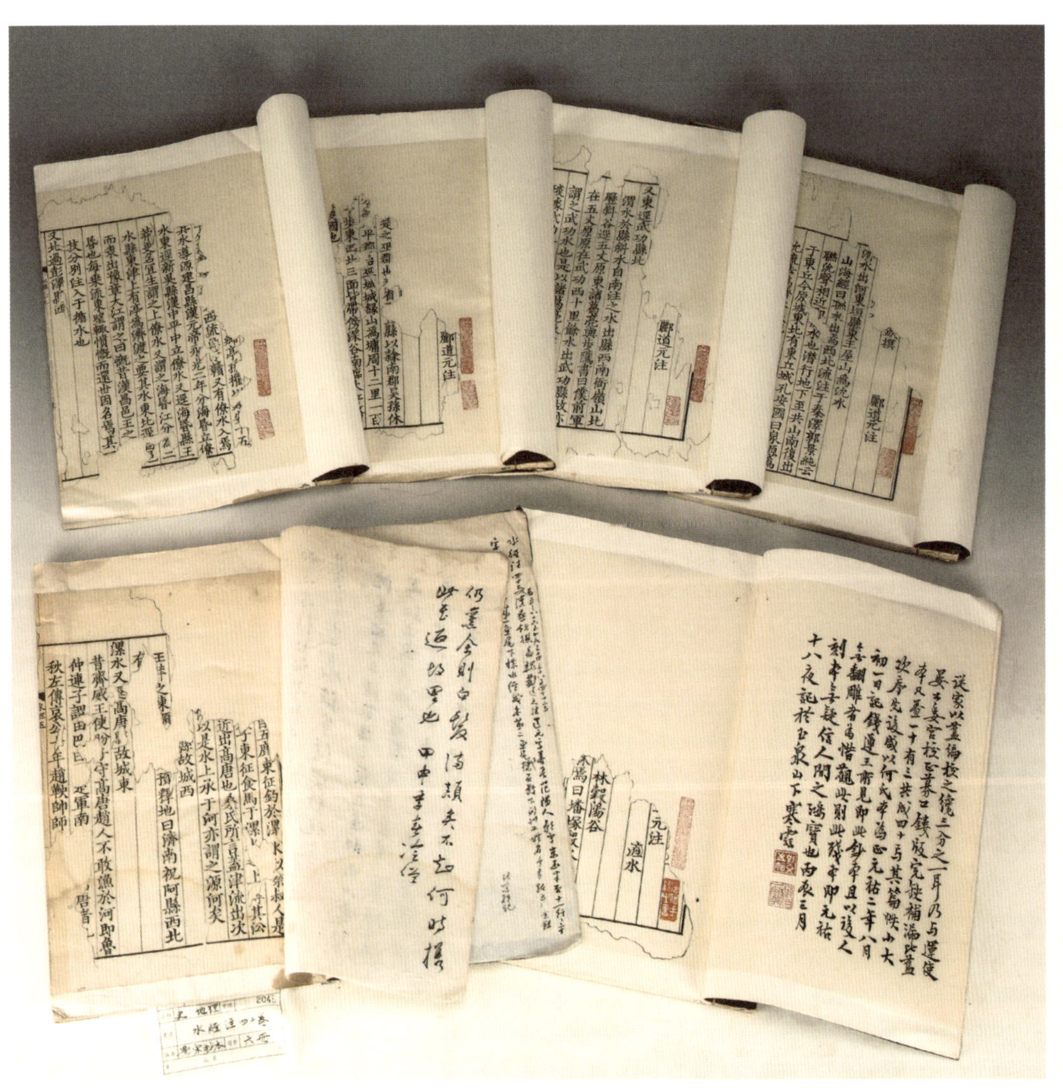

古籍辑校

史部

《三辅黄图》六卷　一册　20×13.2 cm

不著撰人姓名，有注，亦不著姓名，清《四库提要》云，晁公武《读书志》据所引刘昭《续汉志注》，定为梁陈间人作。……此书毕沅、孙星衍均有校刻本，然所见或有不同。二十年前曾致力于此，因复写定。（摘自张宗祥：《铁如意馆手抄书目》）

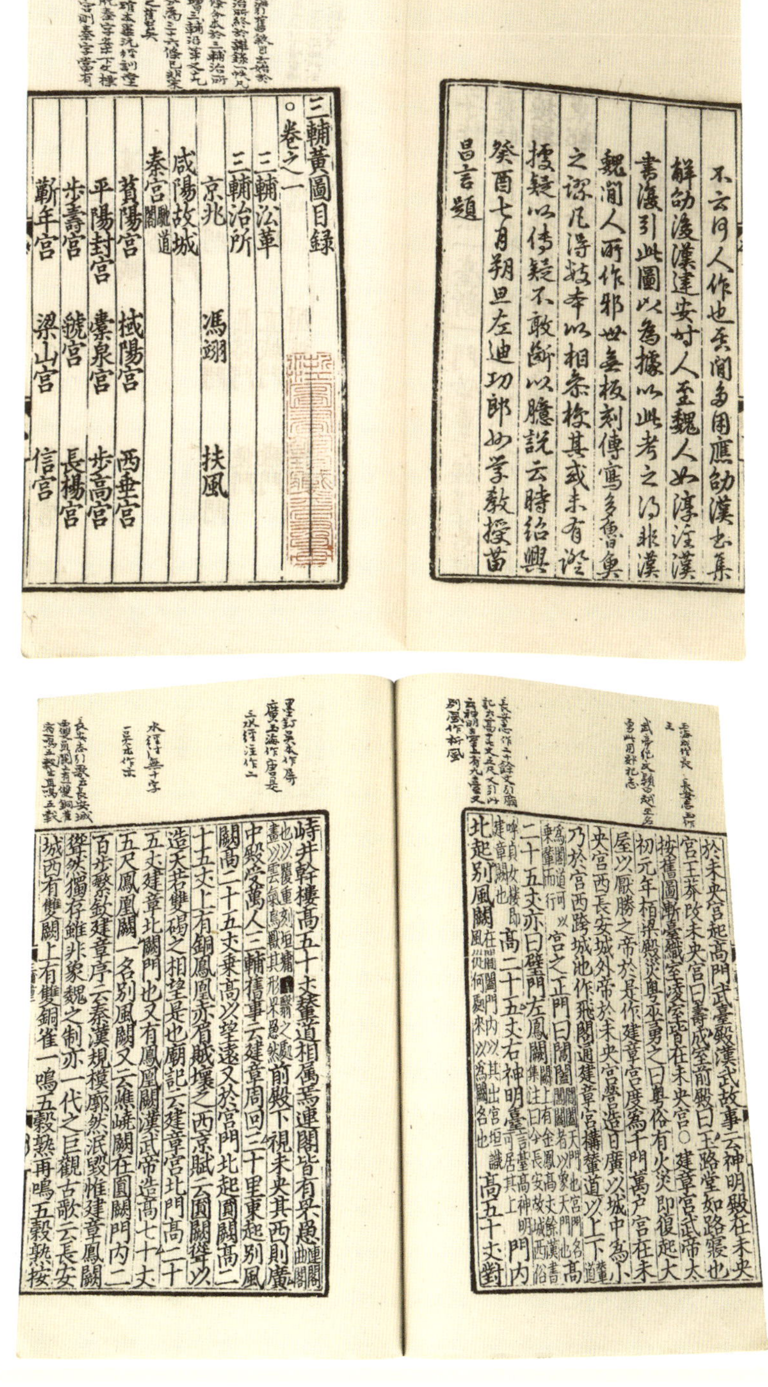
不云何人作也兵間多用應劭漢書集
解劭後漢建安時人至魏人如淳注漢
書復引此圖以為據以此考之乃非漢
魏間人所作邪世無板刻傳寫多魯魚
之謬凡得校本以相參校其或未有證
據疑以傳疑不敢斷以臆說云時紹興
癸酉七月朔旦左迪功郎如学教授苗
昌言題

三輔黃圖目録
○卷之一
三輔沿革
三輔治所
京兆　馮翊　扶風
咸陽故城
秦宮　馳道　閣
萯陽宮　棫陽宮　西垂宮
平陽封宮　橐泉宮　步高宮
步壽宮　虢宮　長楊宮
蘄年宮　梁山宮　信宮

於未央宮起高門武臺殿漢武故事云神明殿在未央
宮王莽改未央宮曰壽成室前殿曰王路堂如路寢也
按舊圖漸臺織室凌室皆在未央宮○建章宮武帝太
初元年柏梁殿災粵巫勇之曰粵俗有火災即復起大
屋以厭勝之帝於是作建章宮度為千門萬户宮在未
央宮西長安城外帝於未央宮營造日廣以城中為小
乃於宮西跨城池作飛閣通建章宮構輦道以上下輦道
為閣道可以乘輦而行宮之正門曰閶闔閶闔天門也宮門名閶闔者以象天門也高
二十五丈亦曰璧門左鳳闕闕上有金鳳高丈餘漢書集注曰今長安故城西俗高二十五丈右神明臺言臺高神明可居其上門內
北起別風闕在閶闔門內以其出宮垣識風從何處來以為闕名也高五十丈對

峙井幹樓高五十丈輦道相屬焉連閣皆有罘罳連閣曲閣
也以覆重刻垣墉之處畫以雲氣鳥獸其形罘罳然前殿下視未央其西則廣
中殿受萬人三輔舊事云建章周回三十里東起別風
闕高二十五丈乘高以望遠又於宮門北起圓闕高二
十五丈上有銅鳳凰赤眉賊壞之西京賦云圓闕聳以
造天若雙碣之相望是也廟記云建章宮北門高二十
五丈建章北闕門也又有鳳凰闕漢武帝造高七十丈
五尺鳳凰闕一名別風闕又云嶕嶢闕在圓闕門內二
百步繁欽建章序云秦漢規模廓然泯毀惟建章鳳闕
聳然獨存雖非象魏之制亦一代之巨觀古歌云長安
城西有雙闕上有雙銅雀一鳴五穀熟再鳴五穀熟按

《绛云楼书目》二卷　二册　（清）钱谦益撰　24.7 × 17.2 cm

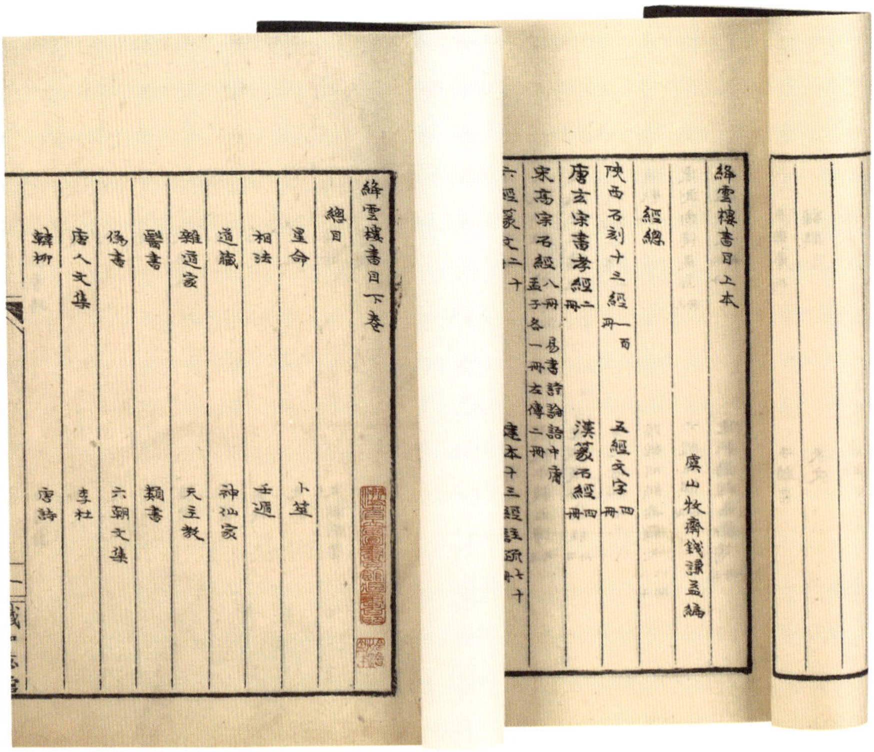
絳雲樓書目上本
虞山牧齋錢謙益編
經總
陝西石刻十三經一百册　五經文字四册
唐玄宗書孝經二册　漢篆石經四册
宋高宗石經八册 易書詩論語中庸孟子各一册左傳二册
六經篆文二十　建本十三經註疏七十册

絳雲樓書目下卷
總目
星命　卜筮
相法　壬遁
道藏　神仙家
雜道家　天主教
醫書　類書
偽書　六朝文集
唐人文集　李杜
韓柳　唐詩

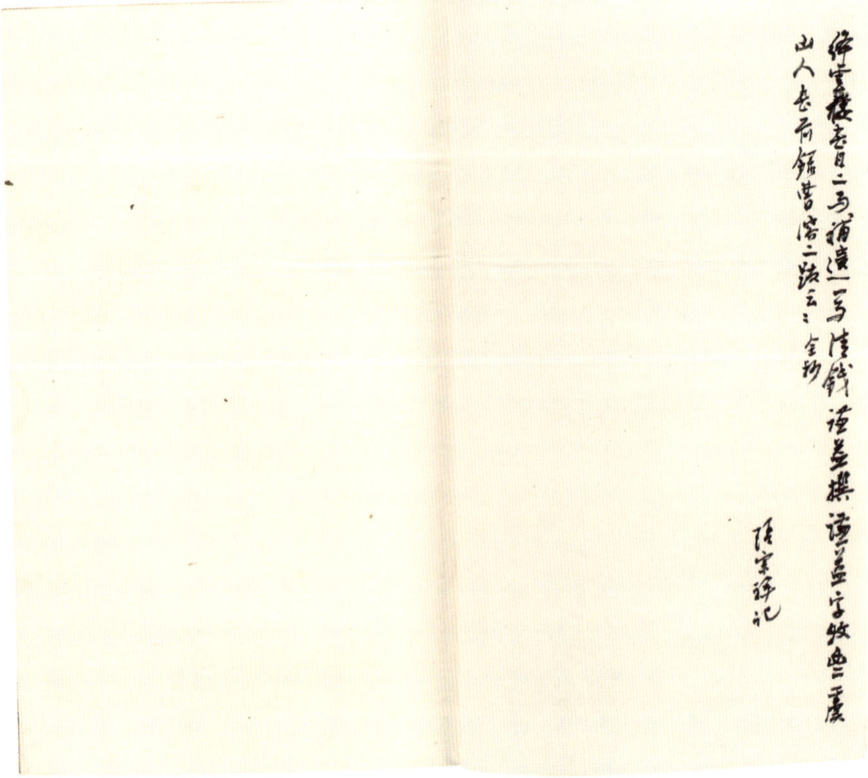

《郭西小志》十七卷　四册　（清）姚礼撰　20.6 × 19.5 cm

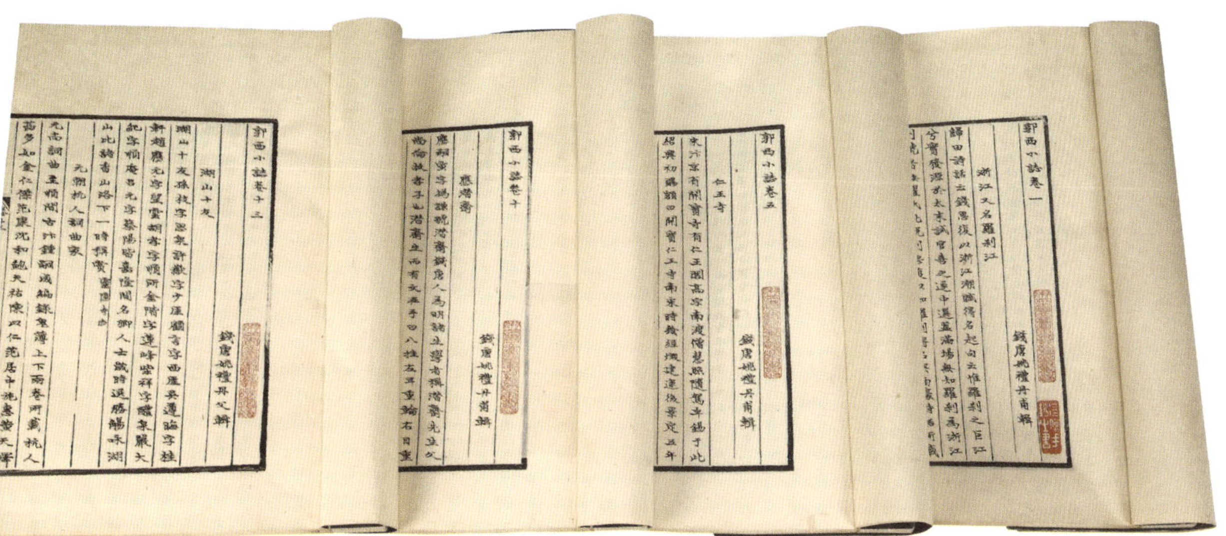

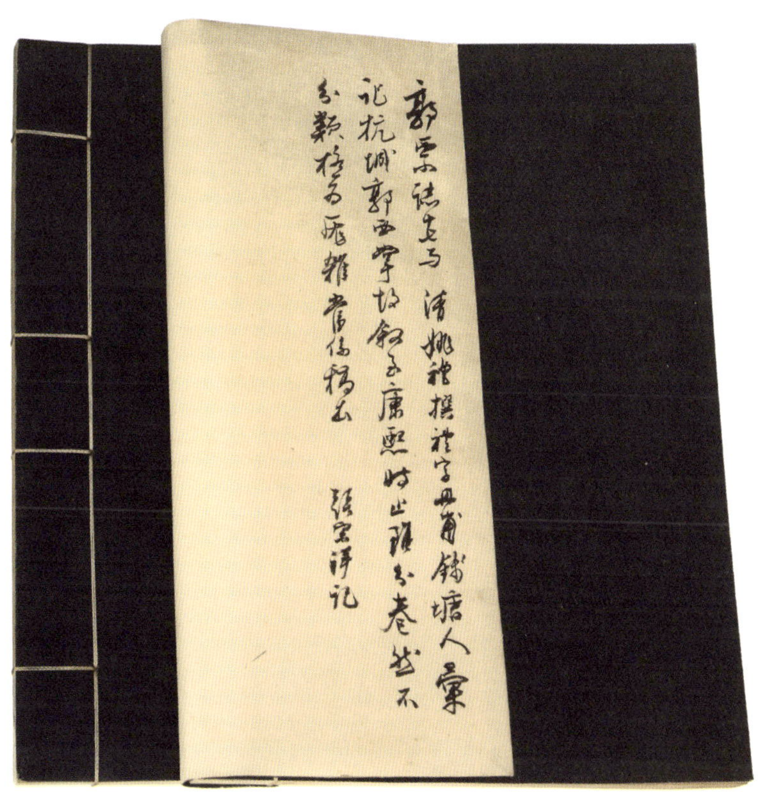

张宗祥先生纪念画册

《崇祯五十宰相传初稿》四卷　一册　（清）倦圃老人撰　25×17 cm

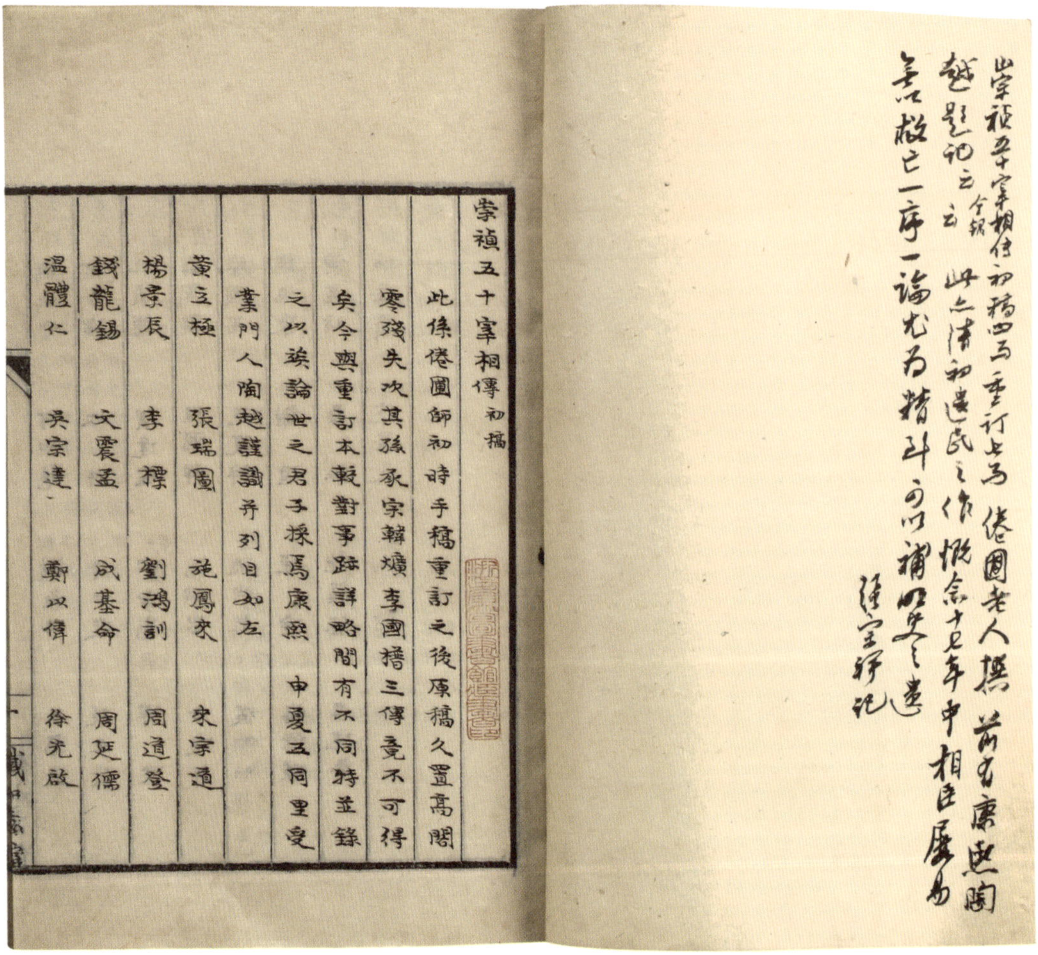

崇禎五十宰相傳初稿

此係倦圃師初時手稿重訂之後原稿久置高閣零殘失次其孫承宗輯績李國檣三傳竟不可得矣今與重訂本較對事跡詳略間有不同特並錄之以俟論世之君子採焉康熙甲戌五月里受業門人陶越謹識并列目如左

黃立極　張瑞圖　施鳳來　來宗道

楊景辰　李標　劉鴻訓　周道登

錢龍錫　文震孟　成基命　周延儒

溫體仁　吳宗達　鄭以偉　徐光啟

《藏逸经书》一卷　一册　（明）释道开撰　14.1×16.5 cm

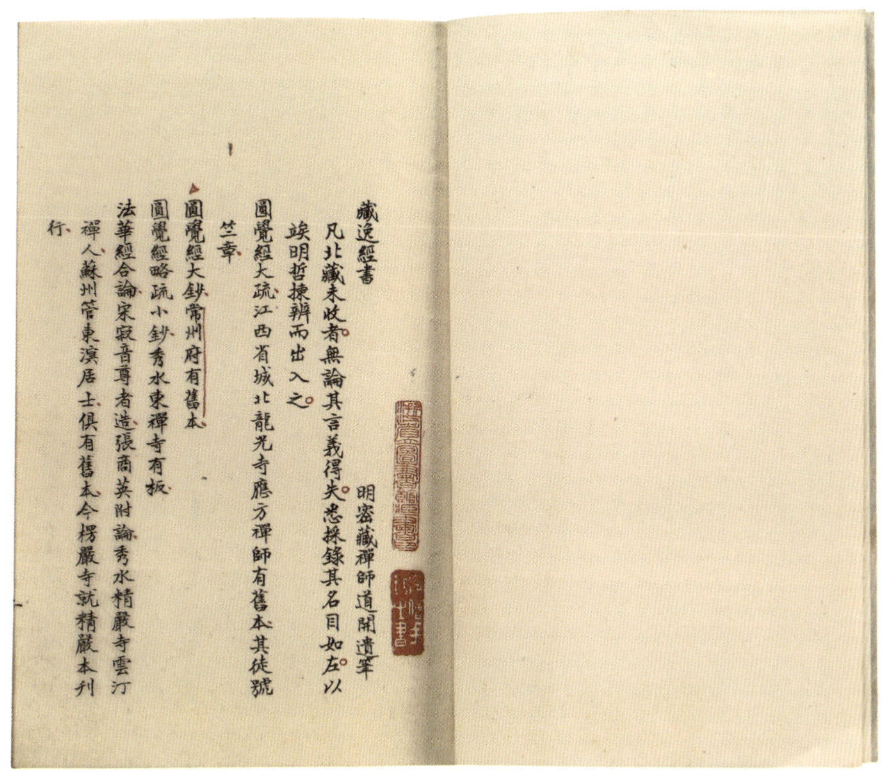
藏逸經書　明密藏禪師道開遺筆
凡此藏未收者無論其言義得失悉採錄其名目如左以竢明哲揀辨而出入之
圓覺經大疏江西省城北龍光寺應方禪師有舊本其徒號竺章
圓覺經大鈔常州府有舊本
圓覺經略疏小鈔秀水東禪寺有板
法華經合論宋寂音尊者造張商英附論秀水精嚴寺雲汀禪人蘇州管東溟居士俱有舊本今楞嚴寺就精嚴本刊行

藏逸經書一卷　明釋道開撰　牧翁跋云云全錄此卷不稍刪目見吾鄉葉國華筆記亦有均出錢氏之本戊午七月自徐君森玉處借鈔　張宗祥記

张宗祥先生
纪念画册

《崇祯忠节录》三十二卷　十册　（清）高承埏撰　25.5×17.5 cm

崇禎忠節錄三十二卷 清高承埏撰 承埏字寓公嘉興人子佑
釲訂補其缺者 卷一至卷四為北都附死巳郵來郵甲申四方
閩國變殉難諸臣民 卷五至卷三十二為各省殉難臣民 卷
二為蘇州常州無錫乙酉殉難 江陰乙酉殉難 宜興乙酉
殉難 諸縣乙酉殉難 徽州府乙酉殉難 寧國府乙酉殉
難 涇縣乙酉殉難 池州府乙酉殉難 太平府乙酉殉難 廣德
州乙酉殉難 杭州府乙酉殉難 二十五為原目為山西甲申以前
殉難 此二卷已佚 此書清有乾隆時朱彝尊跋語云 今所
存傳流本末 跋後附盛文傳一篇 蓋何鈞底家人子也
張宗祥記

古籍辑校

子部

《董子》十七卷附录二卷　二册　（汉）董仲舒著　26.3×17.8 cm

（汉）董仲舒撰。按此即原题《春秋繁露》一书。据本传云：“仲舒所著，皆明经术之意，及上疏条教，凡百二十三篇。”……隋、唐《志》始载“《春秋繁露》十七卷”，是为以篇名名书之始。……《繁露》诸篇，即百二十三篇中之文，而今之所传者，亦百二十三篇不全之书，非专说《春秋》之篇也。今宜易《繁露》之名曰《董子》。（摘自张宗祥：《铁如意馆手抄书目》）

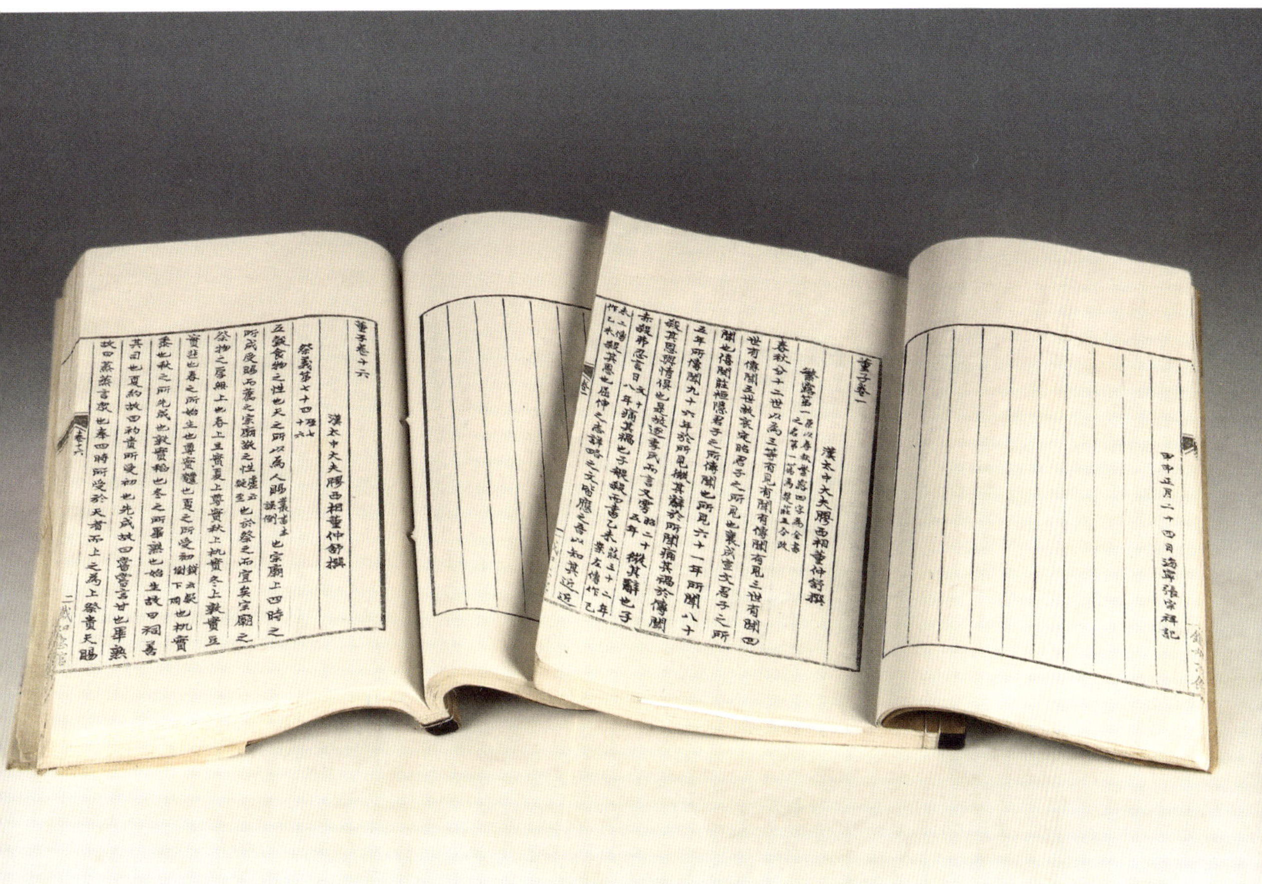

止雨第七十六原七十五

卷十七

符瑞第七十七原十六　執贄第七十八原七十二

山川頌第七十九原七十三　六藝原無

宗祥案各本滅國皆分上下二篇今合為一繁露二書字作全書之名不作篇名實起於隋書經籍志與仲舒本傳所載不符今故列為篇名六藝一篇乃取玉杯篇文之一節增列者計共得八十篇原書八十二篇闕文者三篇第三十九第四十第五十四是也今缺者不復載入目中特記之目後

凡文義不連疑不能明者皆附十七卷後

予去夏即欲董理此書苦無暇晷今以一旬之力抄成是書草率不精實所難免當再細為勘訂以竟整理古籍之志

四　鐵如意館

春秋繁露書後　鐵如意館讀書隨筆

漢董仲舒所著書據本傳云仲舒所著皆明經術之意及上疏條教凡百二十三篇而說春秋事得失聞舉玉杯蕃露清明竹林之屬復數十篇十餘萬言皆傳於後世據此則蕃露與玉杯竹林等皆篇名也漢書藝文志春秋類著公羊董仲舒治獄十六篇儒家類著董仲舒百二十三篇又不列玉杯蕃露等名隋唐志始著春秋繁露十七卷是為以篇名名書之始玉杯竹林則仍為篇名冠以春秋二字者殆據班氏說春秋事得失聞舉玉杯蕃露清明竹林之屬一語而書中又闡明公羊之義至多故也據班氏傳文是蕃露等數十篇皆在百二十三篇之外然又云皆傳於後世則此數十篇皆宜列於春秋類中今春秋類中無蕃露等名而標曰治獄十六篇所存玉杯等篇雖說春秋又非治獄儒家中亦未列入豈此數十篇者均未傳于後世乎何以至隋唐始著於書目而班氏之言又何前後不符如此也予意繁露等數十篇實即在百二十三篇之中以其專說春秋非他上疏條教可比故獨敘述以明之非百二十三篇之外復有此數十篇也然又因其他各篇非盡有關于春秋則彙為一書而入於儒家此藝文志之意乎六朝喪亂書籍淪散仲舒所著存者僅此而又因向無書名則姑以蕃露篇名之上冠春秋二字以名之此隋志之意乎故春秋二字可斷其加於六朝之

一　鐵如意館

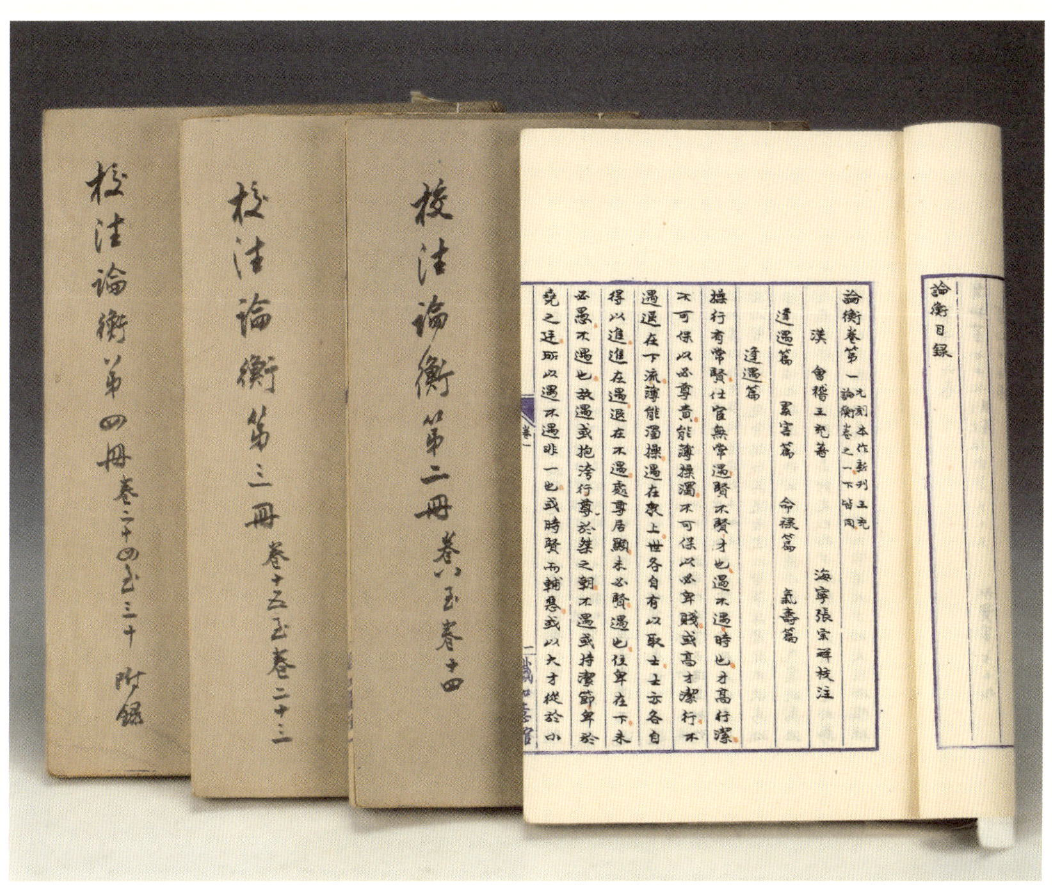

《论衡校注》三十卷　四册　（汉）王充著　25.8 × 18 cm

予向注力于王充《论衡》，历校宋元各刊，略为完备。“一·二八”以前，手写全书及校刊，付商务印书馆上石。……《论衡》一书，聚精力以赴之。不意……写定本竟为日寇炮火所毁！嗣后，重写一部，付周生转交商务馆。周生因事涉讼，不知踪迹。书稿亦不复可问！至汉之暇，因搜集各条，写定《校勘记》六卷。……一九五九年，自国庆后，复写定《论衡校注》三十卷。（摘自张珏：《冷僧自编年谱简编》）

《吹剑录全编》 （宋）俞文豹撰 古典文学出版社 1958年，张宗祥校订本

宋俞文豹撰。文豹字文蔚，括苍人。……予主北京图书馆时，得此本于破纸乱书中，阅俞氏自序末云“淳祐戊申中和节，书于堪隐堂”，且为四集张本，则知此真佚书，薰沐登之善本之椟。书多脱误，无他本可校，甚愿合《正录》、《外集》为一，以成全书，所苦《二录》不能见耳。（摘自张宗祥：《铁如意馆手抄书目》）

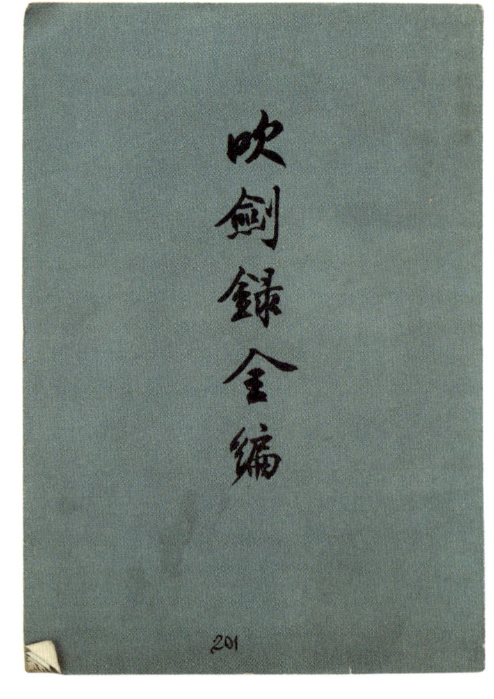

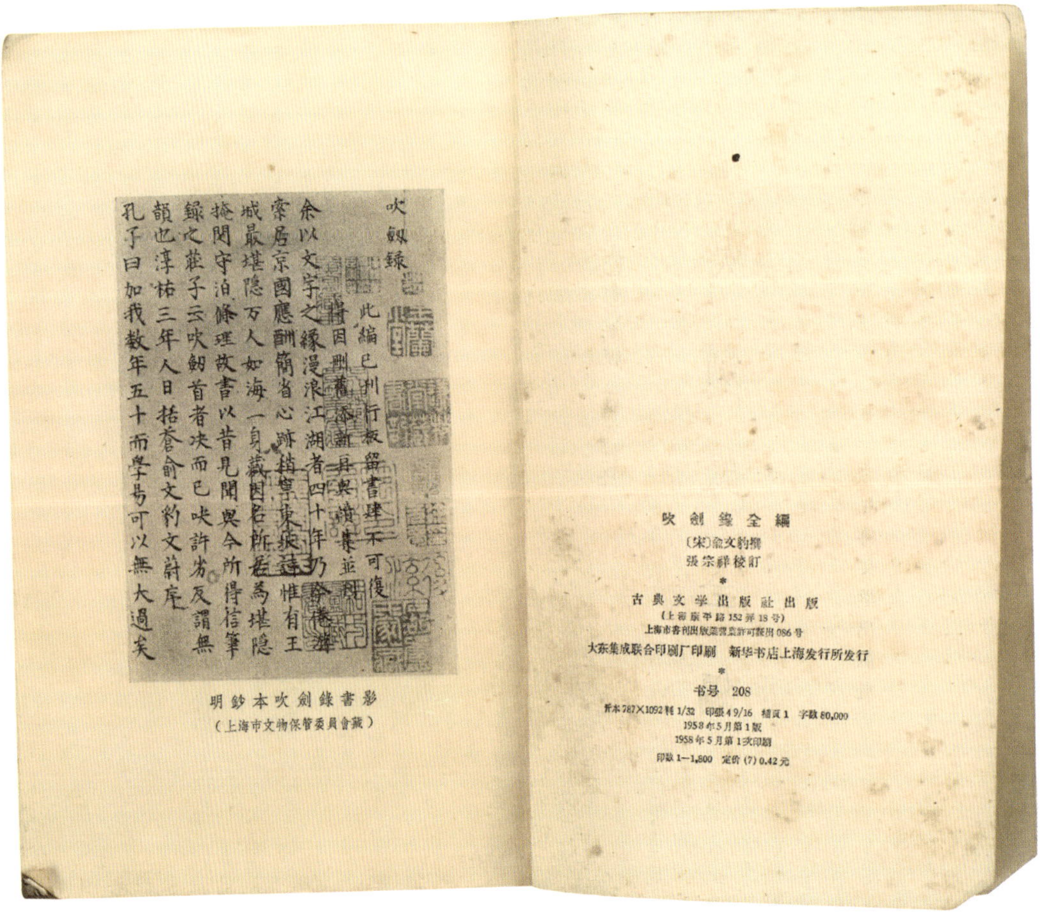

吹劍錄

余以文字之緣漫浪江湖者四十年乃
寮居京國應酬簡省心跡稍寧東旅惟有王
城最堪隱万人如海一身藏因名所居爲堪隱
掩關守泊條理故書以昔見聞與今所得信筆
錄之莊子云吹劍首者吷而已吷許劣反謂無
韻也淳祐三年人日括蒼俞文豹文蔚序
孔子曰加我數年五十而學易可以無大過矣

明鈔本吹劍錄書影
（上海市文物保管委員會藏）

吹劍錄全編
〔宋〕俞文豹撰
張宗祥校訂
*
古典文學出版社出版
（上海康平路152弄18号）
上海市書刊出版業營業許可證出086号
大东集成联合印刷厂印刷 新华书店上海发行所发行
*
书号 208
开本787×1092耗1/32 印張4 9/16 插頁1 字數80,000
1958年5月第1版
1958年5月第1次印刷
印數1—1,800 定价（7）0.42元

《晏子春秋》七卷　一册　27×19.5 cm

晏子书据刘向叙录，汉时所见者凡中外书三十篇八百三十八章，除复重二十二篇六百三十八章，定著八篇二百一十五章。……战国以前诸子书或为后人增益，或为后人窜改，或为后人伪托，纷纷者皆是矣。此书增益窜改处，各家校雠者已详记之，予书中亦详记之。……此稿半为三十余岁时在京所写，半为六十余岁时在重庆所写。……一九六十年秋，予年日老，体日衰，灯下不能翻检卷册，颇思结束校雠考订注释之业，自明岁起专从事于书画，乐余年于大同之世，故欲以此书结之。书中校改注释皆出一人私见，且老而善忘，读者幸谅而教之。（摘自张宗祥《校注〈晏子春秋〉序》）

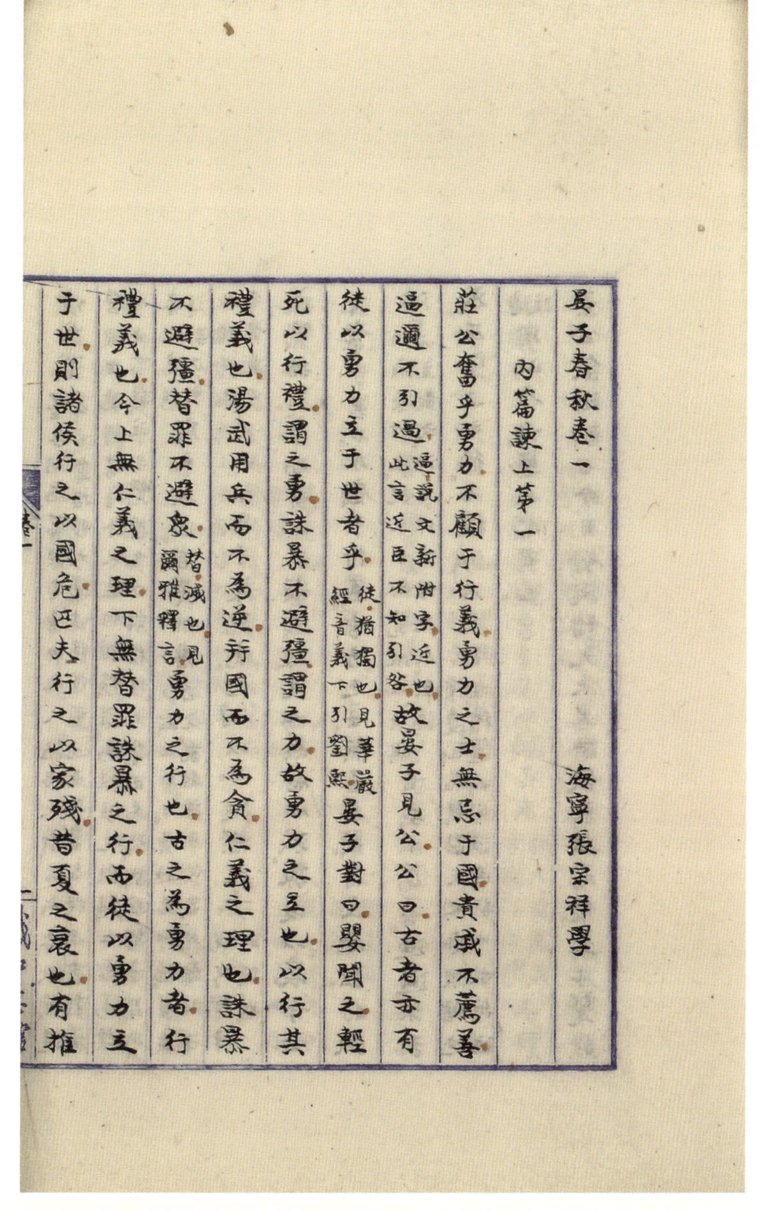

晏子春秋卷一　海寧張宗祥學

內篇諫上第一

莊公奮乎勇力不顧于行義勇力之士無忌于國貴戚不薦善逼邇不引過（逼說文新附字近也此言近臣不知引咎）故晏子見公公曰古者亦有徒以勇力立于世者乎（徒猶獨也見華嚴經音義下引劉熙）晏子對曰嬰聞之輕死以行禮謂之勇誅暴不避彊謂之力故勇力之立也以行其禮義也湯武用兵而不為逆幷國而不為貪仁義之理也誅暴不避彊替罪不避衆（替滅也見爾雅釋言）勇力之行也古之為勇力者行禮義也今上無仁義之理下無替罪誅暴之行而徒以勇力立于世則諸侯行之以國危匹夫行之以家殘昔夏之衰也有推

张宗祥先生纪念画册

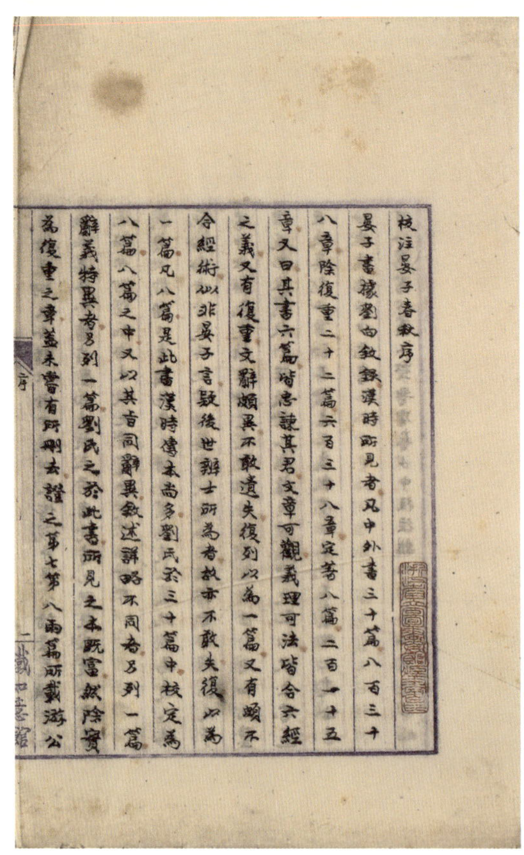

校注晏子春秋序

晏子書據劉向敘錄漢時所見者凡中外書三十篇八百三十八章除復重二十二篇六百三十八章定著八篇二百一十五章又曰其書六篇皆忠諫其君文章可觀義理可法皆合六經之義又有復重文辭頗異不敢遺失復列以爲一篇又有頗不合經術似非晏子言疑後世辯士所爲者故亦不敢失復以爲一篇凡八篇是此書漢時傳本尚多劉氏於三十篇中校定爲八篇八篇之中又以其旨同辭異敘述詳略不同者另列一篇辭義特異者另列一篇劉氏之於此書所見之本既富然除實爲復重之章蓋未嘗有所刪去證之第七第八兩篇所載游公

序　二　鐵如意館

引碼實可從方為改定否則僅注釋於下決不任意改動今欲使閱者便利凡依據文義或上下文可以增刪之字皆入正文而著其意見於下事似武斷然欲讀之易解故敢為之此乎生校書之創例也至昔人所言有未當者亦不盡力駁正但著己說使閱者自悟所以省紙墨也

晏子之為人儉其身以周人見義不顧其身不邀名不苟受祿處湫隘市肆之中弊車駑馬驥家布衣日勤勞於國事而又薄大退處山谷以成行義之人其求士也若不及其使於鄰國也識而質持禮而難詘此真可師法宜司馬遷願為執鞭也至其知田氏之將有齊國而不能救知管仲之能霸齊而不能救豈時勢使然無可為力耶其苦節諫諍過於管仲其經濟規畫小於管仲矣

一九六十年秋予年日老體日衰燈下不能繙檢卷冊頗思結束校讎考訂注釋之業自明歲起專從事於書畫藥餘年於大同之世故欲以此書結之書中校改注釋皆出一人私見且老而善忘讀者幸諒而教之

海寧張宗祥記於杭州時年七十有九

晏子春秋目錄

卷一

內篇諫上第一

序目　五　鐵如意館

《世说新语》三卷　三册　影抄北宋本　（南朝宋）刘义庆撰　30.7×19.2 cm

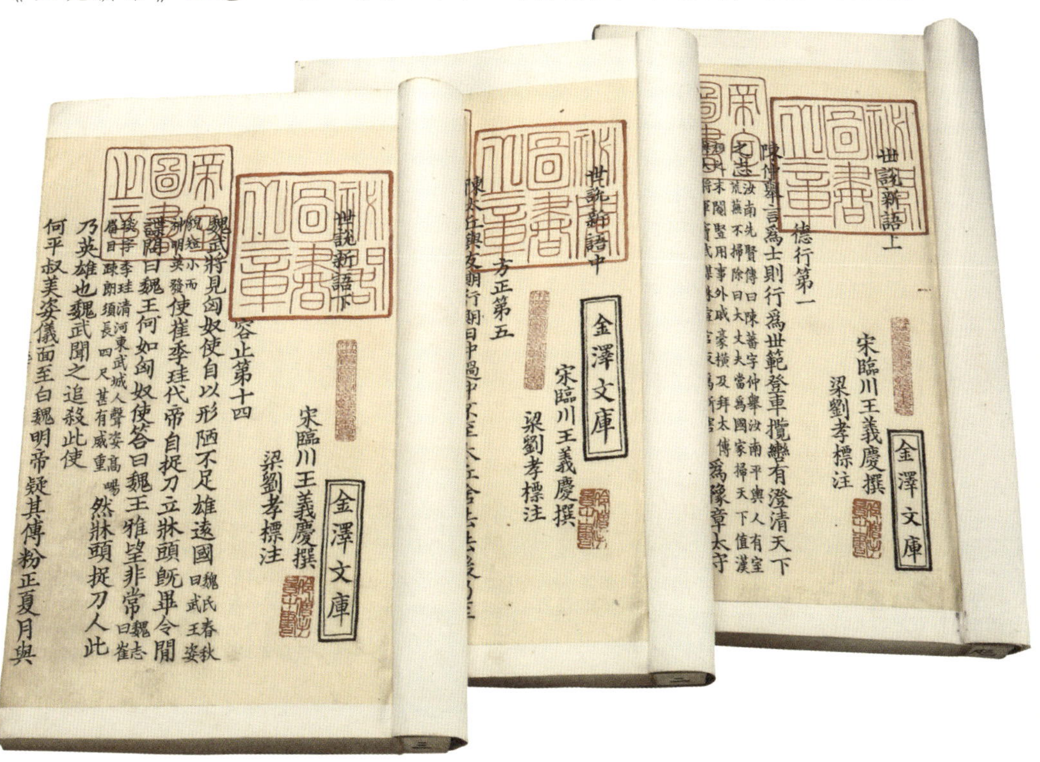

张宗祥先生纪念画册

右舊題跋三則均宋時人論書語錄之以資印證 庚戌八月二十日伏侯記
[illegible]
[illegible]
[illegible]
得寫入[?]時中[?]論語手[?]以來傳本之高誼不敢忘也 夏五月上虞羅振玉記

日本內府圖書寮舊藏春秋正義單疏本為人間珍笈 不知何因佚出二冊 己酉秋由島田翰歸徐博士 [?]余偶過內府就之不忍令此難有者數失延 以之返諸圖書寮 俾成完璧 寮友一時感予雅意許借此本 返寫一通及再假寫山集則多方推諉不能允從 日本人竺守古籍固可喜 然其不肯多予人以便宜亦可哂也 庚戌九月二十七日潛室記

是書為日本金澤文庫舊藏現歸宮內省圖書寮每卷首皆有金澤文庫印記首頁上有祕閣圖書之章及帝室圖書之章 均一一影摹之原書有湯濃處於時[?]田朱筆圈識[?]出用存其真又有不可解之譌字凡校出者則用朱筆作小點其旁以識之亦不敢妄改致失本來面目又按此三卷本 近之希見經籍訪古志謂為[?]慶真本未經後世增損其字句卷數於之元明諸本實然不同其說良是然刻印不甚工并非宋槧之精者訪古志稱為文字端正未為允當至欽宗以上諱字嫌名皆闕筆其為北宋槧本無疑 一語尤屬有徵 并以有金澤印記推之則其流入日本為時頗早 中國諸藏書目均無此本 其可寶貴亦人所共賞 刻為日本內閣所藏傳鈔尤非易事 予校畢裝為三冊并題記 如右 宣統庚戌八月潛[?]記於七[?]

校補湯濃即據王本 以其異同甚少 不臚歧出也 伏侯又記

壬戌十一月借徐氏所藏本墨寫此本原為田君伏侯自日本墨歸今歸徐君行可 原本缺字以朱筆勾出 今改用朱字 校寫以便閱覽 原本缺字 仍以朱筆勾出之 海寧張宗祥記

《校定易林》十六卷　四册　（汉）焦延寿撰　26×17.5 cm

汉焦延寿撰，其书以六十四卦，每卦又衍为六十四，系以韵语，名之曰“林”。《易》自汉末以来，均传费直，田、何二家，独焦氏不传，故此书精刻不多。予得陆勅先临宋本，卢抱经据之校正者，因复以有注本，及明刻他本，校定写正此书。（摘自张宗祥：《铁如意馆手抄书目》）

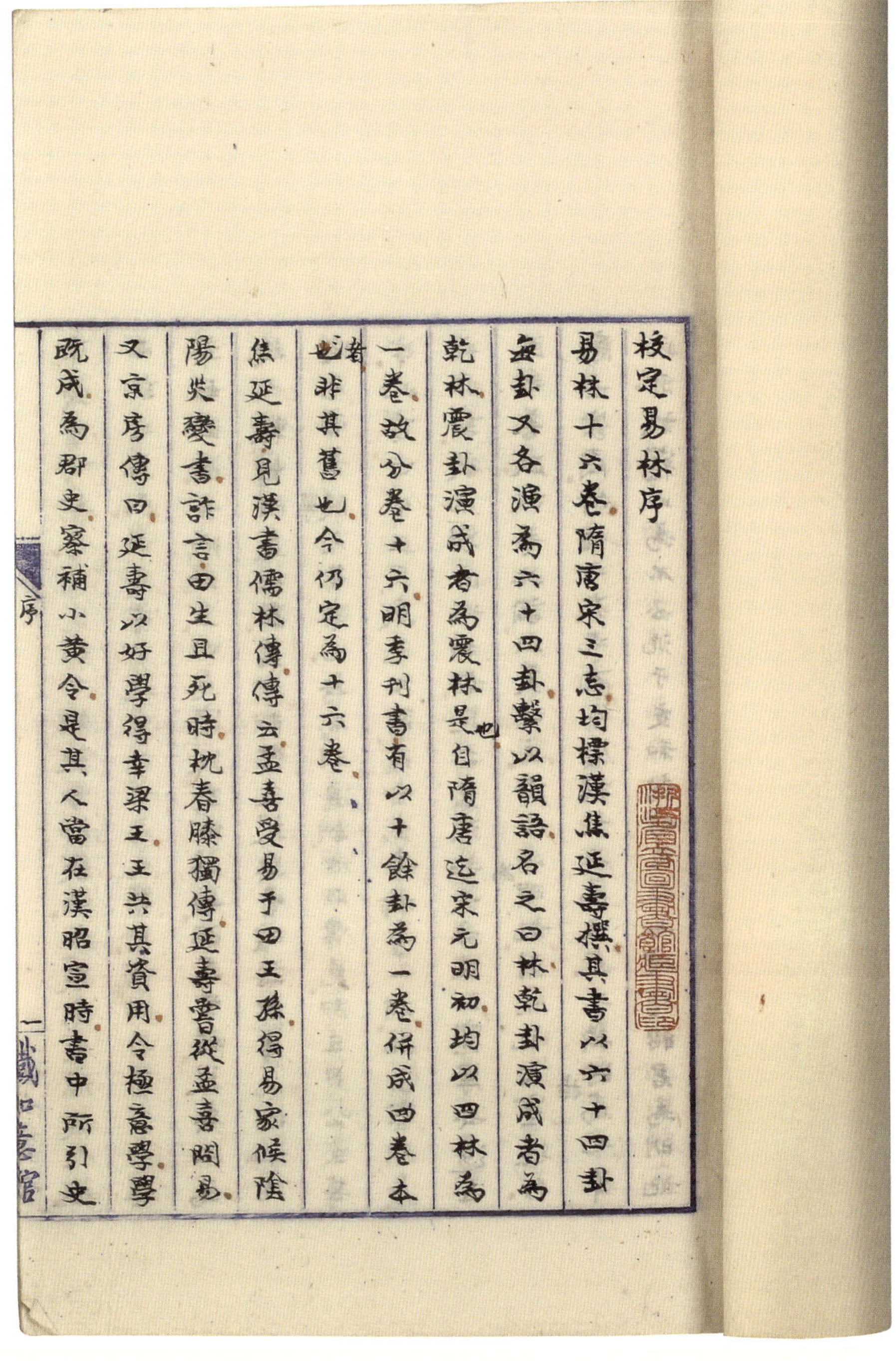

校定易林序

易林十六卷隋唐宋三志均標漢焦延壽撰其書以六十四卦每卦又各演爲六十四卦繫以韻語名之曰林乾卦演成者爲乾林震卦演成者爲震林是也自隋唐迄宋元明初均以四林爲一卷故分卷十六明季刊書有以十餘卦爲一卷併成四卷本者也非其舊也今仍定爲十六卷

焦延壽見漢書儒林傳傳云孟喜受易于田王孫得易家候陰陽災變書詐言田生且死時枕喜膝獨傳延壽嘗從孟喜問易又京房傳曰延壽以好學得幸梁王王共其資用令極意學學既成爲郡史察補小黄令是其人當在漢昭宣時書中所引史

序　一　鐵如意館

《嵇康集》十卷补遗附录各一卷　四册　（魏）嵇康撰　19×16.8 cm

魏嵇康撰。按叔夜为司马昭所害，虽传在《晋书》，实魏人。此书丙辰正月，据丛书堂本传录，与周君豫材（树人）同事雠校，今豫材早殁，手写之书已印入《鲁迅全书》中。予两人自壬戌秋别后，无缘再聚，不知彼书后有更动否，亦无暇取印行本一校。（摘自张宗祥：《铁如意馆手抄书目》）

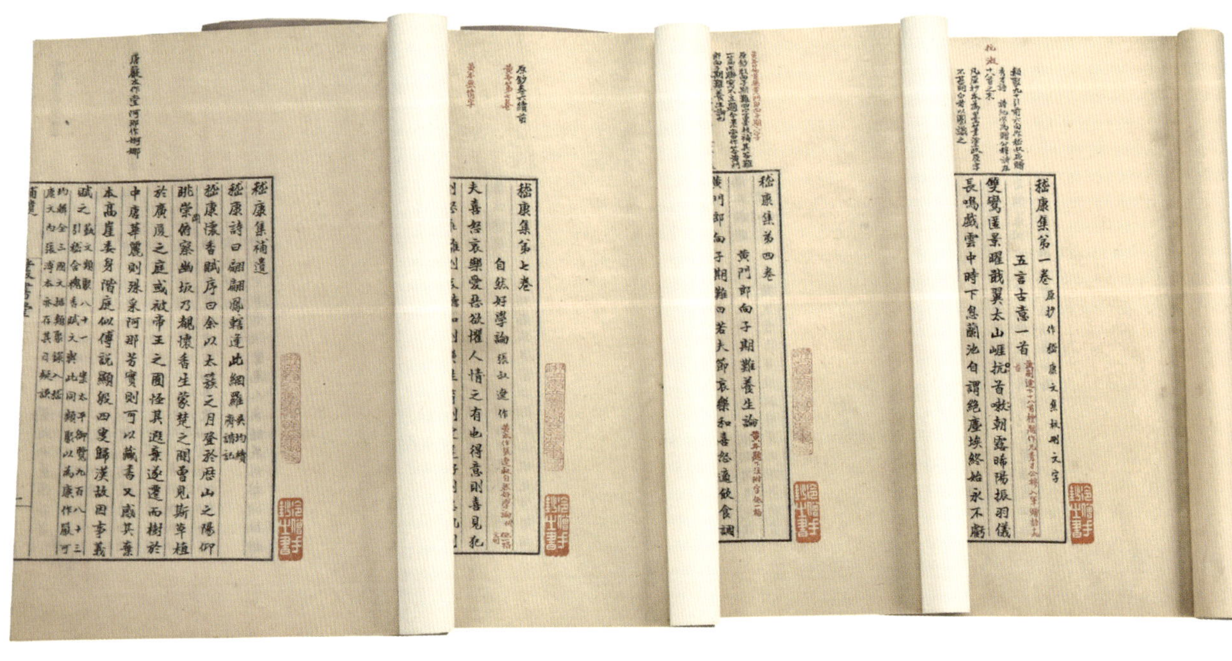

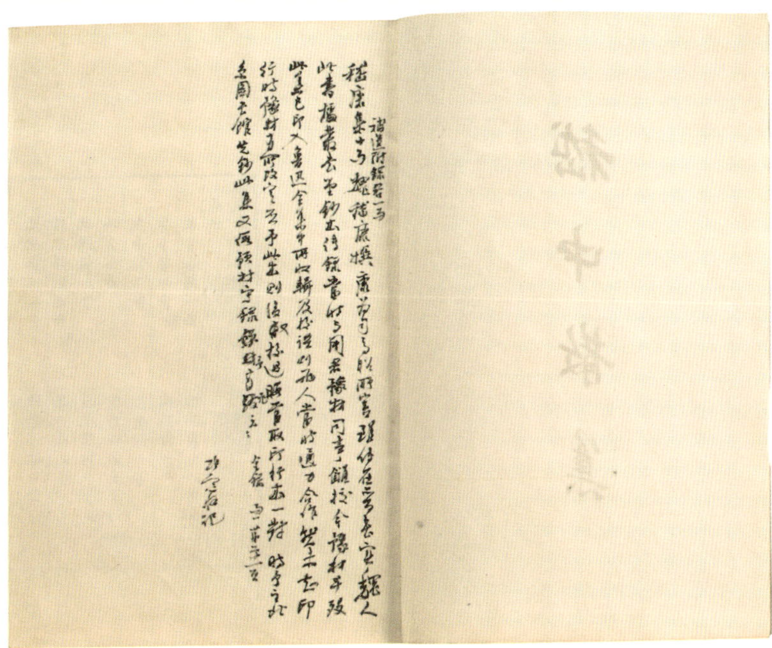

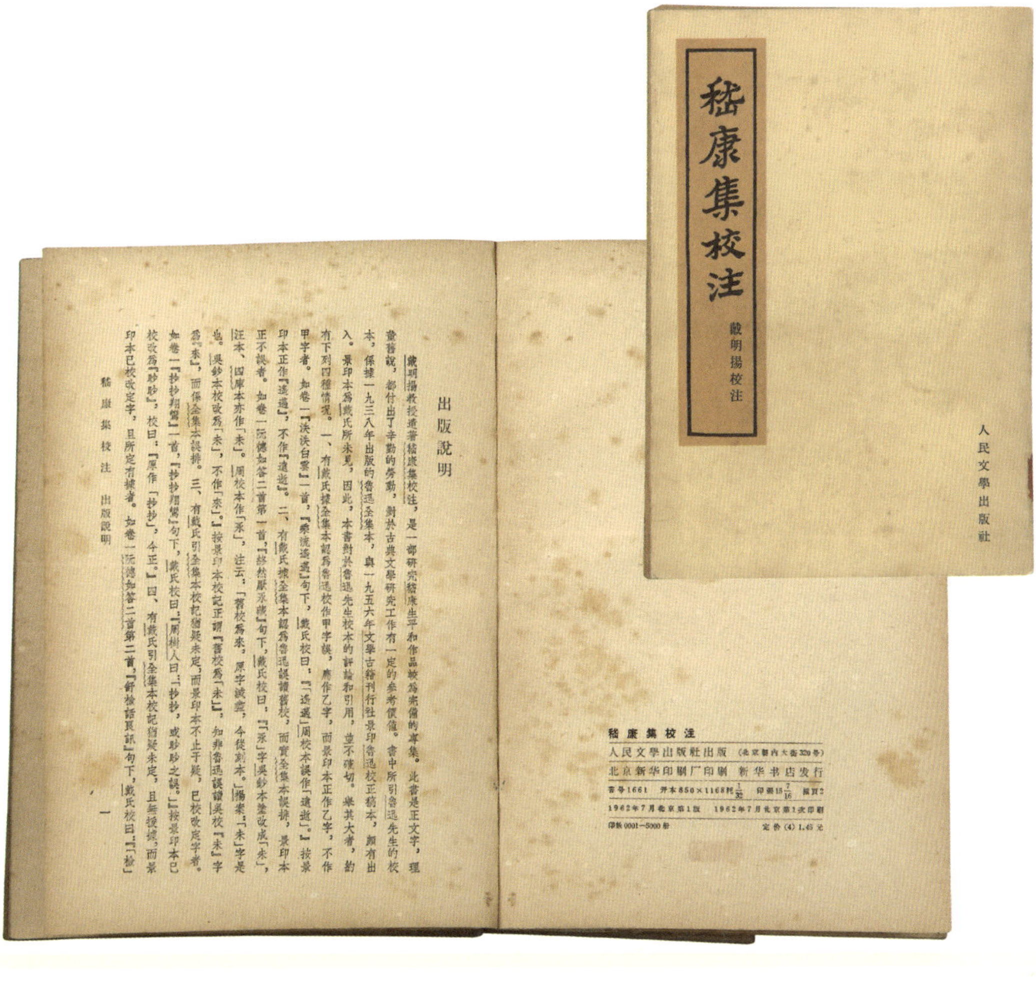

嵇康集校注

戴明揚校注

人民文學出版社

出版説明

戴明揚教授遺著嵇康集校注，是一部研究嵇康生平和作品較為完備的專集。此書是正文字，理董舊說，都付出了辛勤的勞動，對於古典文學研究工作有一定的參考價值。書中所引魯迅先生的校本，係據一九三八年出版的魯迅全集本，與一九五六年文學古籍刊行社景印魯迅校正稿本，頗有出入。景印本為戴氏所未見，因此，本書對於魯迅先生校本的評論和引用，並不確切。舉其大者，約有下列四種情況。一、有戴氏據全集本認為魯迅校作甲字誤，應作乙字，而景印本正作乙字，不作甲字者。如卷一「泆泆白雲」一首，「乘流遠遁」句下，戴氏校曰：「『遠遁』周校本誤作『遠逝』。」按景印本正作「遠遁」，不作「遠逝」。二、有戴氏據全集本認為魯迅誤讀舊校，而實全集本誤排，景印本正不誤者。如卷一阮德如答二首第一首，「終然厭丞疏」句下，戴氏校曰：「『丞』字吳鈔本塗改成『來』，汪本、四庫本亦作『來』。周校本作『丞』，注云：『舊校為來，原字誠齋，今從刻本。』揚案：『未』字是也。吳鈔本校改為『未』，不作『來』。」按景印本校記正謂『舊校為「未」』，知非魯迅誤讀吳校『未』字為『來』，而係全集本誤排。三、有戴氏引全集本校記猶疑未定，而景印本不止于疑，已校改定字者。如卷一「抄抄翔鸞」一首，「抄抄翔鸞」句下，戴氏校曰：「『周樹人曰：「抄抄，或眇眇之誤。」』」按景印本已校改為「眇眇」，校曰：「原作『抄抄』，今正。」四、有戴氏引全集本校記猶疑未定，且無根據，而景印本已校改定字，且所定有據者。如卷一阮德如答二首第二首，「舒檢話莫訊」句下，戴氏校曰：「『檢』

嵇康集校注　出版説明　一

嵇康集校注

人民文學出版社出版（北京朝内大街320号）

北京新华印刷厂印刷　新华书店发行

书号1661　开本850×1168耗 1/32　印张15 7/16　插页2

1962年7月北京第1版　1962年7月北京第1次印刷

印数0001—5000册　定价（4）1.45元

《全宋诗话》一百卷　三十二册　张宗祥辑　26.4×18 cm

诗话记载遗闻逸事，反映一时社会情况，可以补史传之缺。……故此书所收，以宋人诗话笔记为主，元明次之，清则略有所采。……赵宋三百年间，大都以诗赋取士，故能诗者众。……顾三百年中士风习俗，则皆表现于诗，尤皆详载于诗话，此所以乐于搜辑，成此一书也。……余体力日衰，虽未届八十，已不能潜心专力，从事著述。聊且编辑此书，以备参考之用，亦以报答政府养老之恩，以示不敢虚度岁月之意。一九五八年张宗祥记，时年七十有七。（摘自张宗祥《全宋诗话·弁言》）

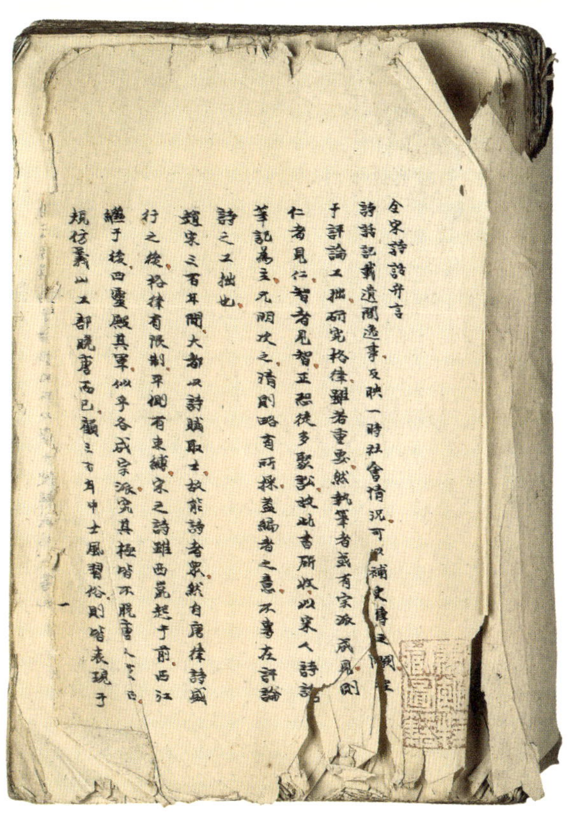

全宋詩話弁言

詩話記載遺聞逸事，反映一時社會情况，可以補史傳之闕。至于評論工拙，研究格律，雖若重要，然執筆者亦有宗派成見，則仁者見仁，智者見智，互相徒多聚訟，故此書所收，以宋人詩話筆記為主，元明次之，清則略有所採，蓋編者之意，不專在評論詩之工拙也。

趙宋三百年間，大都以詩賦取士，故能詩者眾。然自唐律詩盛行之後，格律有限制，平仄有束縛，宋之詩雖西崑起于前，西江繼于後，四靈殿其軍，似乎各成宗派，究其極，皆不脫唐人窠臼，規彷義山、工部、晚唐而已。顧三百年中士風習俗，則皆表現于

一

詩，尤皆詳載于詩話，此所以樂于搜輯成此一書也。

清初歸安沈繹旃先生炳巽嘗輯全宋詩話百卷、續全唐詩話百卷，續全唐詩話稿本幸存，而待整理，全宋詩話則久佚難覓。其後鍾退軒先生廷瑛繼輯是書，歲在乙未，予得其蓑衣稿本一冊于廠肆，恨其採擇未廣，且非全稿，僅至大宗初年而止，又紙條脫落，零亂不足據也。

厲樊榭先生鶚有宋詩紀事，陸心源氏復有補編，厲書疏漏之處，陸氏曾為糾正，且亦增益不少，然二家之意在表彰宋詩，重詩而輕話，詩後即有記載，往往刪節割裂，厲書尤甚，且皆採及州縣志，取材固富，然不能使觀者豁然見宋時風尚習俗也。

茲編首列趙氏諸帝，而郢王附之；次宗室，次降王，而后妃宫女則列于婦女之首，非有軒輊于其間，亦方以類聚，物以羣分之意耳。

自五季入宋，如王仁裕之未仕主，實于之仕于他國，則附見李昉之後，以其與李氏有關也。

遼金君臣附于外國之中，其詳當有專書，故僅略舉。

無名子諺語，大都發揚民意之作，故詳列之。

釋子之中，能詩者衆，間有以異跡著者，然較道士為少，故列于道士之先。道教向以自利為主，最上者清靜無為，自適其天；而已下者服藥煉丹，以求長生，以求點石成金；更下者造作神怪。

弁言

二

歟世界人無所不重，大唐之尊李耳，欲自託于中原民族，自誇其為異族故也。宋朝自真宗大書屢降之後，已啟徽宗求仙降神之機，林靈素輩因之以竊竊興妖，迄于金兵亂華，此真道教之遺毒也。然回道人乃在宋世獨顯神異，士大夫津津樂道之，此真怪事。今詳輯之，使人知釋子之後，神怪之前，外之也。至若水雲黃冠碧窗題曲，斯則別有苦心，覽者自能知之。

箕仙盛于宋，宋後此風尤熾，辛亥之後，遺老事此日多，抗日軍興，後方亦有奉此以占國步者，國將亡，聽于神，真可驗矣。紫姑獨分一卷，意在此也。

神鬼之類，或文人寓言，或時俗迷信，前人既載于冊，今亦姑附于末，此序次之大凡也。

沈繹旃先生續全唐詩話，凡一事一題而作者數人，特立一門，名曰合句，唐宋人均有作者，則名曰唐宋合句。此例為向來詩話所無，亦有可取之處，然查閱不甚便利，今無遵此種詩句，以第一人或末一人為主，分載各人條下，惟有主要之人，附仍以主要之人為主。

有一條中包括數人數事者，既見于主要人之下，其餘或從簡，複述于各人之下（或于各人下注明參見某人）。

詞者詩之餘，詞入詩話，自無疑義。至于四六兼或及之，亦舊例如此也。

弁言　三

宋人詩話筆記，往往互相轉載，故有一事一詩而數書敘及者，今但取一書，其重複者略之。此編輯之大凡也。

昔吾鄉周松靄先生春，八十一歲時寫髦餘詩話以遣日。余體力日衰，雖未屆八十，已不能潛心專力，從事著述，聊且編輯此書，以備參考之用，亦以報答政府養老之恩，以示不敢虛度歲月之意。一九五八年戊戌海寧張宗祥記，時年七十有七。

全宋詩話總目

目　一

《明文海》四百八十二卷　一百零二册　（清）黄宗羲辑　27×19.4 cm

一九六五年（乙巳），八十四岁。编者：春，父亲患咳。不久，痰有血丝。遂后，饭量减，人见瘦，称痛。每晨起，书写架上未写“求书”，赶校《明文海》。是年七月十五日，入浙江医院。医生断为肺癌。病危时，神志稍清，索笔在蒲扇上画竹（画成树），并称回家后写《明文海》序言。逝世时，为八月十六日下午三时十五分。（摘自张珏：《冷僧自编年谱简编》）

張宗祥先生
纪念画册

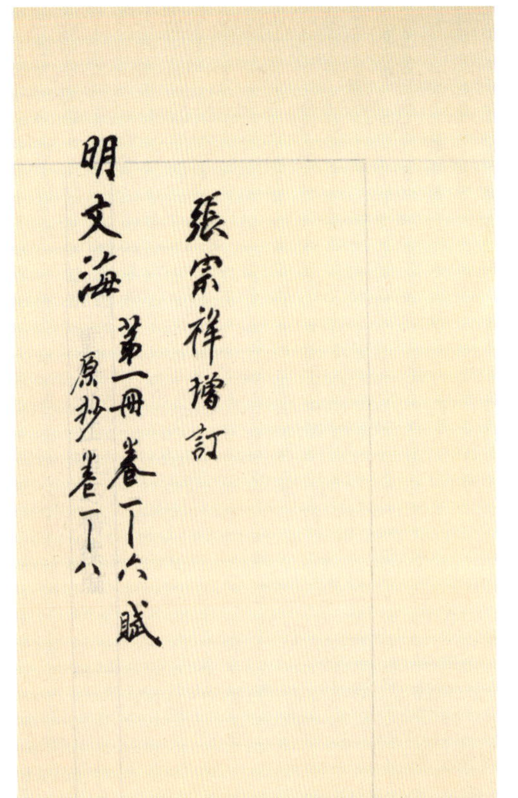
明文海 第一冊 卷一～六 賦
原抄卷一～八
張宗祥增訂

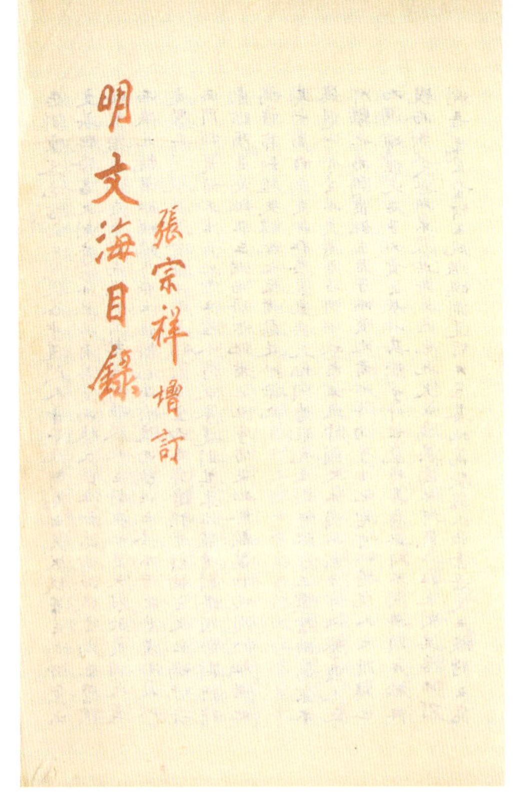
明文海目錄
張宗祥增訂

明文海卷一 賦一 皇都一

餘姚黄宗羲輯 海寧張宗祥增訂

南都賦 桑悅

南都有博古先生同州邑秀先遊於北都乃觀氣象之恢元……獨先生謾極凌碎
物之適靖……神莽莽兮外淫意惶惶兮儀儀……
子荀浪驚掟拖……北都有知今子者其足如雲其辯如波揖先生而扣
焉天下一家四海一都而子眺焉若茂若渺匪結轎匪鉶豈離澥瀣别溟滓
汙皇遠太華别覩嵯峨何其邁迎邁而不洪心戴心而自訑先生曰蔑蘭
袁者嗞微磬砂綠衷者采職璧僕當熟班孟堅之兩都張平子之二京丹淵
皋皋此長安之市中扃謬謬藥洛陽之域寧不視此而涓零知今子
遂然而笑曰味子之言班……砯砂痕般翡翠易牙之味子聞而飽儀狄之
酒了叢而醉耶先生曰是誠不然僕自覆髭竹適金陵偉哉若方王業攸興計
南惟棟計北惟樞豈攸衍究而予影訇吾將語子以南都之故事以開子之聾
盲焉知今子曰願宰鴻覆以拓酣寔先生曰唯唯明之南都宿分於斗龘域於
揚斗則日月之所佸……五星之所聚營是謂天維揚則拓土畫疆卑華兼
并是謂地綱論大形勢桐柏之源東馳般洎擴瀰灘而招沂泗者於此乎會岷

賦

明文海目錄 卷一

《东坡先生和陶渊明诗》四卷　一册　影抄宋刊本　（宋）苏轼撰　33×21.5 cm

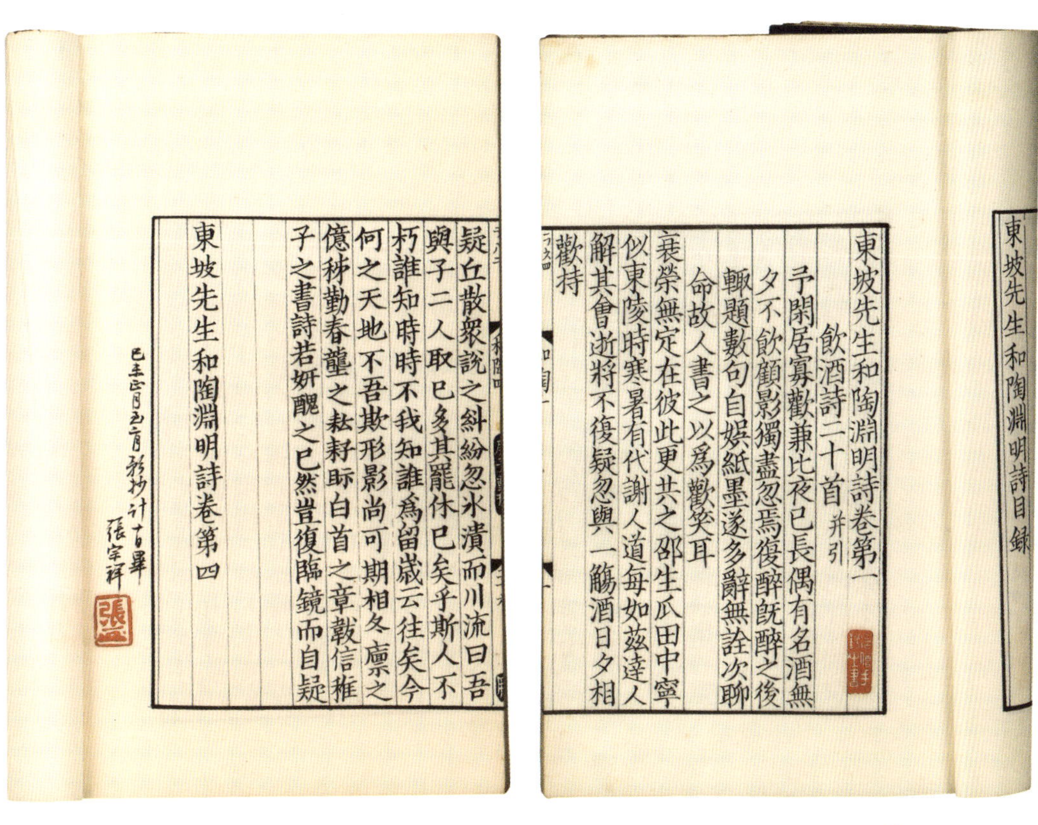

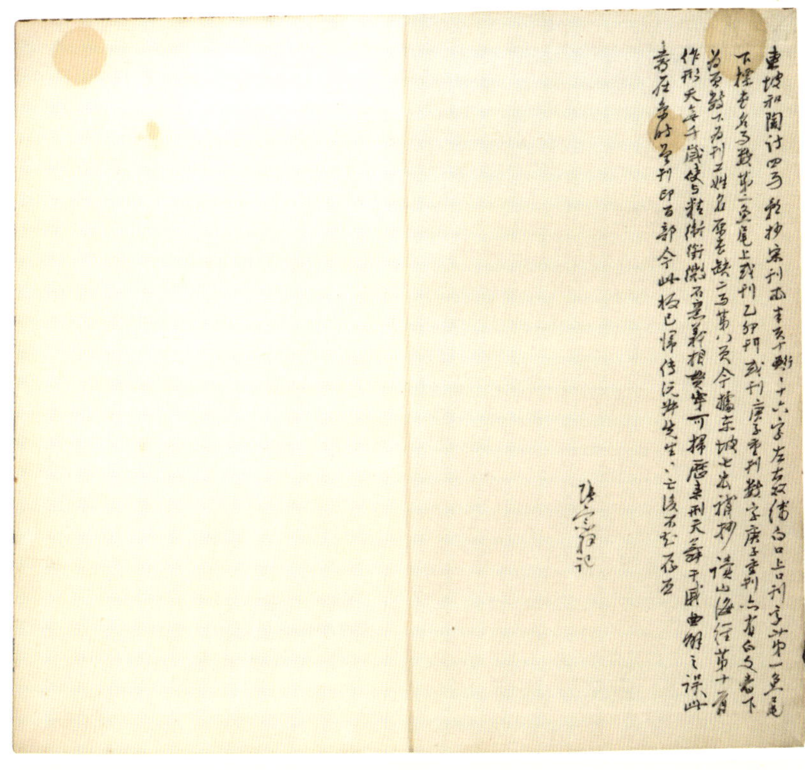

张宗祥先生纪念画册

《浮山文集前编》十卷、《浮山文集后编》二卷、《浮山此藏轩别集》二卷、《膝寓信笔》一卷　六册　（明）方以智撰　26.8×17.6 cm

明方以智撰。以智字密之，为明末四公子之一，桐城方孔炤子，崇祯进士，后入桂，与瞿式耜、张同敞善。明亡为僧，号宏智，字无可，世称“药地和尚”。……《前编》卷一至卷六，所谓《稽古堂初集》、《二集》上下、《曼寓草》上中下，六卷，皆其少作。后四卷《岭外稿》上中下，《猺峒废稿》则南行后之作。《后编》《别集》，出世后之作为多。《膝寓信笔》，则少年时寓南京之作也。密之母吴宜人葬于浮山，故取以名其集。此皆少见之书，不徒文笔之佳，纪述之有关掌故已也。（摘自张宗祥：《铁如意馆手抄书目》）

浮山文集前編總目
卷之一
稽古堂初集
卷之二
稽古堂二集上
卷之三
稽古堂二集下
卷之四
曼寓艸上
卷之五

《石田诗稿》六卷　三册　（明）沈周撰　25.3×17.2 cm

张宗祥先生纪念画册

《续全唐诗话》一百卷　二十四册　（清）沈炳巽撰　24×17.8 cm

清沈炳巽撰。炳巽字绎旃，又字权斋，归安人。……此为从原稿过录之本，原稿后归中央图书馆。……沈氏此作，不独可补尤氏之疎，且另立一例，使论诗及其他无所归宿之事，一一均有依附，实善法也。书系稿本，蠹蚀更甚，校补订正之处尚多。（摘自张宗祥：《铁如意馆手抄书目》）

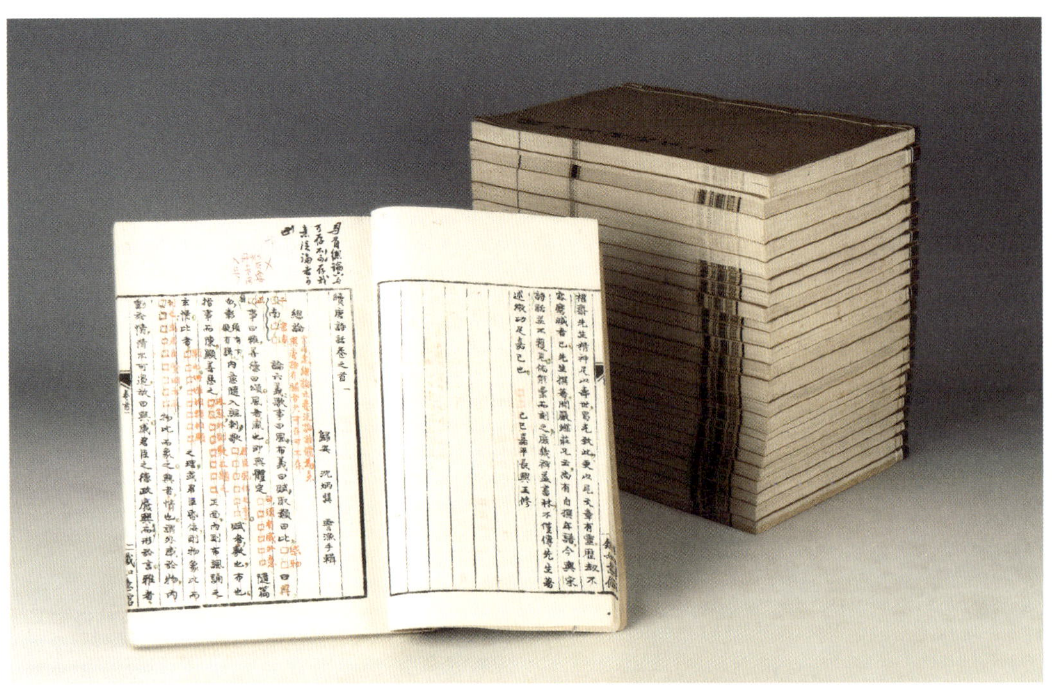

續唐詩話目錄

卷首一　卷首二　卷首三
總論　總論　總論
卷首四　卷首五　卷首六
總論　總論　總論
卷首七　卷首八　卷首九
合句　合句　合句
卷首十　卷首十一　卷首十二
合句　合句　合句
卷首十三　卷首十四　卷首十五

鐵如意館

《周昙咏史诗》三卷　一册　影抄宋刊本　（唐）周昙撰　24×16.6 cm

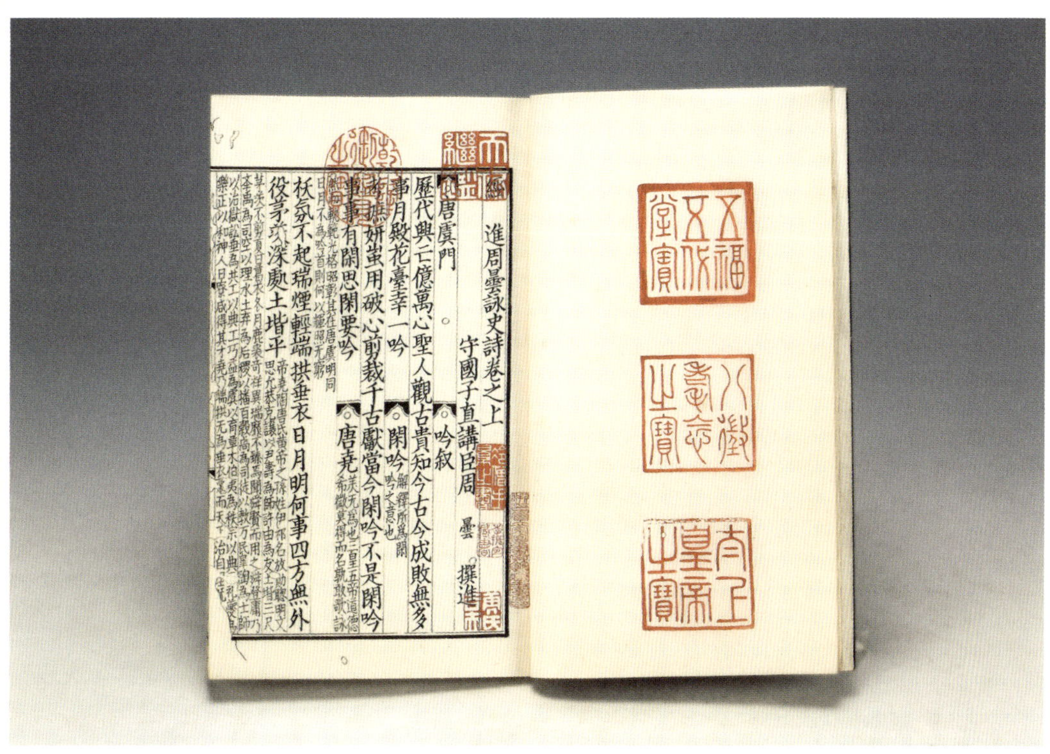

進周曇詠史詩卷之上
守國子直講臣周　曇　撰進
吟敘
歷代興亡億萬心聖人觀古貴知今古今成敗無多
事月殿花臺幸一吟
閑吟
[illegible]妍蚩用破心前裁千古獻當今閑吟不是閑吟
[illegible]事有閑思閑要吟
唐虞門
唐堯
祅氛不起瑞煙輕端拱垂衣日月明何事四方無外
役茅茨深處土階平

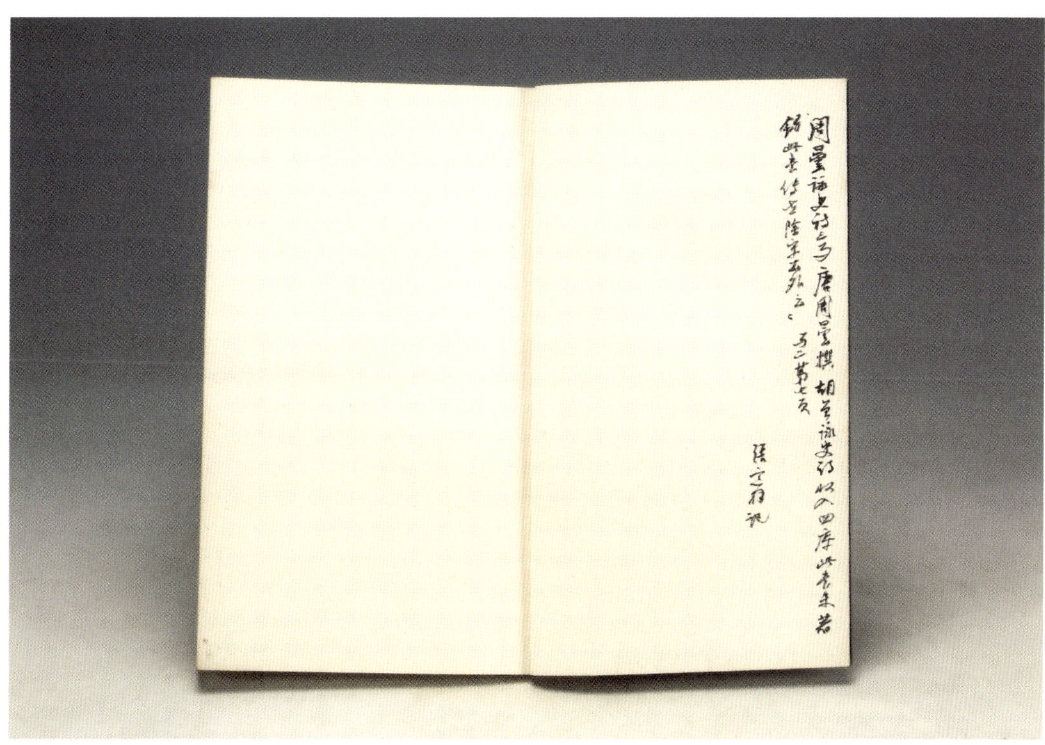

《说郛》一百卷　五十二册　（明）陶宗仪辑　26.3×19.8 cm

宗仪字九成，号南村，黄岩人。……今世通行本，为一百二十卷，乃清顺治丁亥姚安陶珽编次。其中错误，指不胜屈。……己未冬，予主京师图书馆事，得见馆中明抄残本，持校刻本……由是发愿欲还南村之旧……遇明抄，则缺者必借抄，重者必借校，阅今六年，竟成全书。……此书凡集明抄六种，始成完璧。（摘自张宗祥：《铁如意馆手抄书目》）

說郛一百卷明陶宗儀纂今世通行本爲一百二十卷乃清順治丁亥
姚安陶珽編次其中錯誤殊不勝屈此四庫提要所載春秋緯九種之
係別出一卷於緯書類之外別出一部瑣碎錄周密之武林
舊事分爲新西成式酉陽雜俎分爲三名陳世崇隨隱漫
記諸標二目又三書已錄其人于宗儀爲後輩而僞爲姚
事極多甚至楊慎而并書之別錄未已矣亦見已之証非南村原本
而標題紊亂亦如是矣乾嘉前學者之藏其子說郛之本書于劉氏之大
諸載目民國八年主書事時圖書館事得見館中殘本明抄說郛特付刊
本則雲谷雜記一種刊本亦標三名一標雲谷雜記一爲壽山百獄一修標民獄
記一則以張肎所始筆二十五條別爲東觀無記事而又宋許觀撰杜傳書名
仍標作者則其他更何足言由是知欲求還南村之舊然非明抄本則不足
據明抄又不可多覯既遇之矣又皆非全帙且錯簡脫文不一而足私心以爲必
無此矣然遇明抄則缺者必借鈔之者必借於閩今六年竟成全書其
中字句不能臆改非據善本則必以抄本校抄本擇其善者而從之今已讀事
敢舉其大者以告世之好古者事始續事始世無傳本一書也此二種舉其大者其餘小書甚多
谷雜記雖非全本然較武英殿本已多二十餘條蒙林世所傳皆五卷本此書所收爲六卷
本二書也其它若續筆記古今無書久矣四庫九閣皆無此獨有之三書已付刊字
尤多今既是南村之舊業然未已物付剞劂用補先輩之憾又海寧張
宗祥記

說郛　　中華古今注（當與上卷合爲一）

前定錄　　續前定錄　　論衡

隨筆

○卷一百

此書凡集明抄本六種始成完璧一爲京師圖書館殘存（三四十三五三十三）
無年號白棉紙書極高大似隆萬間寫本一爲江安傅沅叔先生藏本沅
叔先生之書係景明抄本三種而成一洪武間抄本一弘農楊氏抄本一叢
書堂抄本不全書皆挖填割裂卷首尾湊足百卷凡本書墨筆所
抄者皆有與目錄不符者皆是其中以洪武抄本爲最舊前後書名條錯
誤最多推測可知係自南村稿本錄出而稿本則必係蒐衣式脫落之後之人
隨便粘貼於書此誤一爲涵芬樓藏本似係萬曆抄者未缺兩卷
無粘寫前有目錄今之目錄即自此本寫定者五二十二八六至九十
六卷則五種明抄皆闕闕者仲容先生所藏之古說郛殘卷去夏曾訪
之不得要領以爲此生難遇矣本年秋奉命督浙學始得沅叔先生錢
之于娛萊室書頭古書估據之明抄說郛檢閱一過缺卷皆在每之索
不乃借鈔沅叔先生函此觀詢竟搜出方見假得卿今來當付刊
謹識數語

壬戌冬海寧張宗祥記

張宗祥

《说郛》 商务印书馆，1927 年

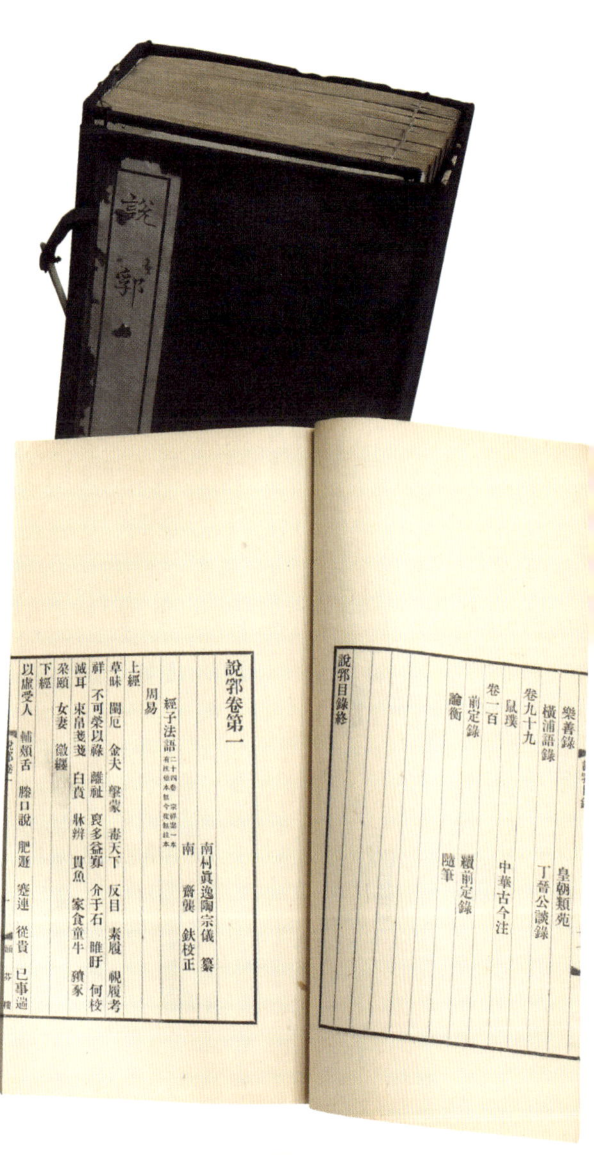

《国朝典故》一百十卷　二十册　（明）朱当㴐辑　25×17.4 cm

明朱当㴐辑。当㴐为鲁宗。据其自序……是此书为其所辑无疑。予得明抄，字体甚劣，脱误万状，按其“总目”，有有目无书者，有有书无目者。……今考《国朝典故》中各书，已收入明代各家丛书者什九。其未见于他丛书，就此本所有者计之，仅有八种。（摘自张宗祥：《铁如意馆手抄书目》）

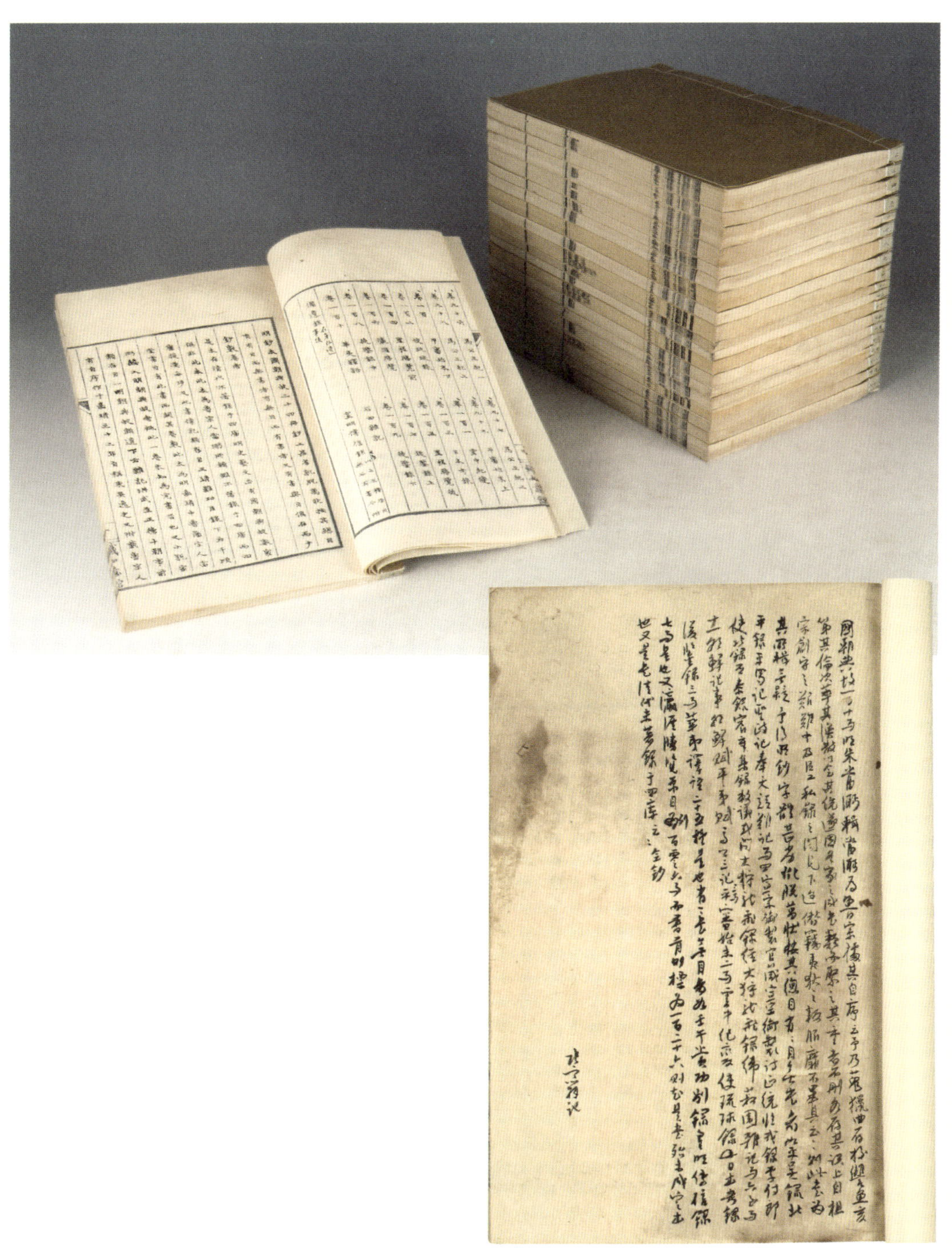

《花近楼丛书》八十三卷、《补遗》二十一卷、《附存》八卷　十四册　（清）管庭芬辑　25.4×18.7 cm

清管庭芬辑。庭芬字芷湘，海宁人。此书盖在庚申仲春避乱山中，以笈携小品及村塾邻近告借诸书，手录以成。……书成于咸丰十一年，《补遗》成于同治三年，《附存》成于同治四年，自先生六十六岁至六十九岁四年中之作。所收诸书，自明人小品，以迄管氏自撰，共七十四种，《补遗》二十种，《附存》八种，都一百有二种。在当时信手抄录，以遣乱离怀抱，今则有绝不可见之文，如晚村《卖艺文》之类。每种后均有管氏小跋，述书之来历及辑录时日。（摘自张宗祥：《铁如意馆手抄书目》）

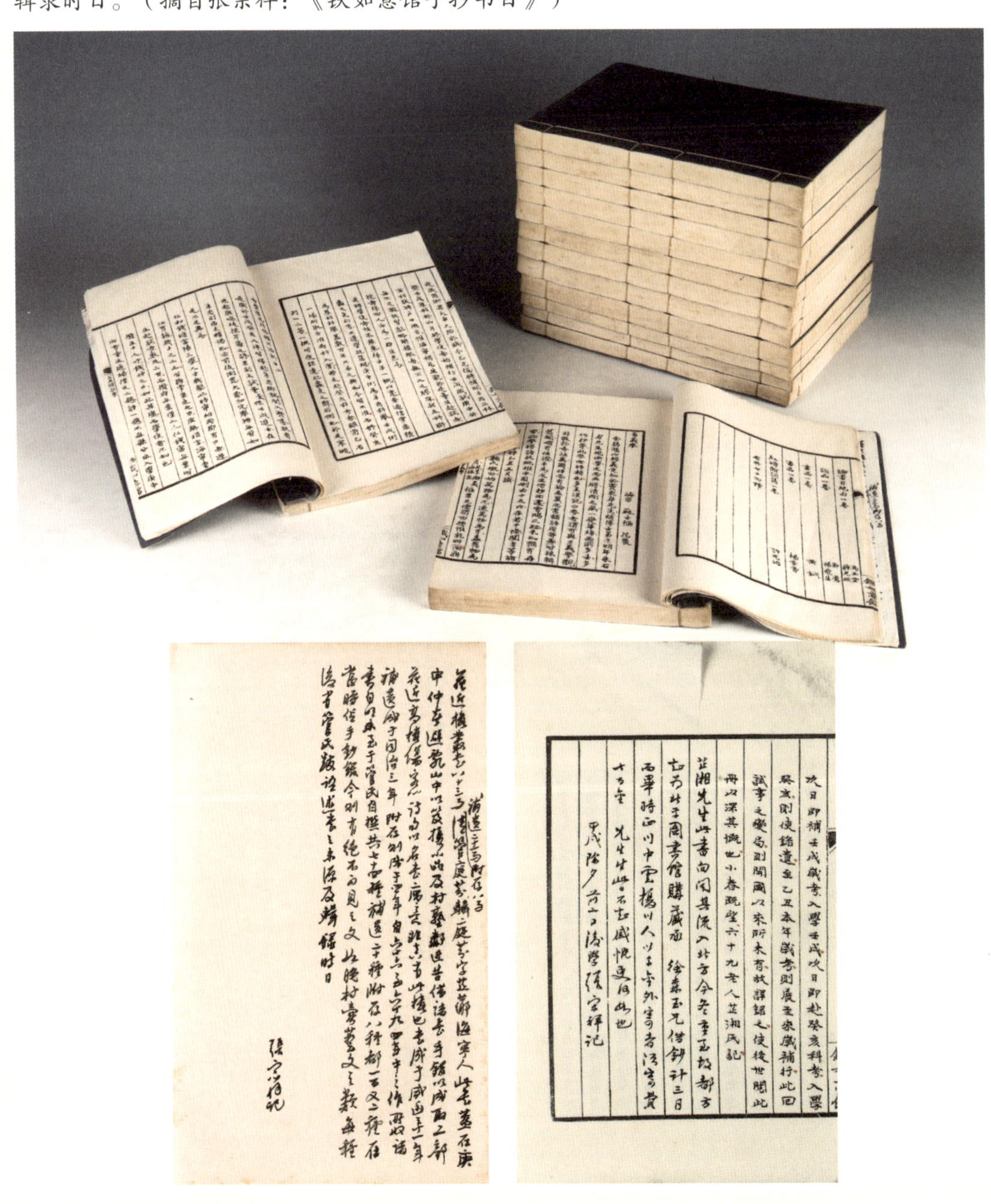

文化保护

1922 年，张宗祥先生任浙江教育厅厅长，开始发起募款补抄文澜阁《四库全书》，且力主“非浙籍者不募”。历时两年多，文澜阁本《四库全书》基本补齐。

1956 年，浙江省第一届人大四次会议上，省人民代表大会代表张宗祥先生提出恢复西泠印社的提案，并在之后联合文艺界人士奔走呼告，筹措资金。1963 年，西泠印社宣告复生，82 岁高龄的张宗祥被推选为第三任社长。

抄、校和补齐文澜阁《四库全书》

文澜阁《四库全书》经太平天国战乱后残缺泰半。后经丁丙、丁申兄弟抢救、补抄，犹未全璧。1922年，张宗祥先生任浙江教育厅厅长，开始募款补抄文澜阁《四库全书》，当初募捐时只接受本省籍人的捐款。抗战期间，张宗祥先生兼任文澜阁《四库全书》保管委员会委员，四库书运往重庆保护。抗战胜利后当局欲将其运往南京，充中央图书馆馆藏，先生答复“征求浙江父老意见”。1946年7月初，文澜阁《四库全书》如数运回杭州。

文澜阁《四库全书》 浙江图书馆藏

补抄文澜阁《四库全书》史实

浙江文史资料选辑　第一辑　1962 年

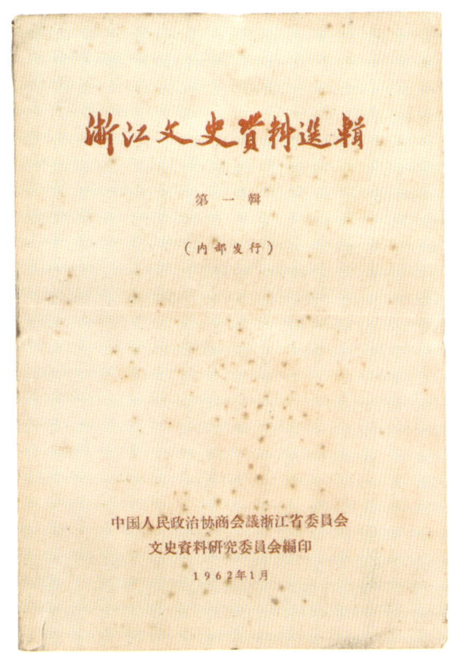

补鈔文瀾閣《四庫全书》史实*

张　宗　祥

一、文瀾閣四庫全书的簡史

一七七二年清乾隆三十七年始办《四庫全书》（注一）。弘曆六下江南，是老一輩的人沒有不知道的；揚州盐商的奢华供养和报效，浙江的西湖和海宁陈氏与清廷的关系，也是妇孺皆知的。他却托名巡閲海塘，六十年中来了六次。四庫书成立后，就来做一次人情，发在揚州一部閣名文汇，鎮江一部閣名文宗，杭州一部閣名文瀾，这是从一七八七年乾隆五二年一直到一七九六年嘉庆初年方始頒发齐全的。（世名南三閣）紙张装潢次于北四閣，书亦較小。太平天国革命的时候，文宗、文汇两閣皆燬于火。事后曾国藩幕友莫友芝（貴州独山人，搞旧书的专家，著有郘亭知見书目等）奉命征求，始終沒有寻到一部。文瀾亦亡失几尽，但未至全部焚燬。这是南方三閣簡单的史跡。

在帝制时代每逢政权更迭的时候，到了統一成功，一方面是杀武臣，一方面是消耗文臣的精力、思想，使他用在不相干的地

※　此文曾刊登一九六一年十月廿三日北京《光明日报》，現經作者增补，全文在本辑刊出。

（注一）远在一七七二年（清乾隆三十七年）前，清乾隆頒一上諭征集全国书籍，作为修纂四庫之用。（文中所紀年代，根据《清实录》及《四庫全书总目提要》。）一七七三年清乾隆三十八年，又根据朱筠的条奏輯录《永乐大典》內遺书。一七七四年清乾隆三十九年設立四庫全书处。一七七五年清乾隆四十年改处为館、設总裁、副总裁、总閲、总纂、总校等官，直至书成始撤消之。书成在一七八二年清乾隆四十七年七月，所

·75·

西湖副刊 · 综合版 ·

张宗祥与文澜阁《四库全书》

宣大庆

今天，每当我踏进我国江南地区仅有的一座皇家藏书古楼——文澜阁时，就会想起那部曾在18世纪的我国文坛放出异彩的"百科全书"——《四库全书》，以及文澜阁收藏的这部全书的坎坷的历史命运。

1922年，先师张宗祥40岁，出任浙江省教育厅厅长。当时，文澜阁收藏的《四库全书》因清咸丰11年时遭兵燹而散亡过半，后虽有丁丙、丁申兄弟等及时发现，大量搜集、收购，也只收到原来文澜阁全书36217册数的约四分之一。此后，丁氏兄弟组织人力补抄，但缺书仍然相当多，再加补抄时的底本是根据传世的刻本或抄本，因而补抄的诸书中便有与《四库全书》不相符合的。鉴于此，张宗祥为这套《四库全书》的完整而竭尽全力。

是年一个初冬之夜，张宗祥独个夜车去沪，亲自出面设法请在上海的浙江富翁，有钱出钱，有力出力，共襄盛举。此后，他又亲自在杭州、湖州、嘉兴、宁波等地募款，筹划经费。同时，节省自己的工资。1923年开始，组织人力，大规模地向文津阁补抄文澜阁所缺的《四库全书》。直至1924年12月全部竣工。所有补抄书的书签，最后均由张宗祥亲笔手书。后来，张宗祥又提出将丁氏补抄的《四库全书》分批检出，再运京校勘，可校正的校正，必须重抄的重抄。1925年，张宗祥还特意赶至北京，寻找原本，结果发现各阁"经部"的《钦定日讲诗经解义》，都是有目而函内无书。很显然，这是当年乾隆年间补缮归函时，粗枝大叶、偷工减料而遗漏的。直到1926的，文澜阁《四库全书》基本补齐，始臻完整，抄校工作就此结束。

"牛车万卷今西去，梦绕牟珠夜夜魂。"抗日战争期间，文澜阁全书离开杭州，先迁到富阳的鱼山，再迁往建德，三迁于浙南的龙泉，四辗转迁至贵阳近郊的地母洞，后来贵阳危急，又五迁在四川重庆的青木关。文澜阁产全书到重庆时，当时的中央图书馆馆长蒋慰堂邀请张宗祥同去检查。张宗祥说："在数千里之外，兵荒马乱的时候，忽然见到此书，真似他乡遇故知一般，说不出的高兴和感慨。"同时，浙江旅渝人士，以保管妥善为理由，目的是预谋日后的"原璧"归返杭州，而发起组设了"文澜阁四库全书保管委员会"，张宗祥任主任委员。

抗战胜利后，蒋慰堂与教育部及四川省人士曾有议请文澜阁全书留于四川，未能成功。一日，蒋又在南京专访张说："现在国都定在南京。南京为四方观瞻之地，江南《四库全书》就只存文澜一阁。浙江地较偏僻，杭州虽有西湖，究不若南京阔大，一部书放在南京更起作用。就是为此，想征求你的意见。"并声明，这是"中央教育部"的意见。张宗祥斩钉截铁地回答说道："这本是一件公物，是民国向清室接收下来的财产，任凭当局的处置，我个人有何意见可以发表？不过，我补抄时未用公家一纸一笔，都是向浙人募来的私财，外省的富翁也不曾惊动一个。所以现在这一部书多多少少有一部分是属于浙江人公有的，你何妨向政府建议征求浙江父老的意见，看是如何？至于我个人意见是，希望留在杭州。"此次谈话不久，又由于当时浙江省连电催运回文澜阁全书。这样，这部全书在1946年5月中旬，用六大卡车，历时50多天，于7月初如数运回杭州。张宗祥先生晚年曾不无感慨地对我们说："假使当时被截留南京，当然也就被劫迁出海了。"

新中国成立不久，张宗祥先生从上海文管会调来杭州任浙江图书馆馆长。他曾说"重得抚摸着旧时的书籍"，真正是感慨万分。

（谨以此文，纪念张宗祥先生诞生112周年。）

张宗祥与文澜阁《四库全书》

杭州日报　1994 年 4 月 3 日第 6 版

信稿

抗战胜利后，张宗祥致函余绍宋，商议《四库全书》回迁及浙江通志馆事。这封信写在中国农民银行总管理处笺纸上。1940 年，张宗祥任中国农民银行秘书，后任处长。1946 年任中国农民银行主任秘书。

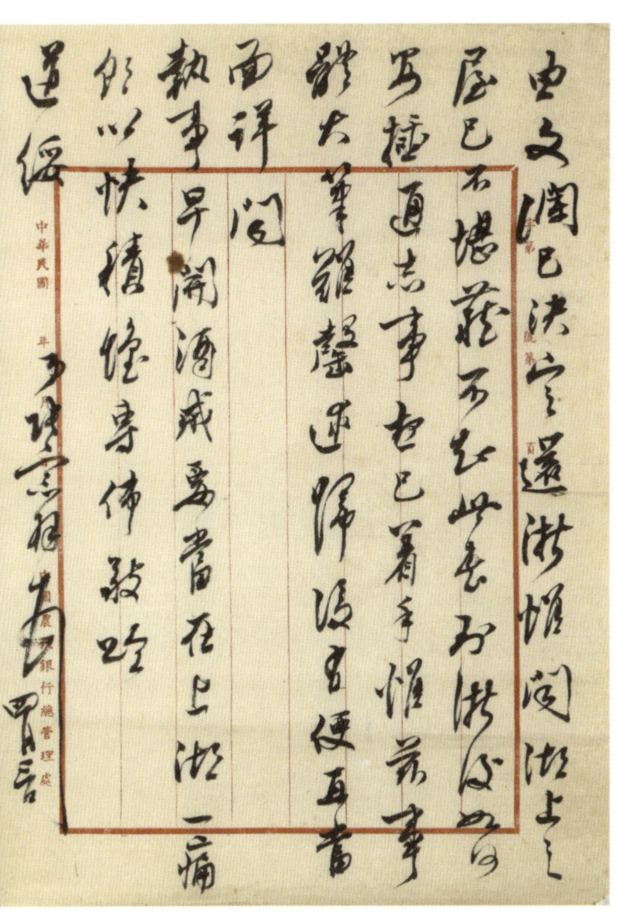

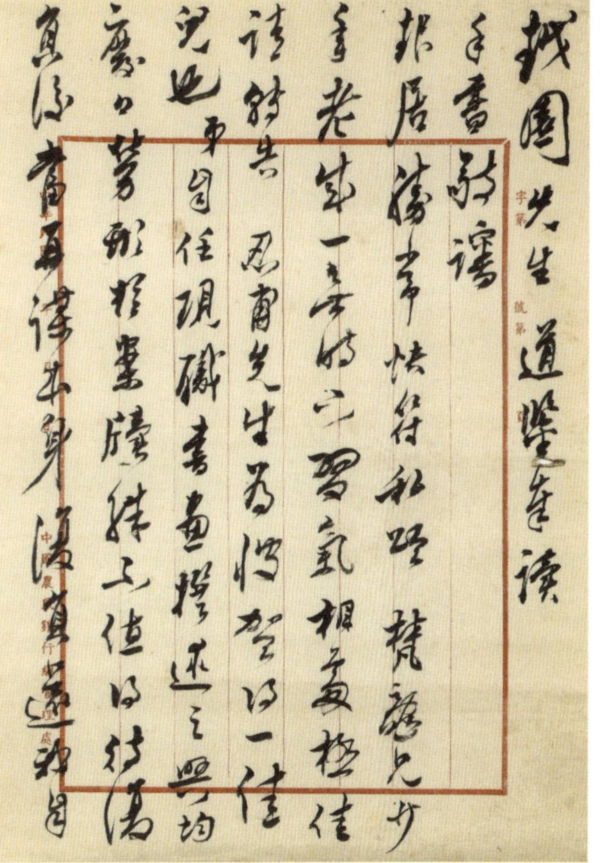

恢复西泠印社

1956年，浙江省第一届人大四次会议上，省人民代表大会代表张宗祥先生提出恢复西泠印社的提案，并在之后联合文艺界人士奔走呼告，筹措资金。

1957年，成立了以张宗祥、潘天寿等人组成的筹备委员会，积极恢复并发展西泠印社组织，开展金石书画学术研究和艺术创作活动。

1962年，成立了以张宗祥为主任委员，傅抱石、潘天寿、王个簃等为副主任委员，由十七人组成的庆祝西泠印社创建六十周年筹备委员会。

1963年，西泠印社宣告复生，八十二岁高龄的张宗祥被推选为第三任社长、复社后首任社长。

西泠印社筹备紀念創建六十年

继承发扬文化遺产　开展金石书画活动

【本报訊】明年是西泠印社成立六十周年，为了筹备紀念活动，西泠印社在昨天邀請老社友和国內金石书画家、鉴賞收藏家三十余人，召开座談会。会上成立了庆祝西泠印社創建六十周年筹备委員会。

西泠印社創建于一九〇四年，是我国研究金石书法的学术团体，最初由艺术大师吳昌碩担任社长。五十多年来在継承和发揚祖国传統的书法、篆刻艺术方面，作出不少貢献，在国內外都有深远的影响。

座談会由浙江图书館館长、著名书法家张宗祥致开会詞后，中共浙江省委宣传部副部长商景才、杭州市副市长陈礼节相継在会上講了話。商副部长肯定了西泠印社在継承发揚祖国文化遺产方面所作的貢献；幷希望該社今后扩大組織，进一步貫徹“百花齐放、百家争鳴”的方針，广泛地开展金石书画研究和創作活动，为政治、为社会主义建設事业服务；更好地継承发揚遺产，做到推陈出新，古为今用。老社友代表王个簃、唐醉石、罗叔子、諸乐三等人分别在会上介紹了上海、湖北、江苏、浙江等地开展书法篆刻研究和創作活动的情况，他們对西泠印社的美好前景感到无限兴奋。

会上成立了以张宗祥为主任委員，傅抱石、潘天寿、王个簃等为副主任委員，由十七人組成的庆祝西泠印社創建六十周年筹备委員会。

下午，杭州市文化局局长孙晓泉作了西泠印社目前情况和今后意見的講話，筹委会副主任委員王个簃作了庆祝西泠印社創建六十周年活动計划的发言。

座談会由孙晓泉局长主持。会期預定六天。（徐飞）

西泠印社筹备纪念创建六十年

杭州日报 1962年12月13日第2版

西泠印社召开社員大会

热烈庆祝建社六十年

周建人省长盛华同志等出席大会表示祝贺

【本报訊】今年是西泠印社建社六十年。按照传統习惯，西泠印社自十月二十五日（重阳节）起，在杭州召开全体社員大会，热烈庆祝。

西泠印社是我国研究金石篆刻的一个学术团体，于清光緒三十年（公元1904年）由丁輔之、王福厂、叶为銘、吳石潛等篆刻家发起創立，并公推艺术大师吳昌碩为社长。六十年来，西泠印社在金石书画艺术創作方面取得了显著成績，对継承和发揚祖国优秀的文化遗产作出了一定的貢献，在日本和东南亚一带也具有一定的影响。

浙江省省长周建人、中共浙江省委宣传部副部长盛华、杭州市副市长陈礼节、中共杭州市委宣传部副部长徐俊等，应邀出席了昨天上午的大会，周建人、盛华、陈礼节并講話表示祝賀。

在昨天的大会上，西泠印社庆祝建社六十年筹备委員会副主任委員孙晓泉汇报了一年来的筹备工作情况，并宣讀了中华人民共和国副主席董必武，全国人民代表大会常委会副委員长、全国文联主席郭沫若，全国人民代表大会常委会副委員长陈叔通，中共中央华东局书記处书記魏文伯，中华人民共和国文化部部长沈雁冰、副部长齐燕銘，浙江省省长周建人等为庆祝西泠印社建社六十年而題的賀詞。

中共浙江省委宣传部副部长盛华在会上就党的文艺方針問題講了話。他勉励大家必須坚持文艺为工农兵、为社会主义服务的方向，正确执行百花齐放、百家争鳴的方針，努力学习馬克思列宁主义和毛主席著作，进一步发揚爱国主义、社会主义和国际主义精神，不断提高自己的思想水平和艺术水平，使金石书画艺术积极反映现实生活和斗爭，更好地为社会主义服务。

参加这次大会的，有张宗祥、潘天寿、沈尹默、傅抱石、邵裴子、馬一浮、唐醉石等新、老社員共計三十余人。在会議休息时間，周建人省长接見了部分老年社員，和他們作了亲切的談話，鼓励他們老当益壮，积极从事学术研究和艺术創作，为我国社会主义文化艺术的繁荣而努力。

这次社員大会預定举行五天。

周建人省长（右二）和张宗祥（右一）、馬一浮（左二）、沈尹默（左一）等亲切交談。 ·本报記者 任 立摄·

西泠印社召开社员大会，热烈庆祝建社六十年

杭州日报 1963年10月26日第1版

我国研究金石篆刻著名学术团体

西泠印社庆祝建社六十周年

新华社杭州电 我国研究金石篆刻的著名学术团体——西泠印社十月二十五日到二十九日在杭州西子湖畔召开社員大会，热烈庆祝建社六十周年。

浙江省和杭州市的一些党政机关負責人到会祝賀，并且接見了出席这次大会的部分社員。

大会还收到了董必武副主席，郭沫若、陈叔通副委員长，以及文化部、中共中央华东局和浙江省有关負責同志題的賀詞。

在这次大会上，社員們一致通过了西泠印社章程，討論了西泠印社規划和一九六四年工作計划，并且选举张宗祥为社长，潘天寿、傅抱石、王个簃、許欽文、孙晓泉等为副社长，张英田等十三人为理事。

西泠印社創建于清光緒三十年，即公元一九〇四年，我国近代杰出的画家吳昌碩曾經担任这个社的社长。六十年来，西泠印社在保存、研究和創作金石书画方面取得了显著的成績，对继承和发扬祖国优秀文化遺产作出了一定的貢献，在日本和东南亚一带也具有一定的影响。

解放以后，西泠印社在党和政府的領导和支持下，进一步保护和整修了社内的各种文物、碑刻、石雕，并且扩大了园林建筑，使学术活动获得了新的发展。

西泠印社庆祝建社六十周年

人民日报 1963年11月4日第2版

文化长廊

张宗祥与西泠印社

★蒋连根

10月19日，被海内外学术界誉为“天下第一名社”的西泠印社喜庆95华诞。300余名海内外金石书画家相聚在杭州西泠桥畔，参加“国际印学研讨会”等庆祝活动。

西泠印社有今天的繁荣，其第三任社长张宗祥功不可没。

张宗祥，浙江海宁人，生于1882年，精通诗、书、画，尤以书学闻名于世。

1908年，张宗祥在杭州的浙江两级师范学校任教，与浙江第一师范学校校长经亨颐趣味相投，同喜金石书画。那时，经亨颐是西泠印社的早期社员，参与李叔同的金石学社“乐石社”的创作活动，张宗祥由此结识了许多金石家，与张元济、黄宾虹、吴石潜等西泠印社人也有了翰墨交往，过从甚密。这年秋天，西泠印社雅集，两人又应邀同去。首任社长吴昌硕从上海来，住在孤山之巅的观乐楼上，张宗祥第一次与大师相见，叙话谈艺，很是意笃。

一九五六年张宗祥在杭州

1922年，张宗祥出任浙江省教育厅厅长。次年主持抄补《四库全书》，常住在与西泠印社仅百米之隔的文澜阁，特邀了多名西泠印社社友抄勘，索刻了几方藏书章。

西泠印社创建于1904年，印社同人以印会友，集合了大批艺坛精英。然而，三四十年代战火频起，山河破碎，有骨气的金石书画家们大多避乱外地，不愿在日寇占领的杭城雅集凑兴，西泠印社萧条冷落了。见此情景，张宗祥心酸不已。

建国后，张宗祥以“书家泰斗”名冠当世，担任浙江图书馆馆长。1956年秋，在省人代会上，他和潘天寿等著名书画家一起递交提案：恢复西泠印社，重兴金石艺术。此后，张宗祥担任西泠印社筹委会主任，跟潘天寿、沙孟海等艺术家一道四处奔忙，先恢复了西泠印社孤山社址的园林景观，修竹园，栽梅树，使山川雨露馆、观乐楼、题襟馆、竹阁、印泉和柏堂恢复旧时模样，然后广征书迹印刻，编纂《西泠印社志稿》，添造堂会建筑，新制名人匾额和摩崖刻石等。1958年夏初，西泠印社观乐楼初建吴昌硕纪念室，张宗祥欣喜之余，挥毫泼墨，重题50年前咏西泠梅花的旧诗，留存印社。1963年秋，西泠印社宣告复生，82岁高龄的张宗祥被推选为第三任社长。从此，各地名士再聚西子湖畔，各派印学盛行蔚起。

1965年8月，张宗祥长逝于杭州。他的长女张珏遵照遗嘱将他生前用印和藏印、字画珍品悉数捐赠给西泠印社。

张宗祥与西泠印社

浙江日报 1998年11月4日第11版

书画艺术

先生书法，初学颜真卿，1912年，“改写李字”；次年，“益肆力临北海书”，“自此之后，一变‘平原’之习，略能悟唐人用笔之法矣”。1915年，“得《麓山》、《法华》诸碑，恣临之。又以为力薄，遂临《龙门造像》、《张猛龙碑》，兼习汉隶《史晨》、《西岳华山》。自是岁始，至三十八岁，皆各碑参互临习”。1927年，“暇，始学画，临摹古人名迹”。（摘自张珏：《冷僧自编年谱简编》）

张宗祥先生纪念画册

《冷僧书画集》（一）

张宗祥著，香港商务印书馆，1961 年

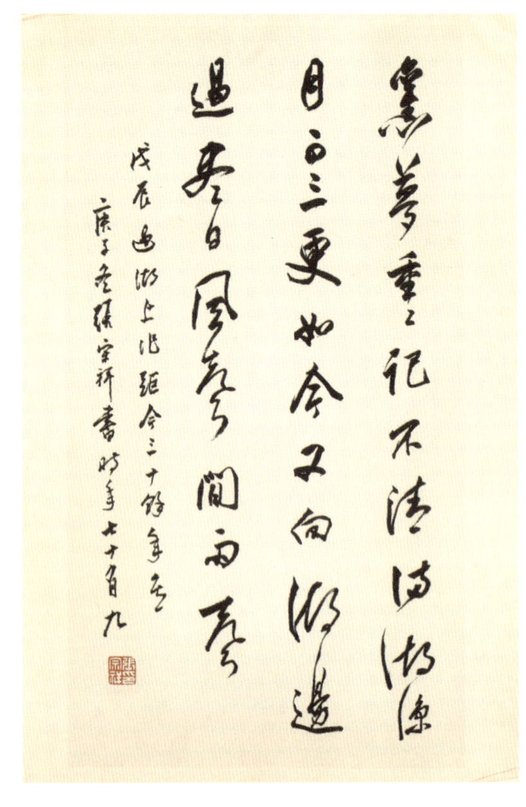

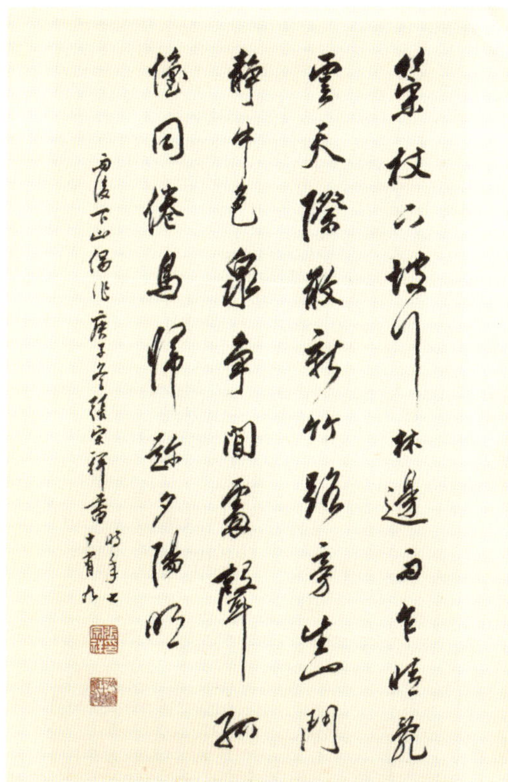

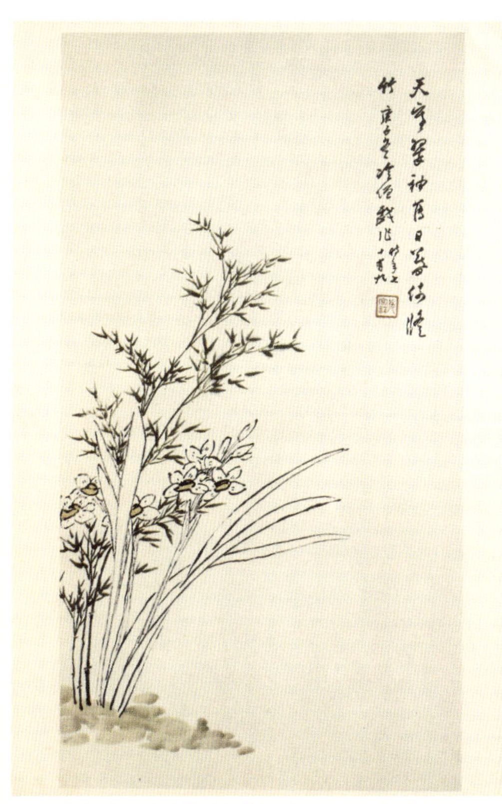

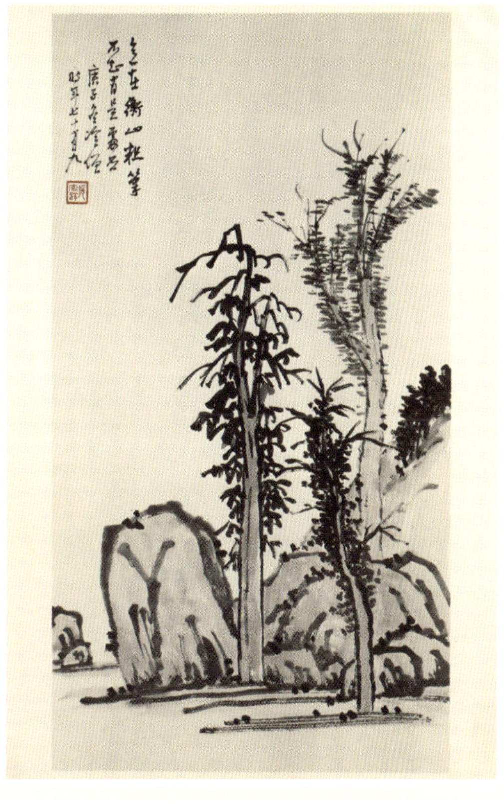

张宗祥先生纪念画册

《冷僧书画集》（二）

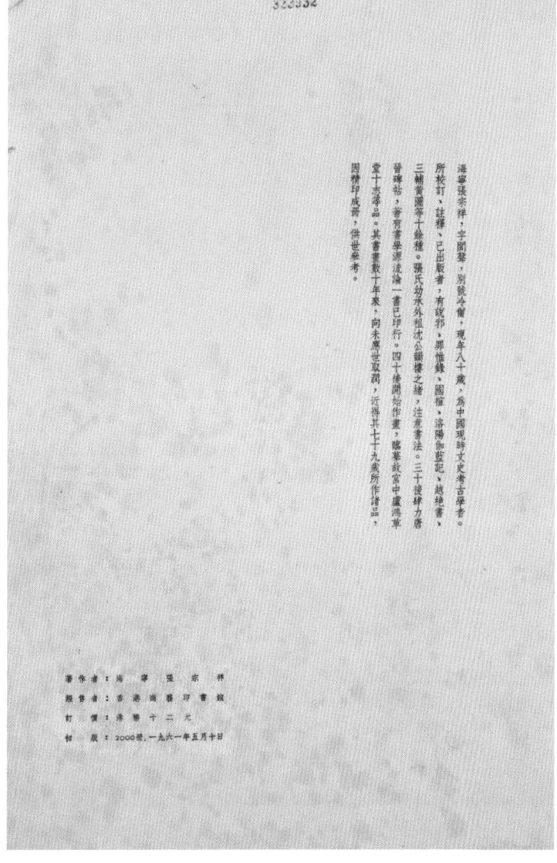

海寧張宗祥，字閬聲，別號冷僧，現年八十歲，為中國現時文史考古學者。所校訂、註釋、已出版者，有說郛、罪惟錄、國榷、洛陽伽藍記、越絕書、三輔黃圖等十餘種。張氏幼承外祖沈公韻樓之緒，注意書法。三十後肆力唐晉碑帖，著有書學源流論一書已印行。四十後開始作畫，臨摹故宮中盧鴻草堂十志等品。其書畫數十年來，向未應世取潤，近得其七十九歲所作諸品，因精印成冊，供世參考。

著作者：海寧張宗祥

經售者：香港商務印書館

訂價：港幣十二元

初版：2000冊，一九六一年五月十日

张宗祥先生纪念画册

《论书绝句》

张宗祥著，稿本，浙江图书馆藏

論書絕句

甲戌之春退食無事歷憶所見墨跡詠歌之得詩數十首丙子夏添注其下癸未夏流寓渝中五年餘矣方始寫定首尾亦及十年其次序仍照原稿以見隨憶隨作本來面目如此也海寧張宗祥記

岳忠武

撼山容易岳軍難筆陣縱橫一例看莫道書名因人重即言書法亦登壇

沽鐵祕畫獨眼福斯能在管天籟閣秋碧堂渼堂蘇齋諸家博覽弘收曠世一遇今則略能將事亦得屬目此正學書者之良機也然嘗為方家鑒賞世不為之時而冷僧與余猶且詠歌而軒輊之人將錫以黃公之號其何可辭

中華民國三十二年九月元夢沈兆奎識

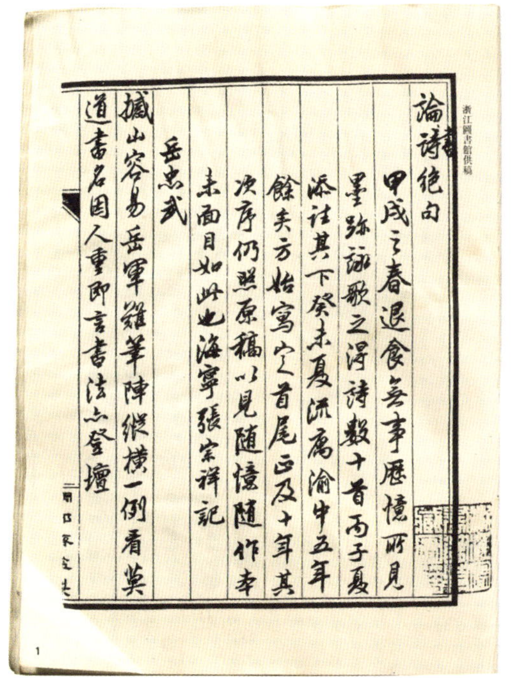

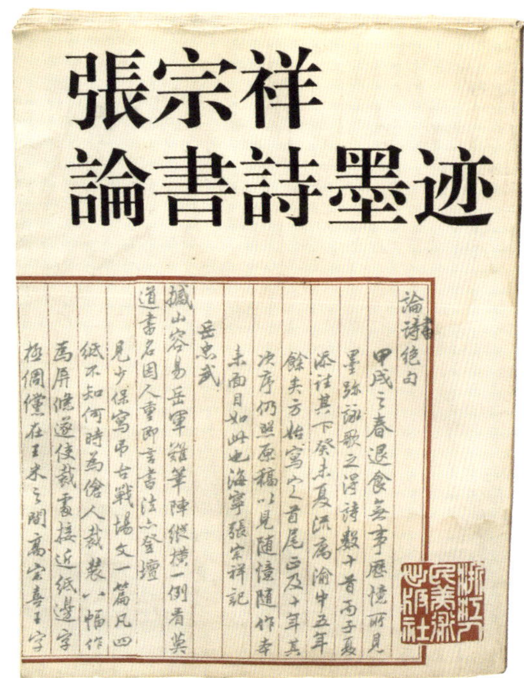

《张宗祥论书诗墨迹》（即《论书绝句》）

张宗祥著，浙江人民美术出版社，1995 年

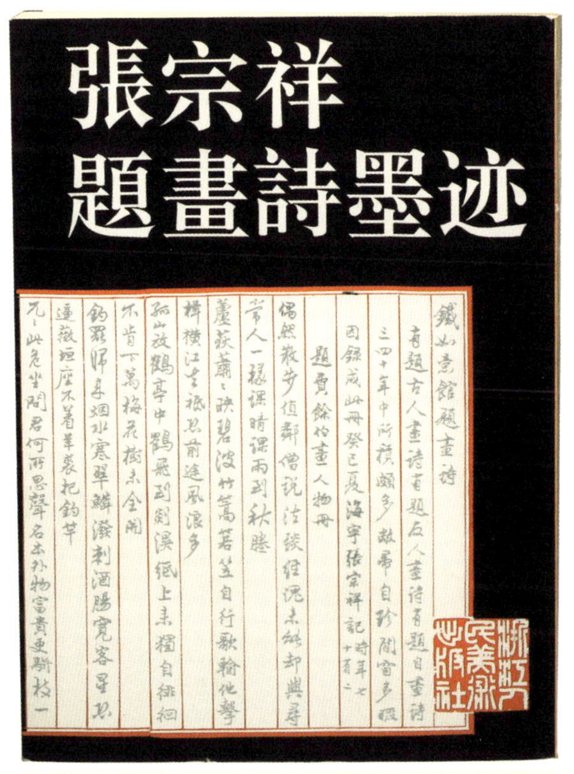

《张宗祥题画诗墨迹》（即《铁如意馆题画诗》）

张宗祥书，浙江人民美术出版社，1997 年

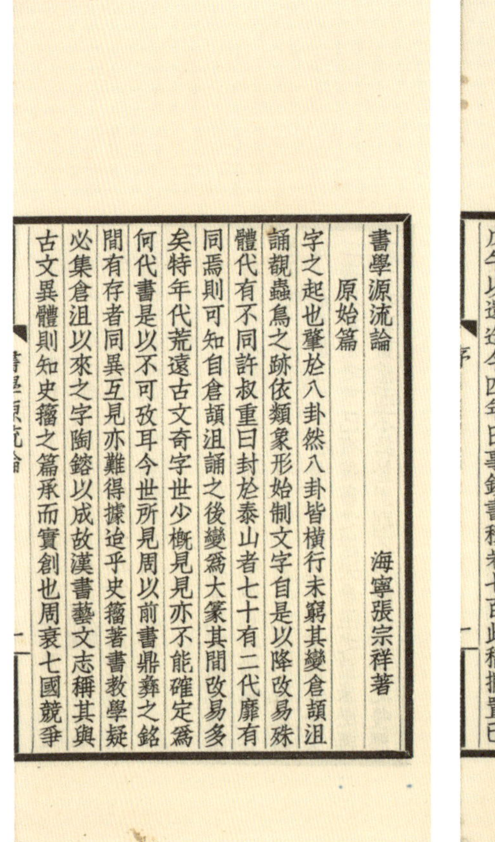

書學源流論

原始篇　海寧張宗祥著

字之起也肇於八卦然八卦皆横行未窮其變倉頡沮誦觀蟲鳥之跡依類象形始制文字自是以降改易殊體代有不同許叔重曰封於泰山者七十有二代靡有同焉則可知自倉頡沮誦之後變爲大篆其間改易多矣特年代荒遠古文奇字世少概見見亦不能確定爲何代書是以不可攷耳今世所見周以前書鼎彝之銘間有存者同異互見亦難得據迨乎史籀著書教學疑必集倉沮以來之字陶鎔以成故漢書藝文志稱其與古文異體則知史籀之篇承而實創也周衰七國競爭

書學源流論　一

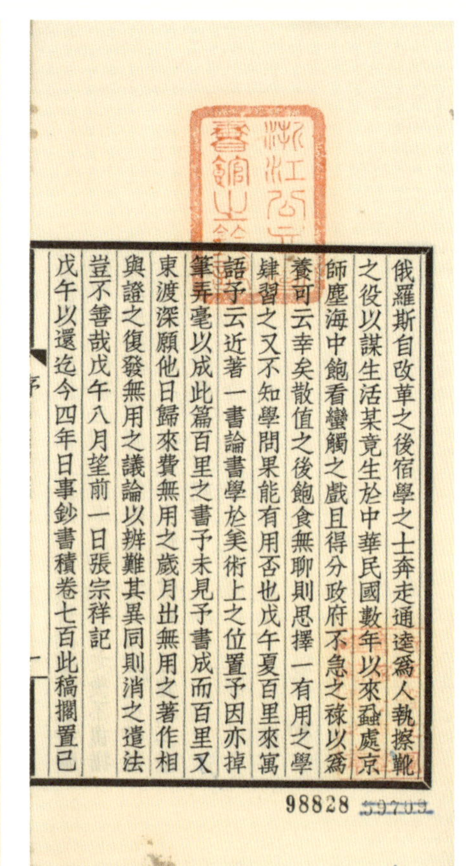

俄羅斯自改革之後宿學之士奔走通逵爲人執擦靴之役以謀生活某竟生於中華民國數年以來蝨處京師塵海中飽看蠻觸之戲且得分政府不急之祿以爲養可云幸矣散值之後飽食無聊則思擇一有用之學肆習之又不知學問果能有用否也戊午夏百里來寓語予云近著一書論書學於美術上之位置予因亦掉筆弄毫以成此篇百里之書予未見予書成而百里又東渡深願他日歸來費無用之歲月出無用之著作相與證之復發無用之議論以辨難其異同則消之遣法豈不善哉戊午八月望前一日張宗祥記

戊午以還迄今四年日事鈔書積卷七百此稿擱置已

序　一

《书学源流论》　张宗祥著，上海聚珍仿宋印书局，1921 年

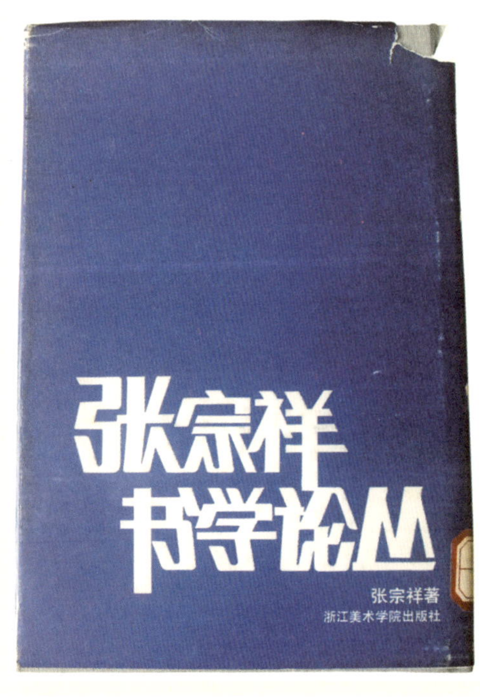

《张宗祥书学论丛》
张宗祥著，浙江美术学院出版社，1992 年

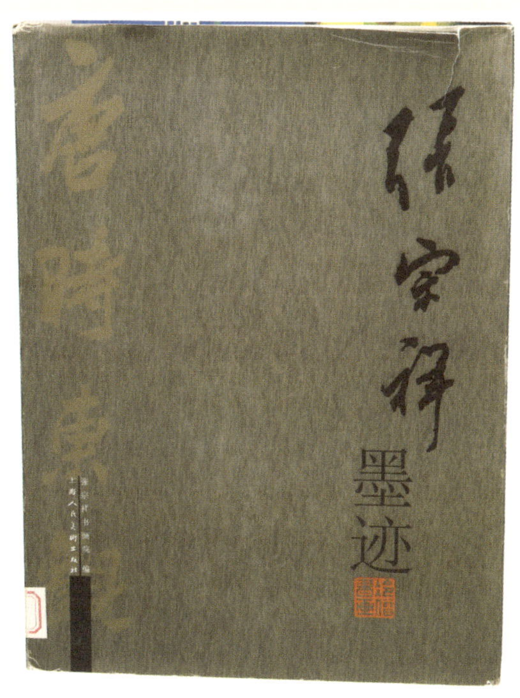

《张宗祥墨迹》

张宗祥书，上海人民美术出版社，2004年

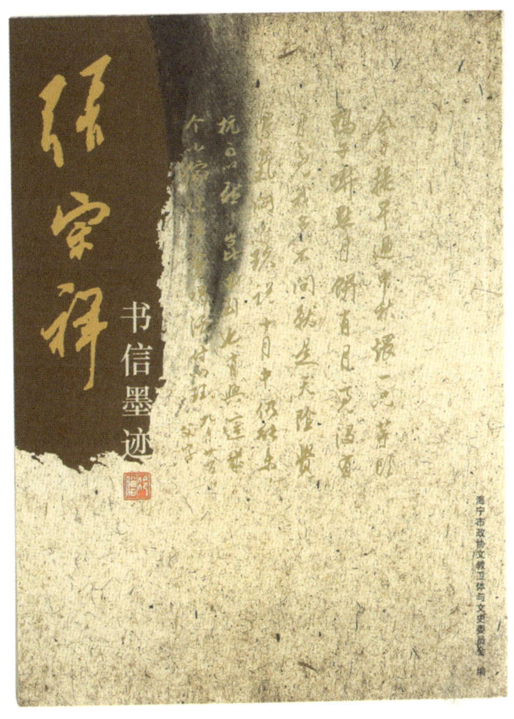

《张宗祥书信墨迹》

海宁市政协文教卫体与文史委员会，2005年

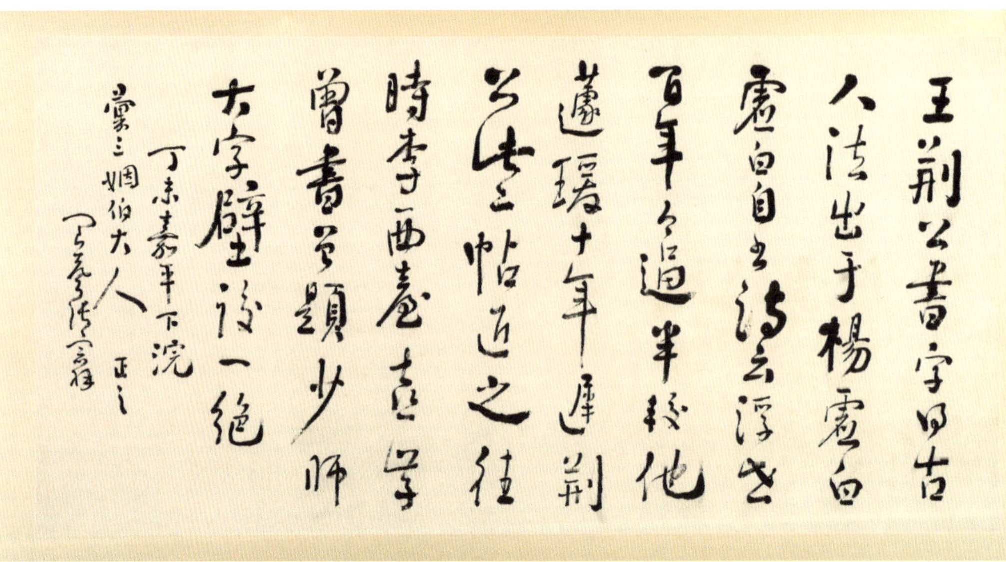

（宋）黄庭坚《题王荆公书后》

168.7 cm × 38.5 cm

1907 年

海宁博物馆藏

（清）黄燮清《齐天乐·秋蝶》《花非花》

128 cm × 31 cm × 4

1912 年

海宁博物馆藏

（唐）顾况《望简寂观》

133 cm × 34.2 cm

1913 年

桐乡市博物馆

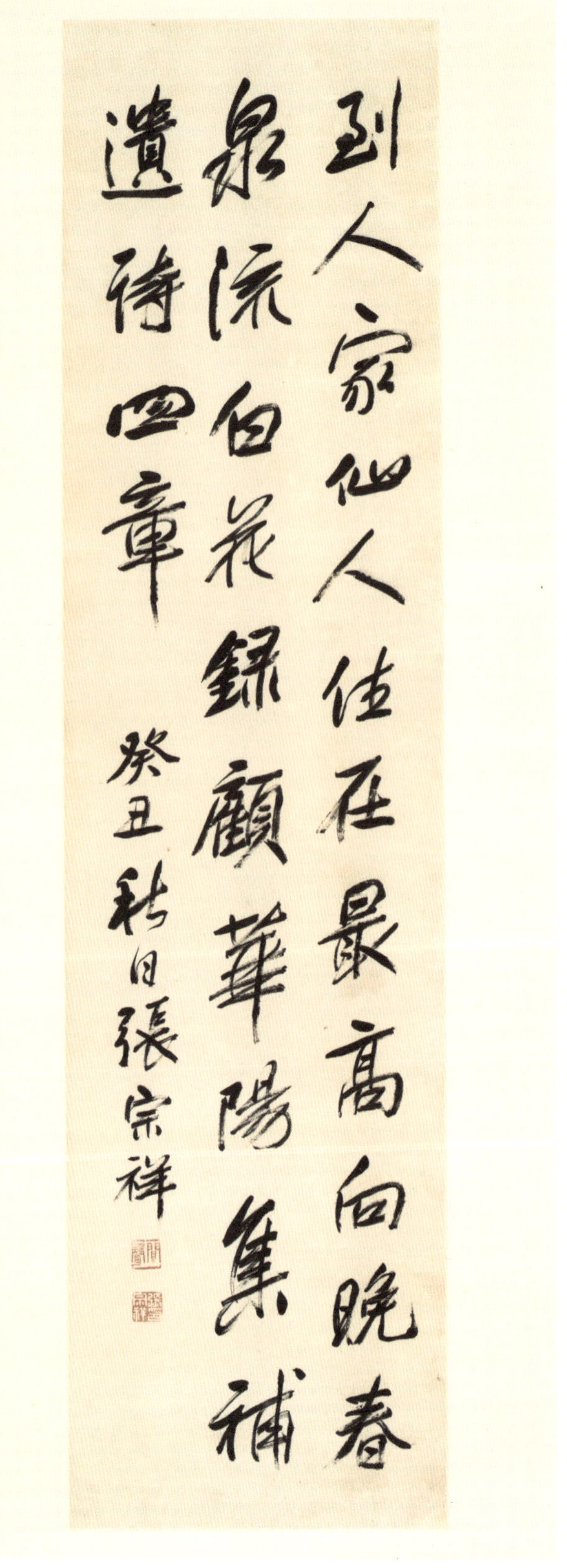

（明）张泰阶《宝绘录》节录

170 cm×41 cm×4

1916 年

海宁市张宗祥纪念馆藏

“藏迹”“寄鳞”八言联

147 cm × 39 cm × 2

1922 年

海宁博物馆藏

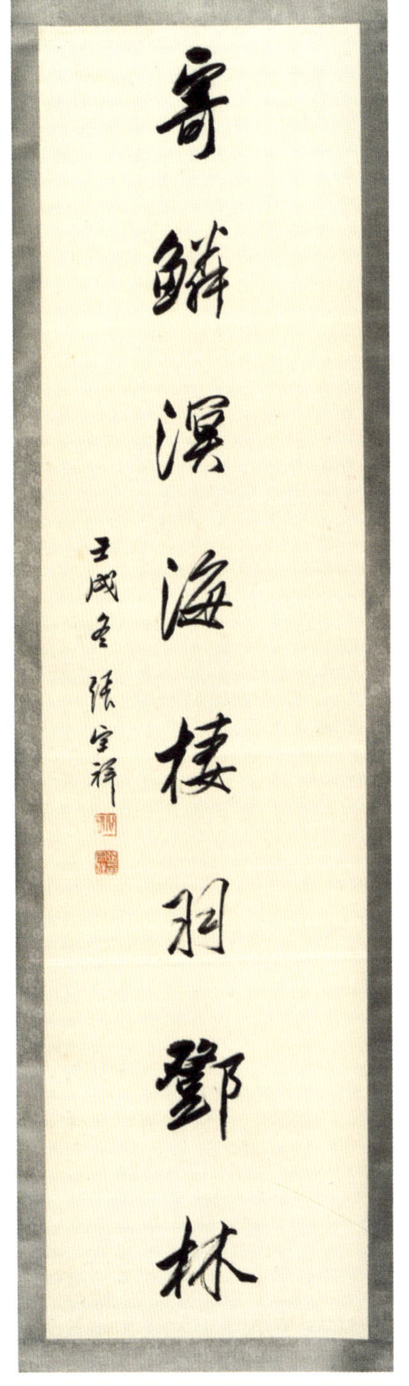

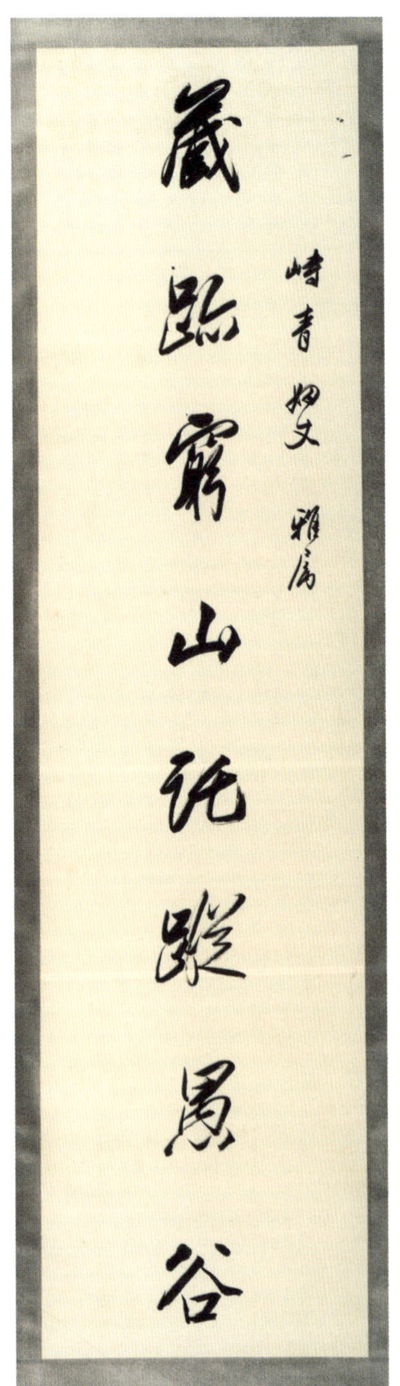

“如此”“既佳”八言联

169 cm × 40 cm × 2

1919 年

海宁博物馆藏

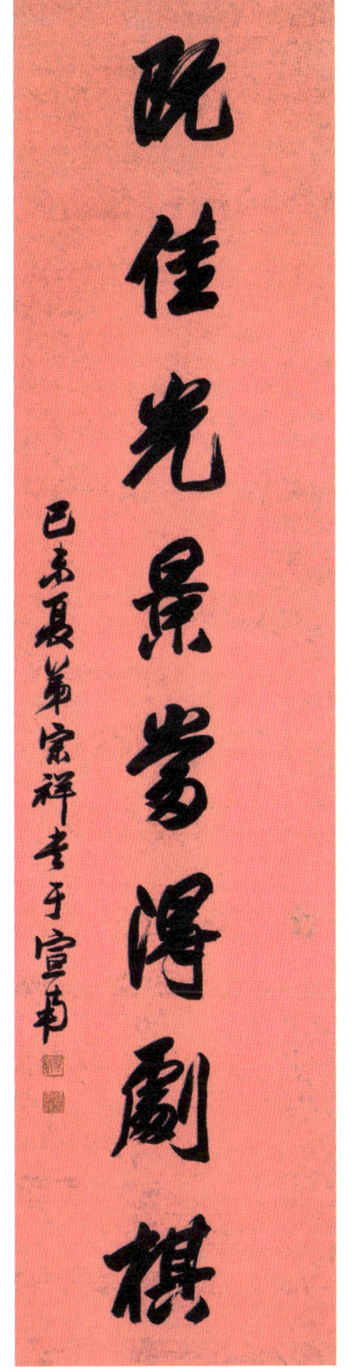

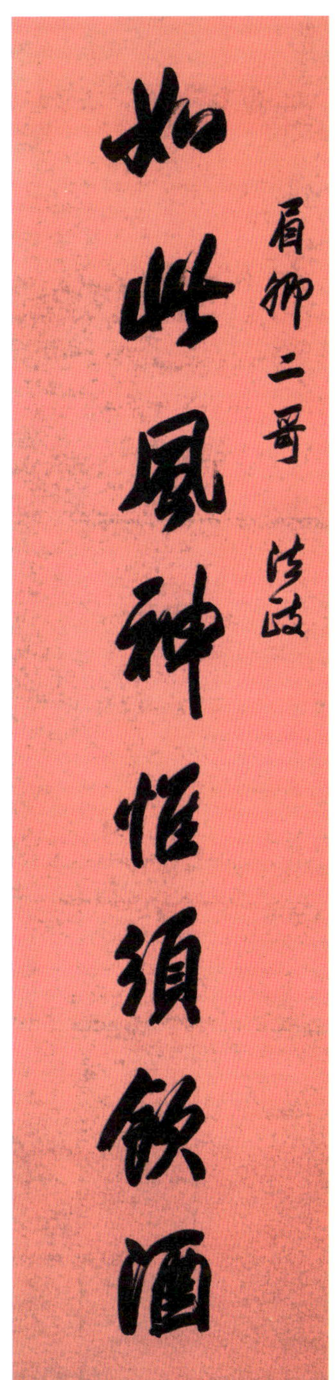

（金）赵秉文《香山飞泉亭》《东坡赤壁图》节录

20 cm × 53 cm

1923 年

海宁市张宗祥纪念馆藏

（宋）陆游《春雨绝句》

107 cm × 49.5 cm

1924 年

平湖博物馆藏

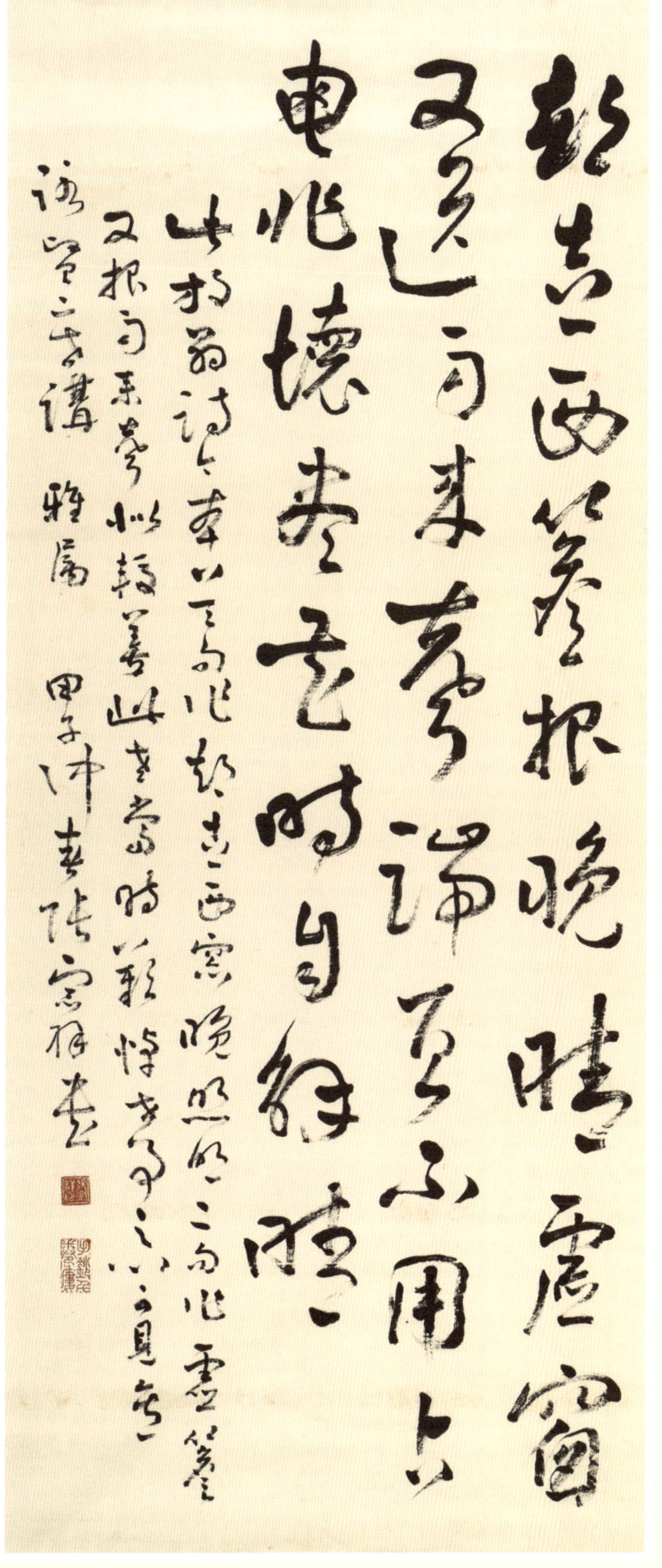

"阆苑" "春城"七言联

132 cm × 32 cm × 2

1924 年

平湖博物馆藏

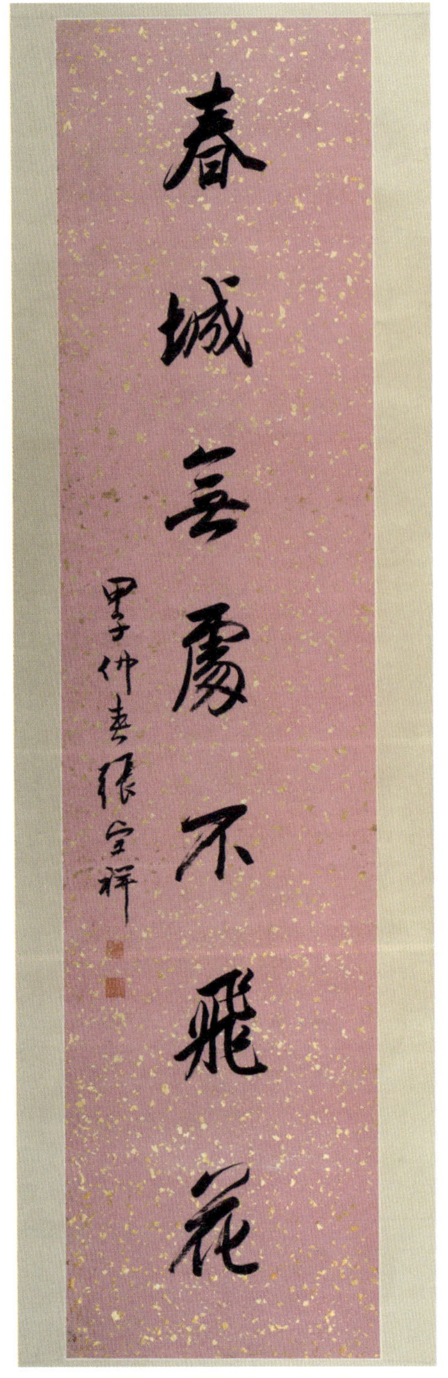

（宋）陆游《简章德茂》《赴成都泛舟自三泉至益昌谋以明年下三峡》
（唐）方干《题君山》

151 cm × 41 cm × 4

1925 年

海宁市张宗祥纪念馆藏

（唐）杜甫《秋兴》八首之一至五

131 cm × 32 cm × 4

1925 年

海宁博物馆藏

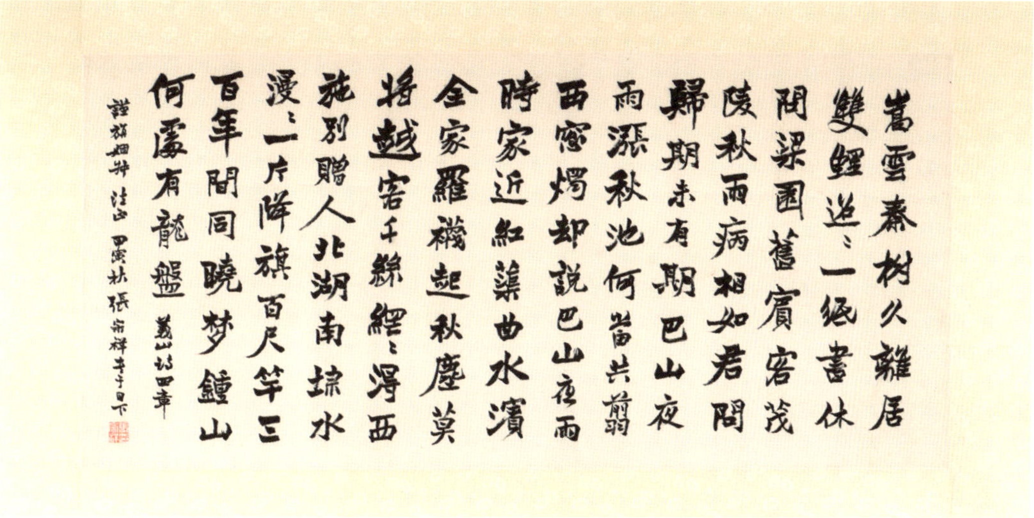

（唐）李商隐《寄令狐郎中》《夜雨寄北》《寄成都高苗二从事》《咏史》

40.5 cm × 87 cm

1926 年

海宁博物馆藏

"南苑""东山"八言联

200 cm × 40 cm × 2

1931 年

海宁博物馆藏

“岂能”“但求”六言联

85.5 cm × 20.5 cm × 2

1933 年

海宁市张宗祥纪念馆藏

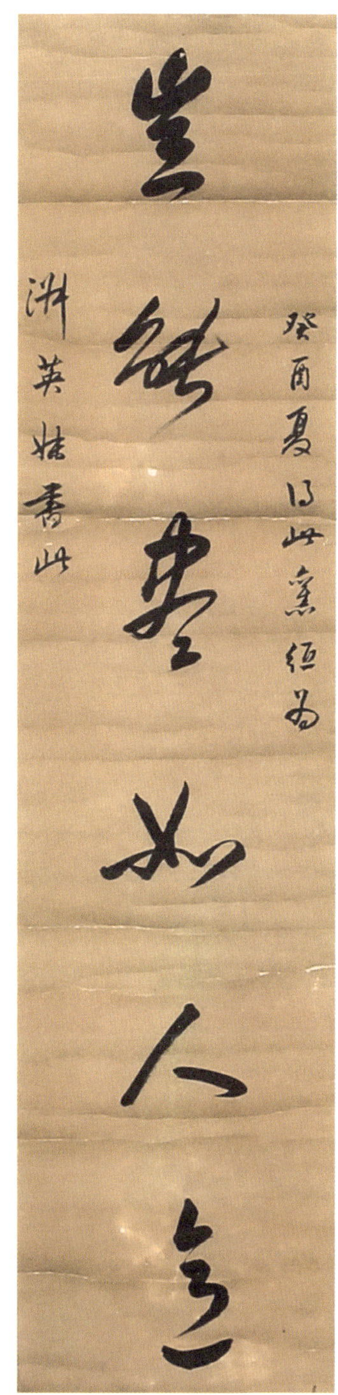

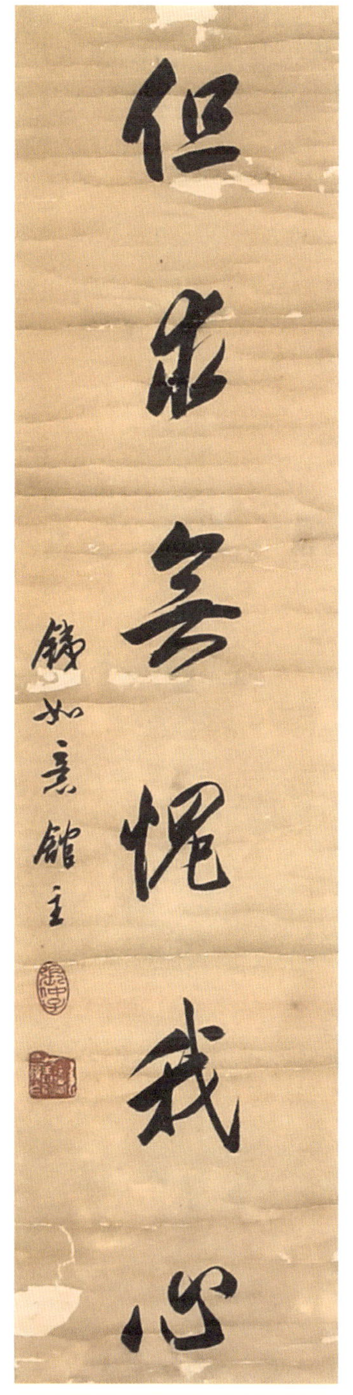

张宗祥先生纪念画册

中国画

109.5 cm × 42 cm

1934 年

海宁博物馆藏

“鸡猪” “琴棋”十一言联

133 cm × 23 cm × 2

1934 年

海宁博物馆藏

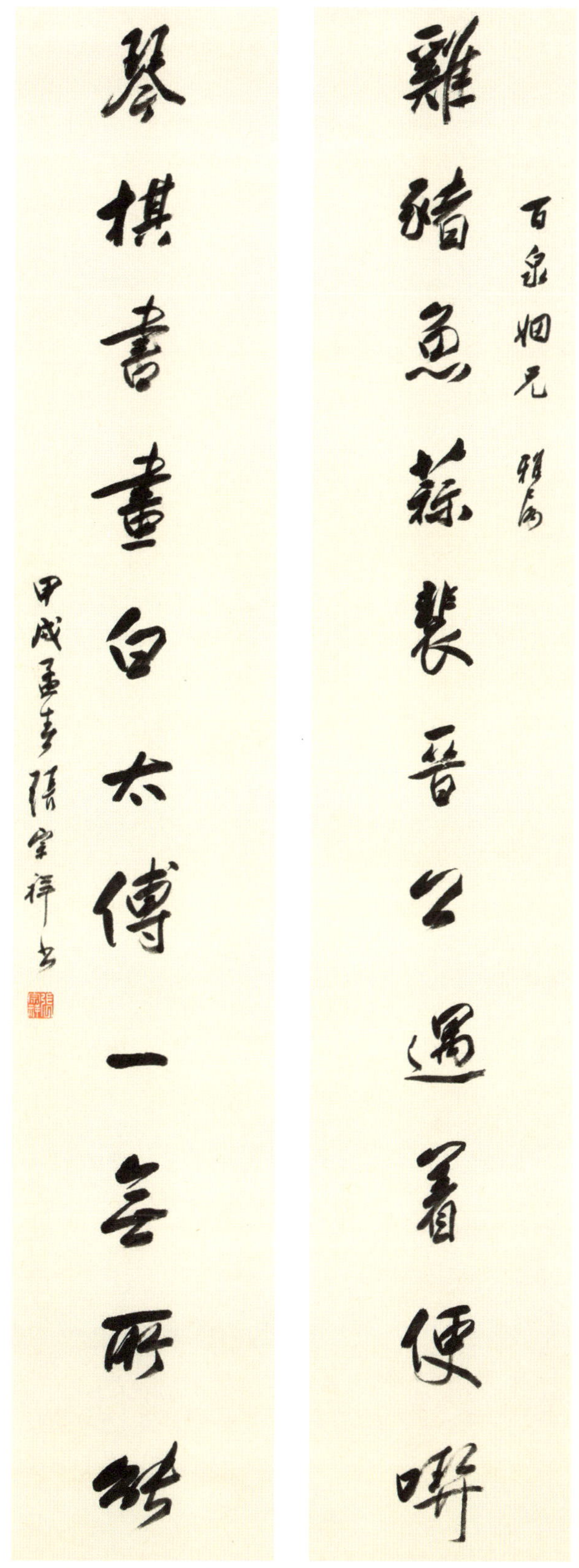

观音像

37 cm × 26.5 cm　1934 年　海宁市张宗祥纪念馆藏

山水立轴

138.3 cm × 31.5 cm

1942 年

浙江图书馆藏

漓江图

18 cm × 51 cm

1942 年

海宁市张宗祥纪念馆藏

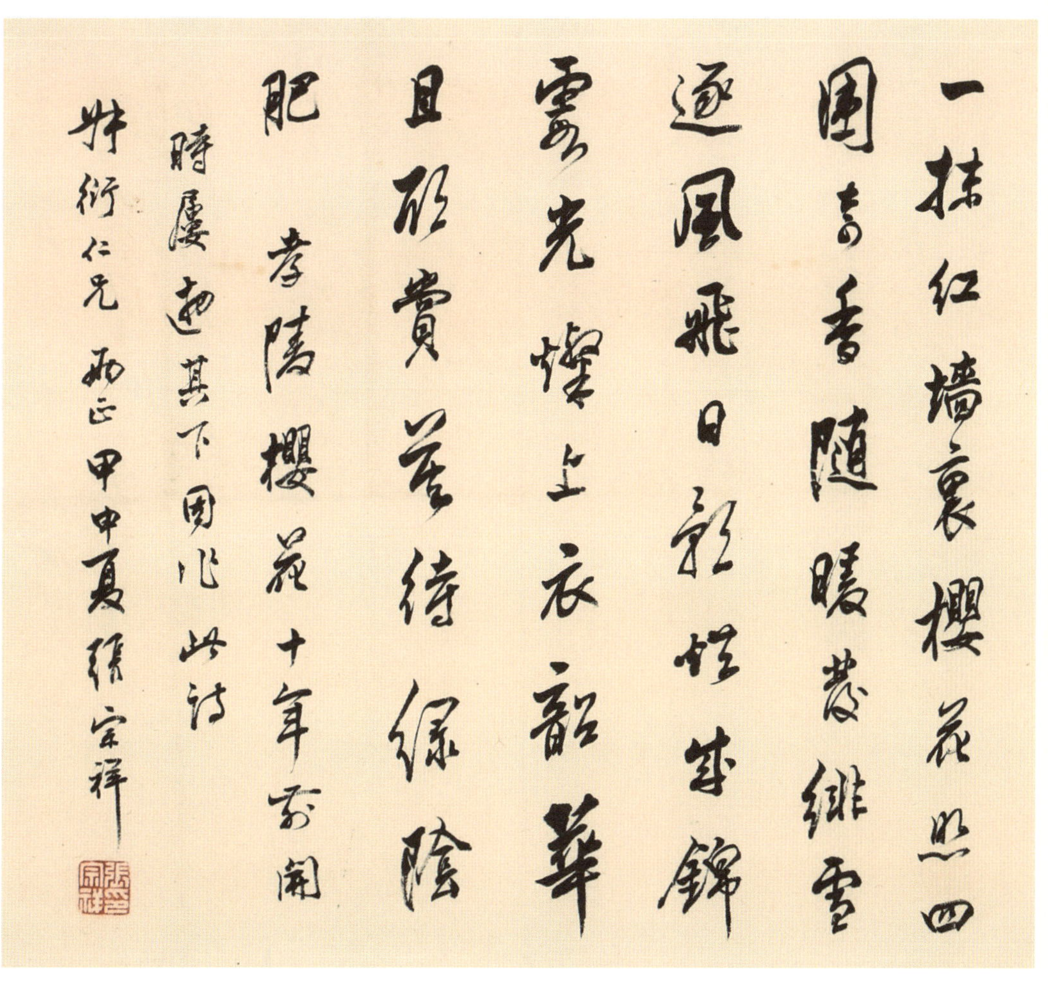

自作诗

38 cm × 41 cm　1944 年　海宁市张宗祥纪念馆藏

（唐）李白《横江词》之二、五，

《赠汪伦》《闻王昌龄左迁龙标，遥有此寄》

132 cm × 32 cm × 4

1947 年

海宁博物馆藏

自作诗

133 cm × 33.7 cm

1950 年

桐乡市博物馆藏

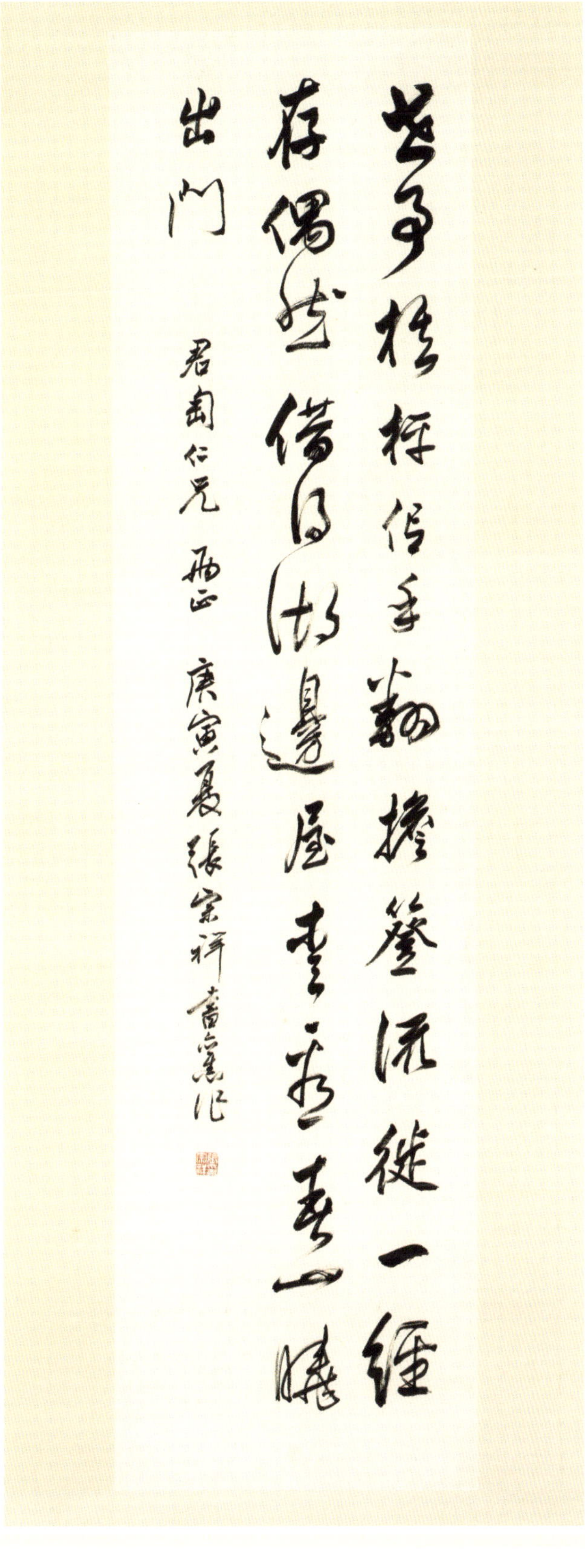

飞来顽石，槛外听经

167 cm × 39 cm

1957 年

西泠印社藏

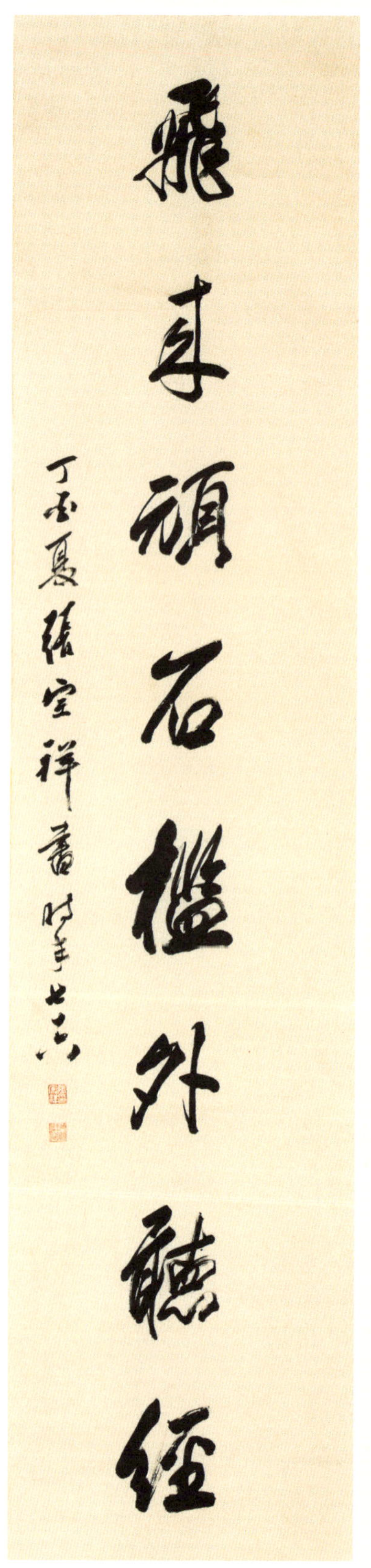

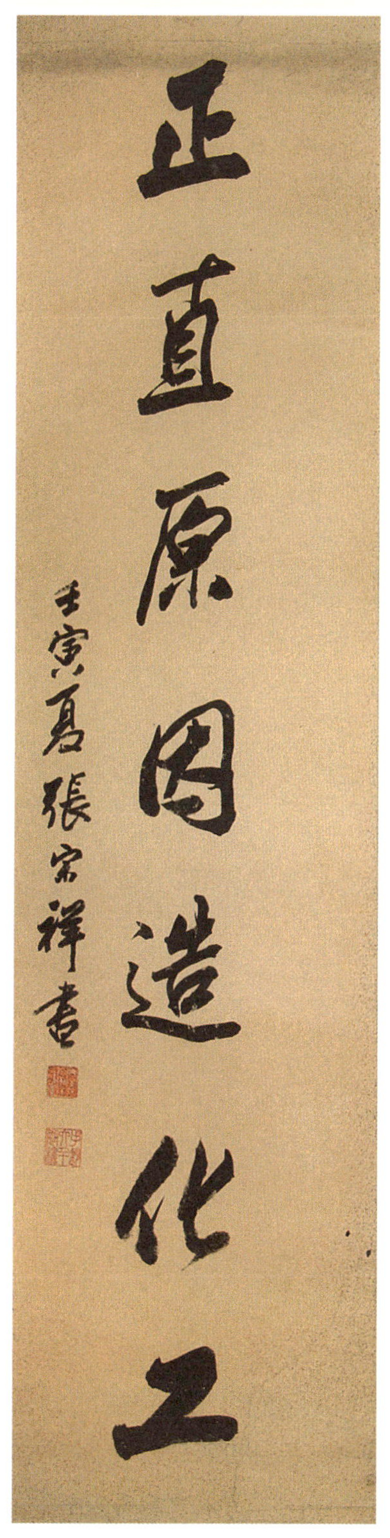

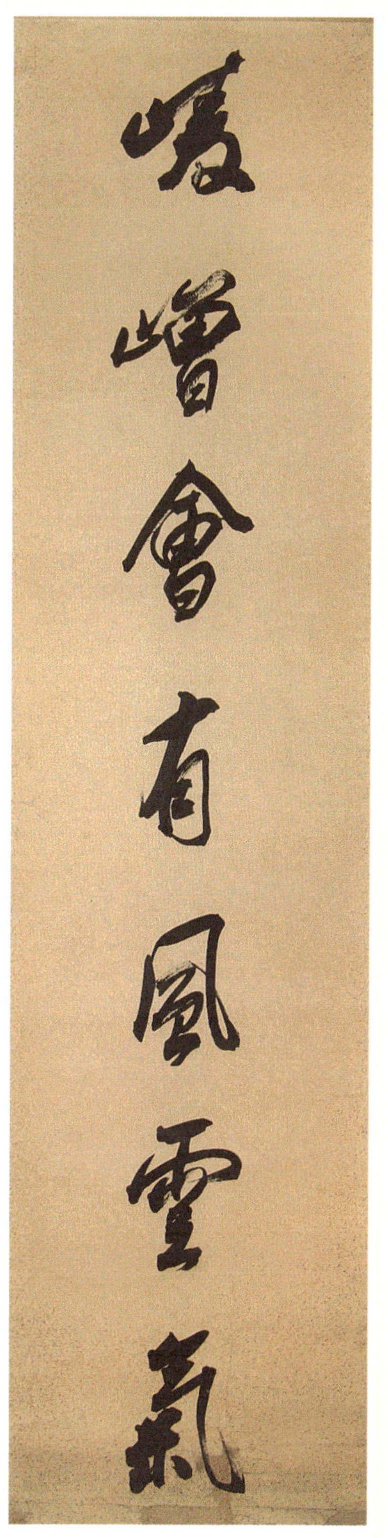

“崚嶒” “正直”七言联

130cm × 31 cm × 2　1962 年　西泠印社藏

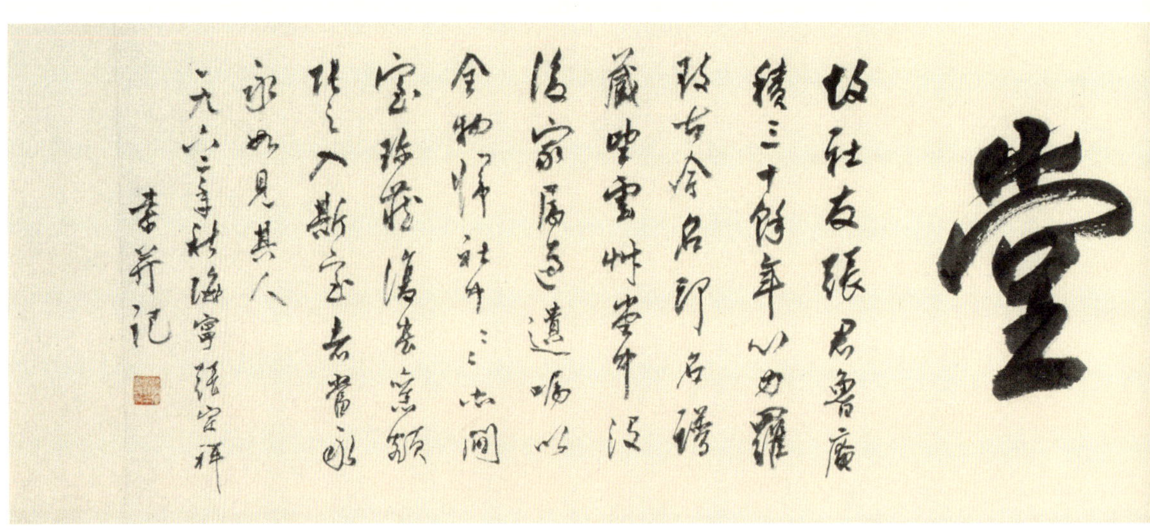

望云草堂

29.6cm × 139 cm

1962 年

西泠印社藏

观瀑图

42 cm × 27 cm

1962 年

海宁市张宗祥纪念馆藏

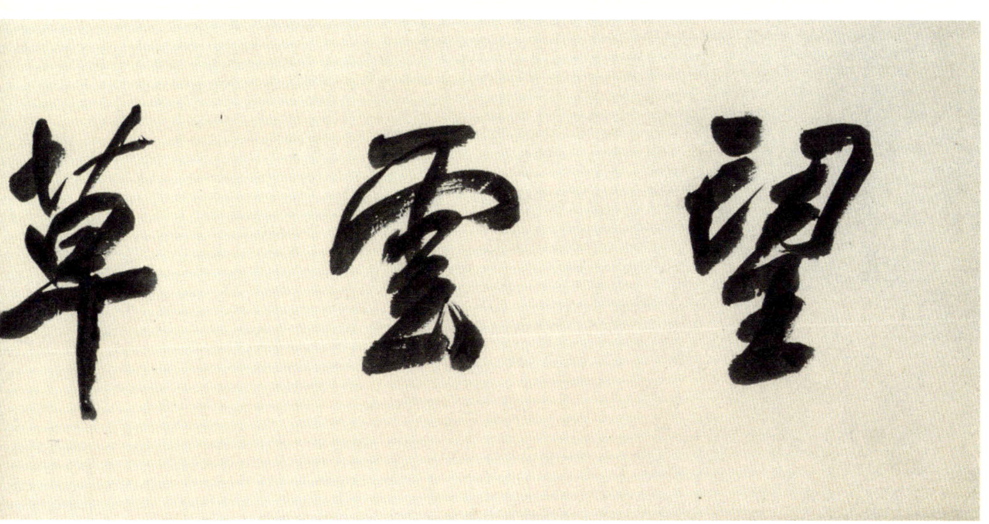

菊花

42 cm × 27 cm

1962 年

海宁市张宗祥纪念馆藏

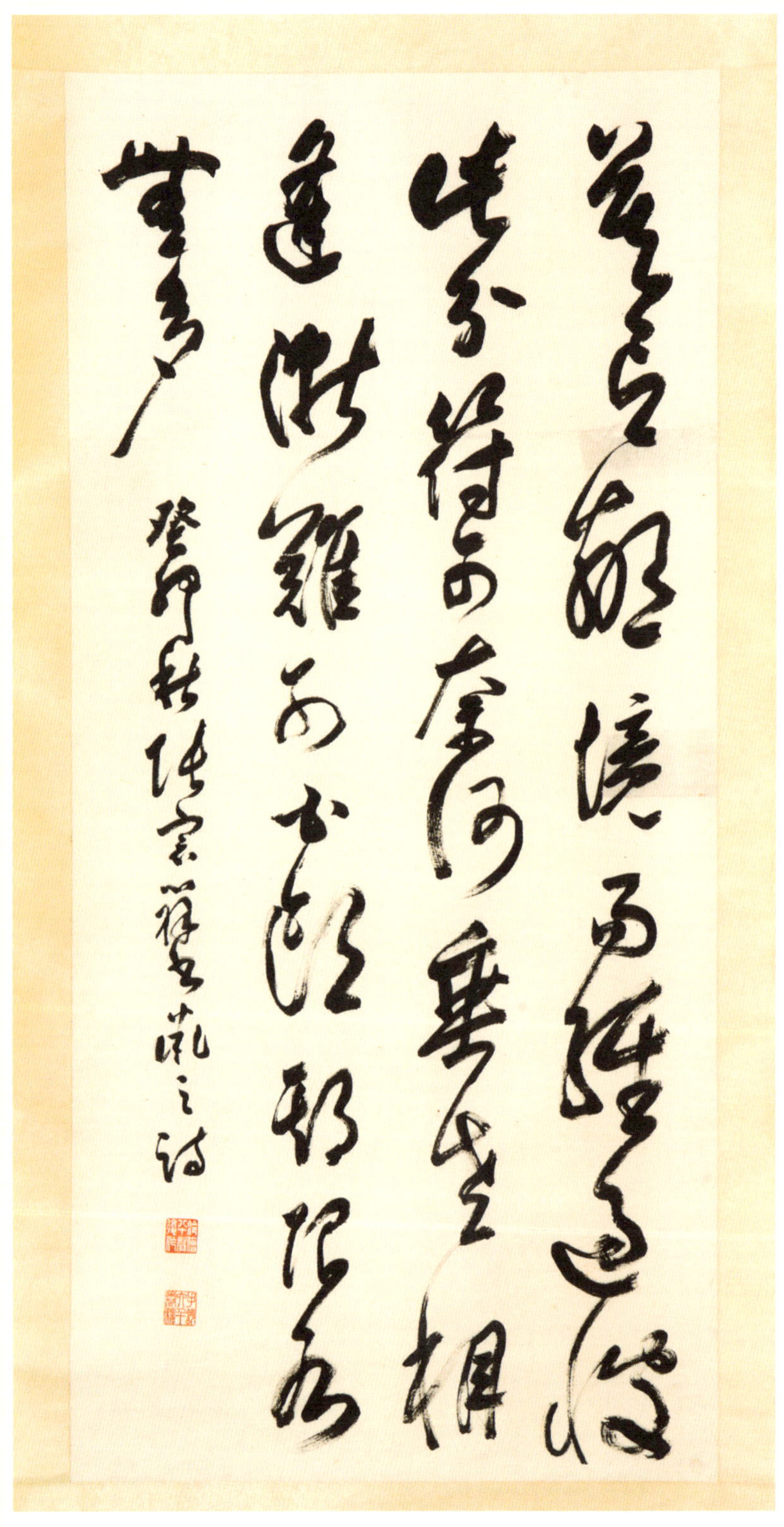

（唐）元稹《赠乐天》

132.3 cm × 63 cm　1963 年　湖州博物馆藏

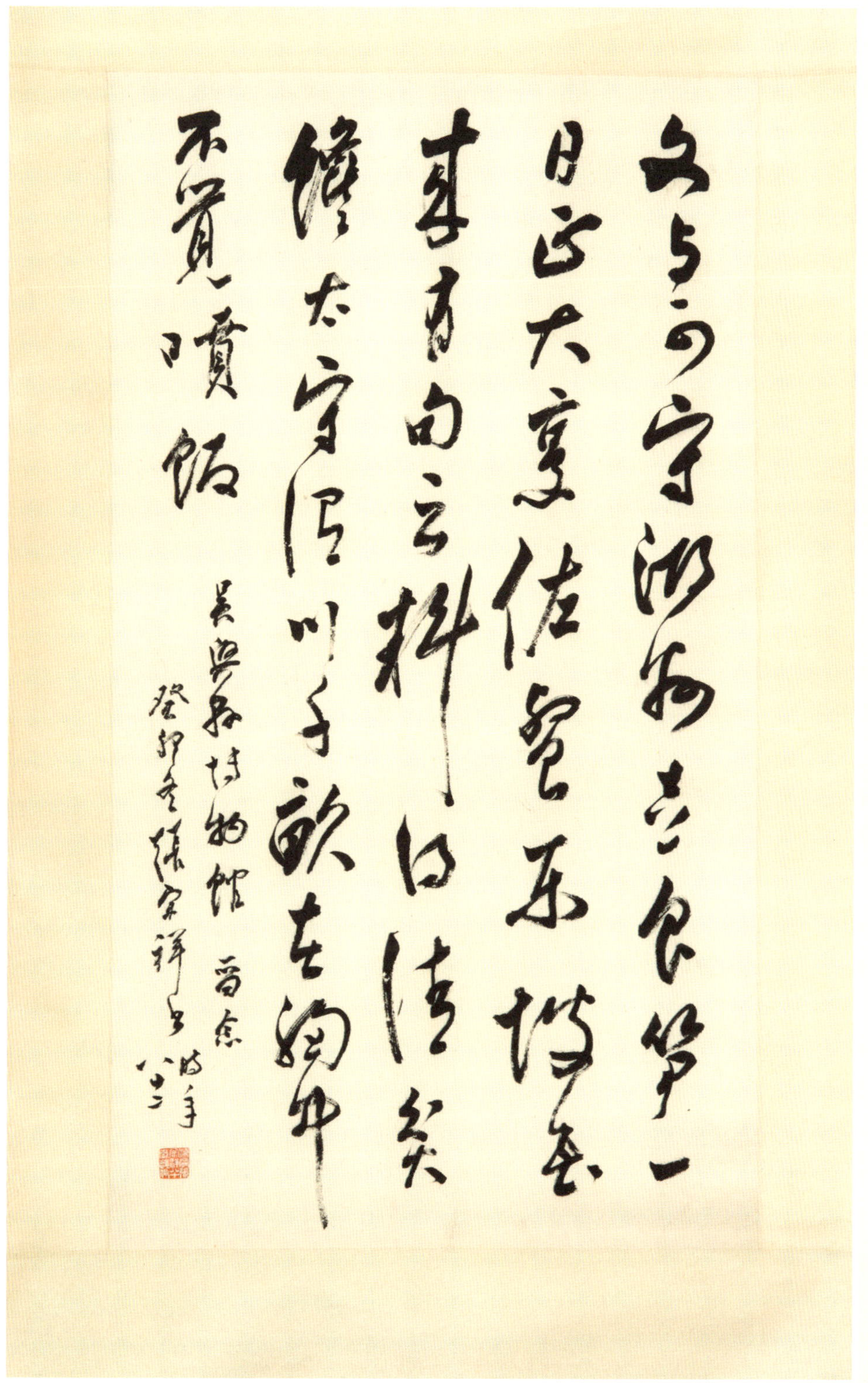

文同食笋

66 cm×37 cm　1963 年　湖州博物馆藏

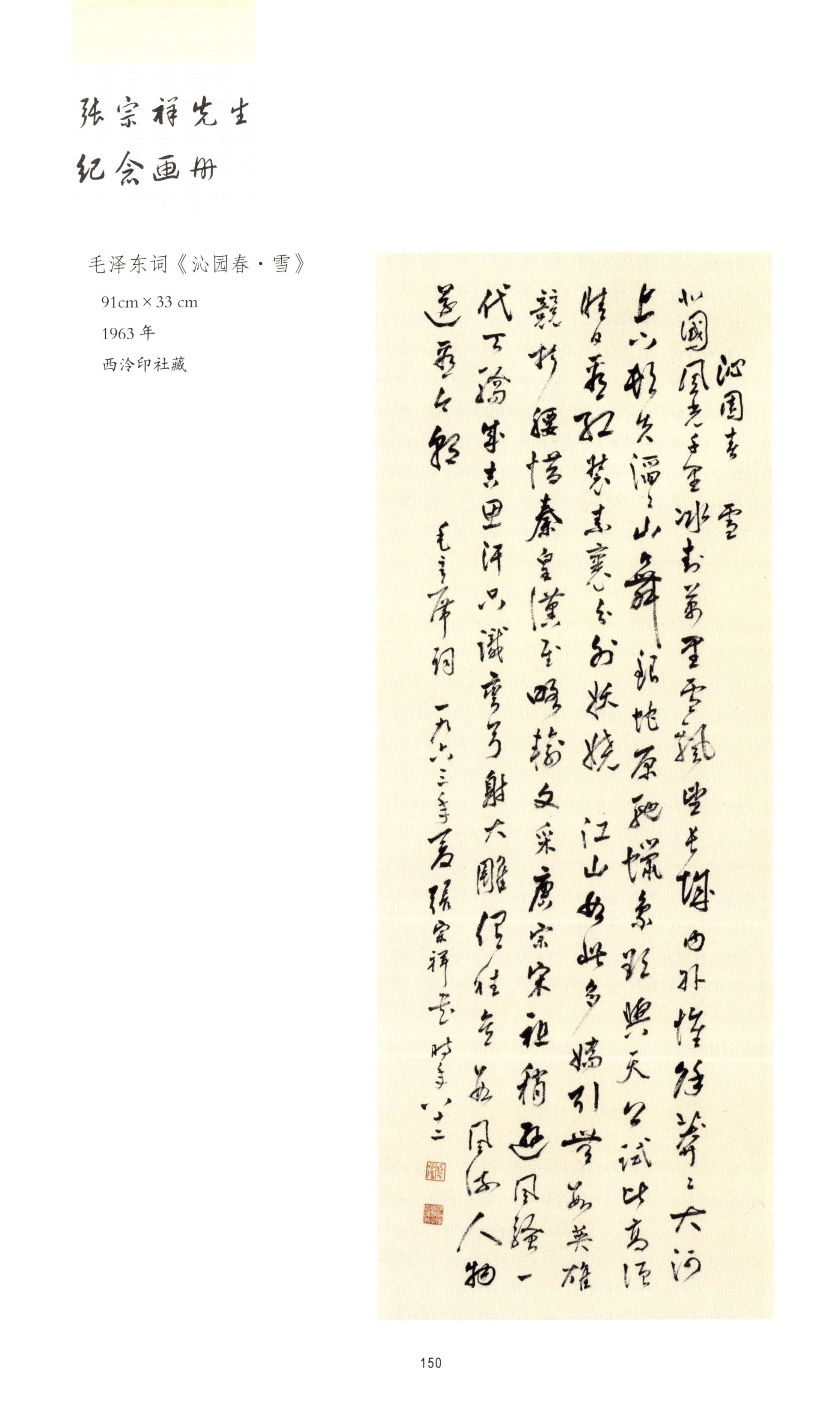

毛泽东词《沁园春·雪》

91cm × 33 cm

1963 年

西泠印社藏

“如此”“既佳”八言联

124 cm×23 cm×2

1964 年

西泠印社藏

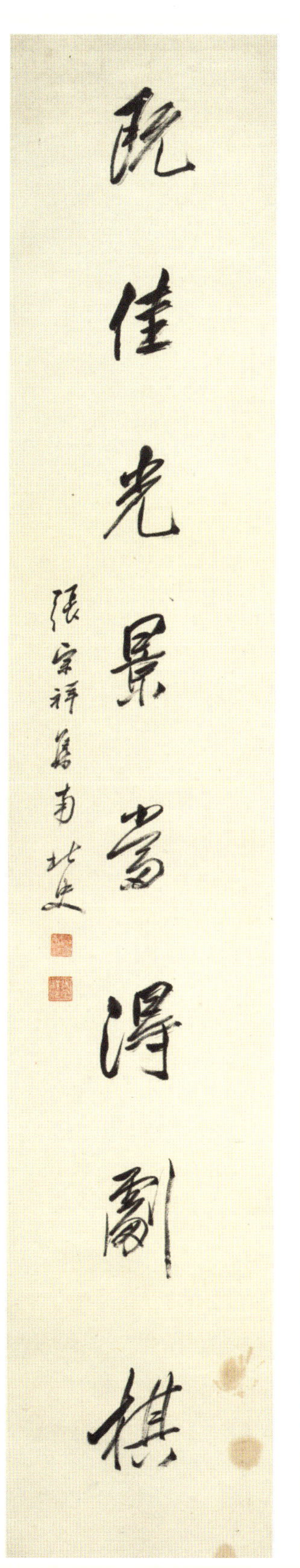

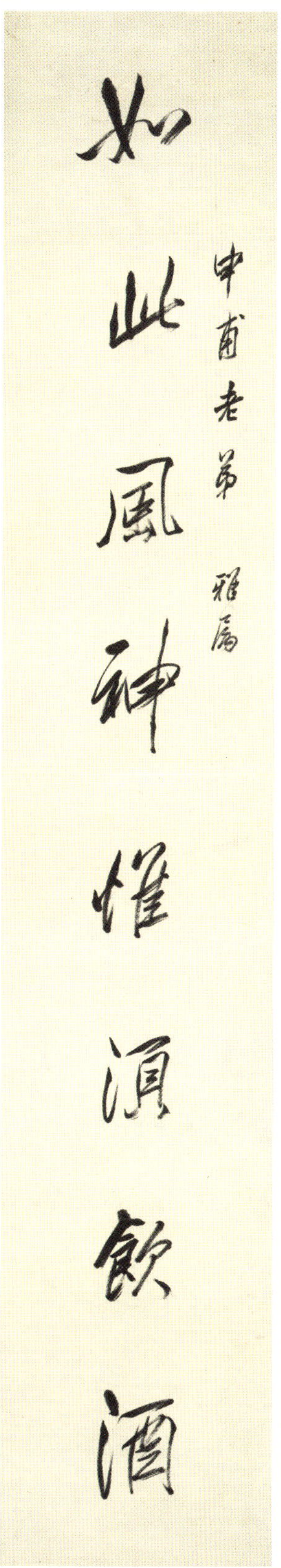

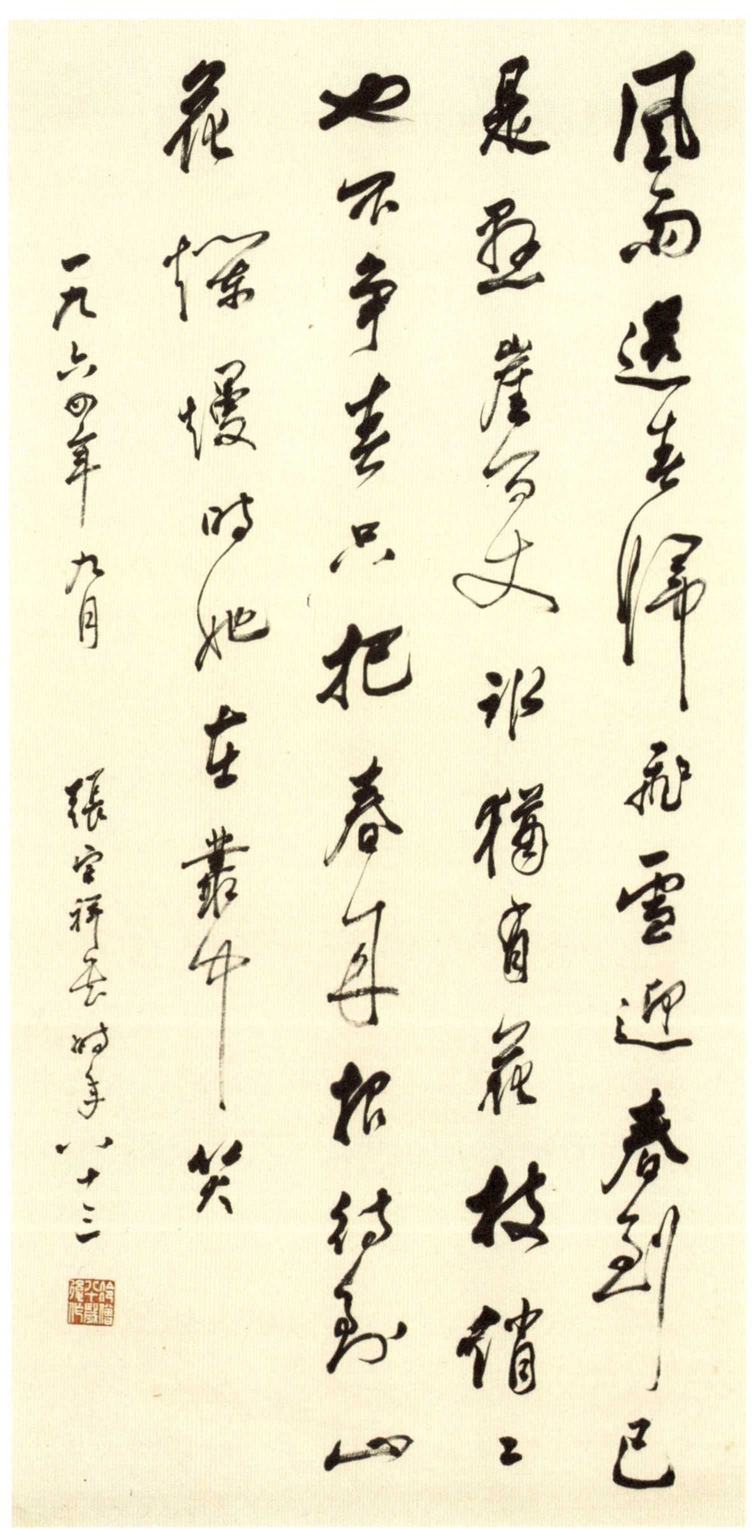

毛泽东词《卜算子·咏梅》

106 cm × 56 cm　1964 年　西泠印社藏

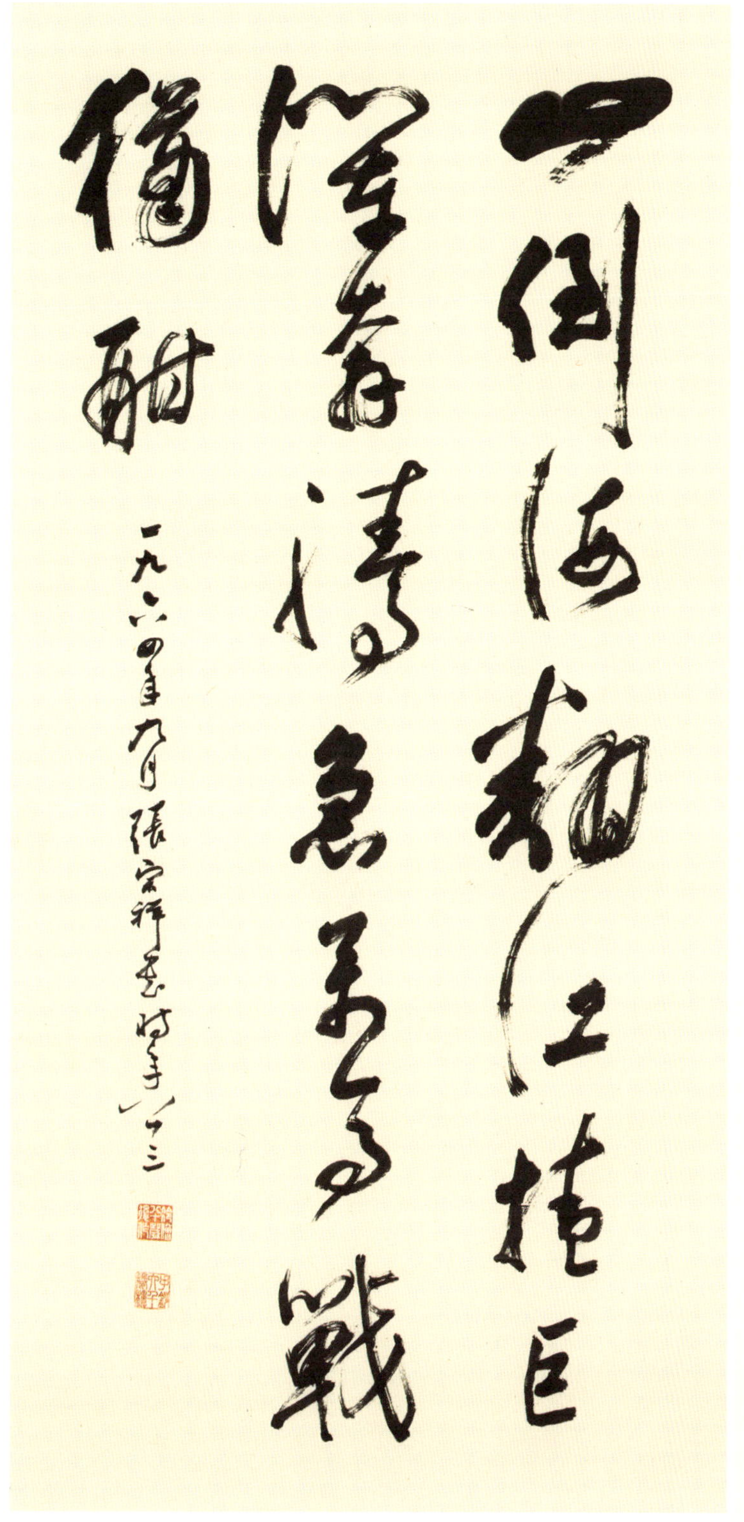

毛泽东词《十六字令》

136.5 cm × 67.5 cm　1964 年　西泠印社藏

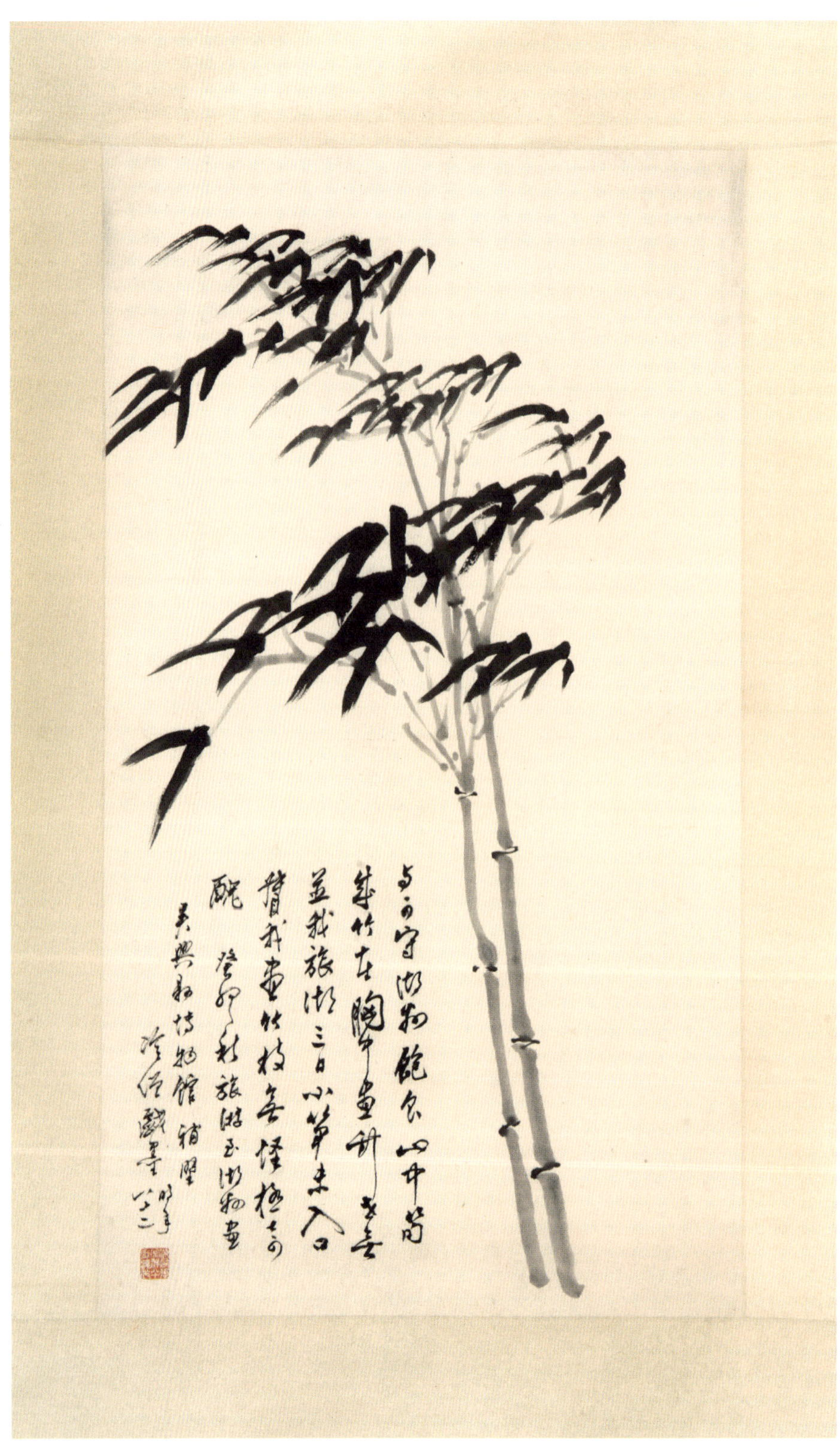

风竹图

66 cm × 37.5 cm　1964 年　湖州博物馆藏

"岂为""自言"七言联

144 cm × 40 cm × 2

年代不详

海宁博物馆藏

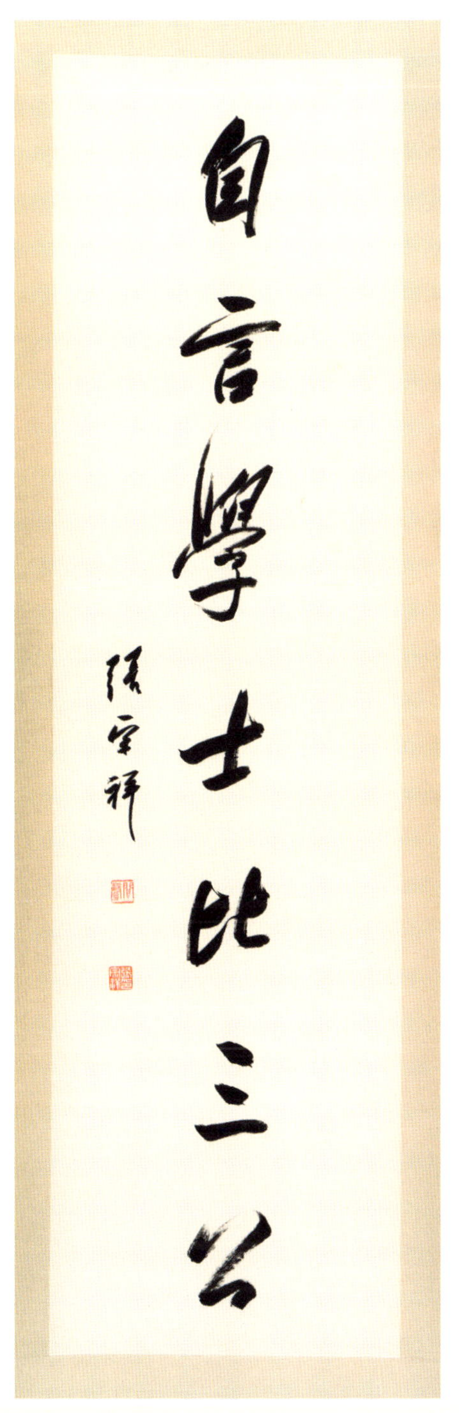

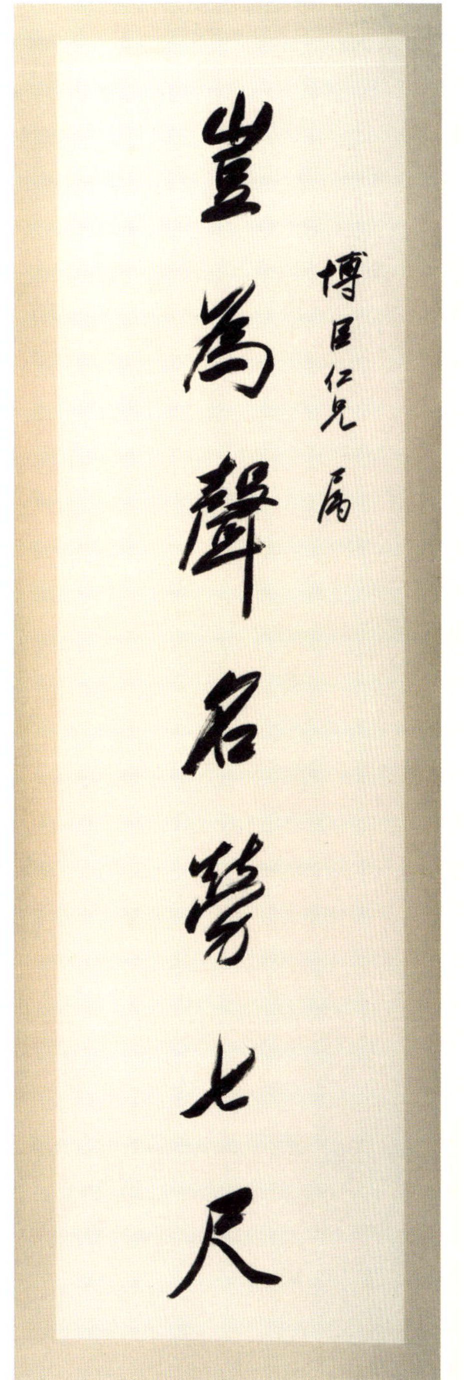

"三过" "一日"七言联

144 cm × 38 cm × 2

年代不详

海宁博物馆藏

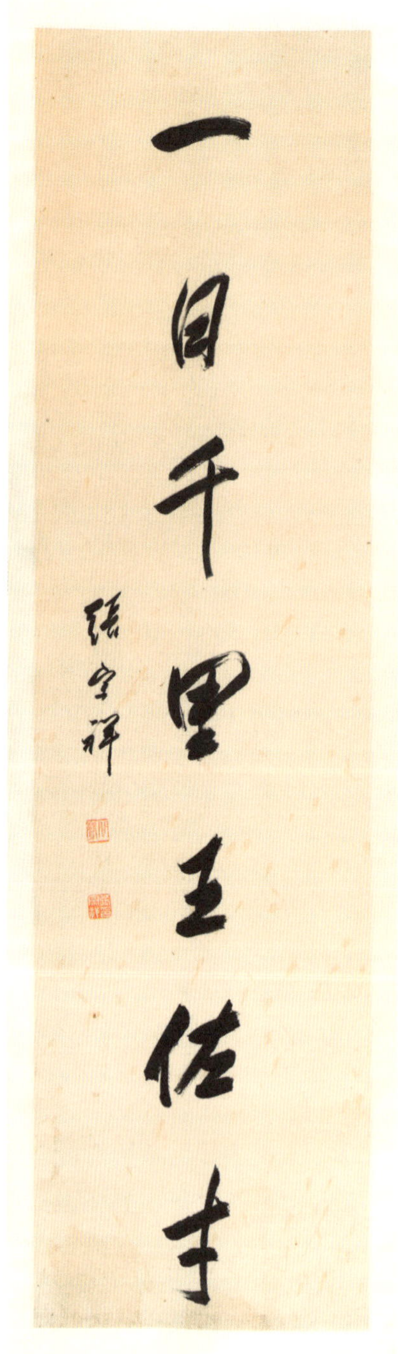

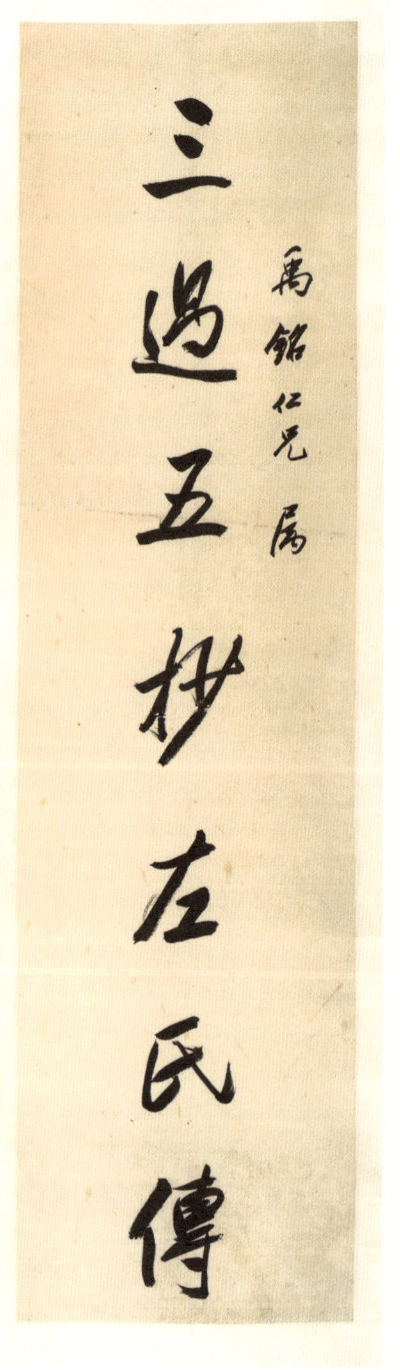

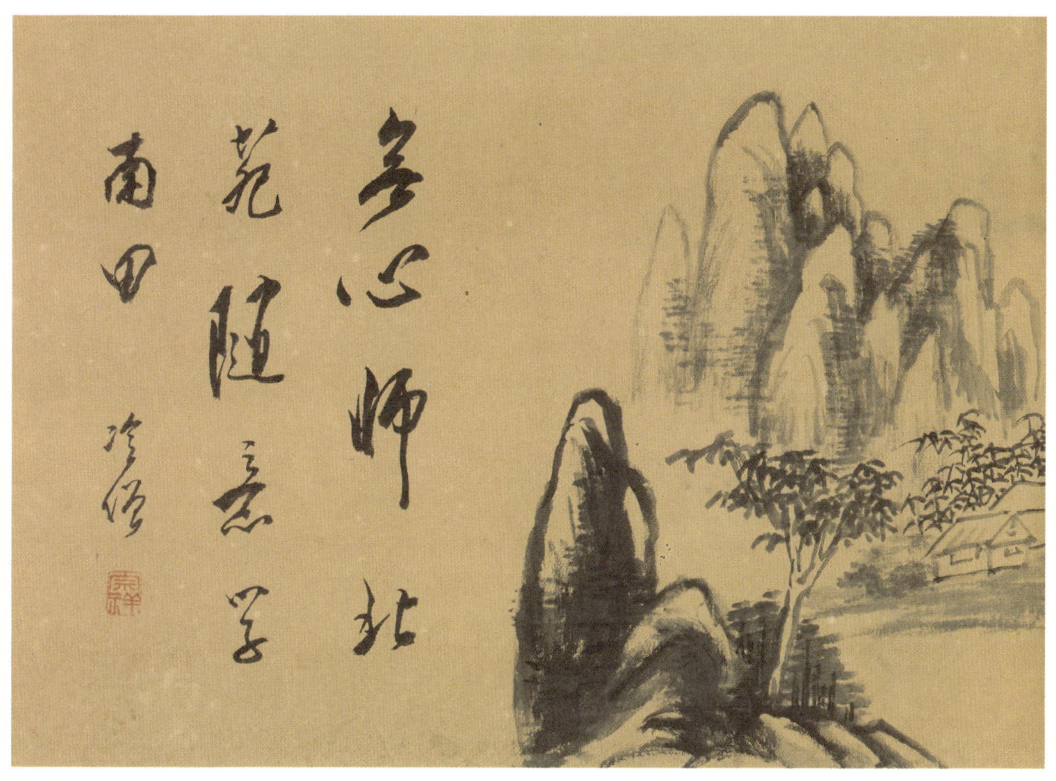

摹南田山水

27.5 cm × 40 cm

年代不详

海宁市张宗祥纪念馆藏

《海昌公所纪念碑》拓本

张宗祥书　28.5×18 cm　海宁图书馆藏

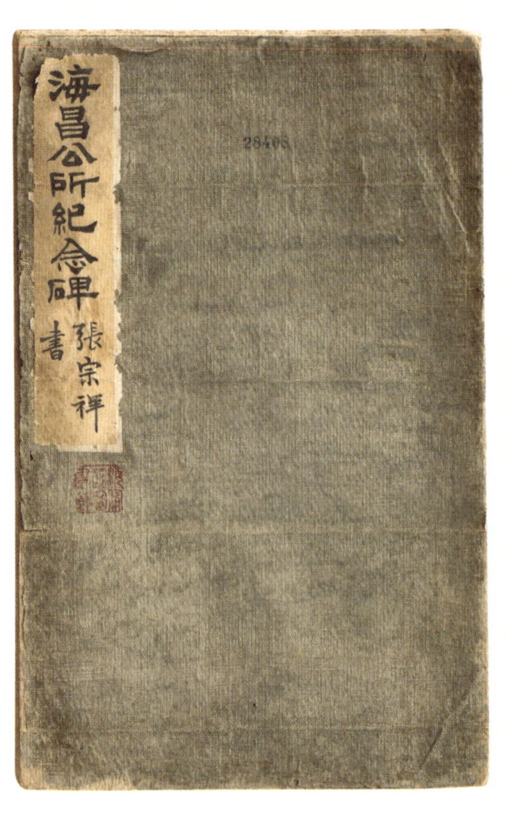

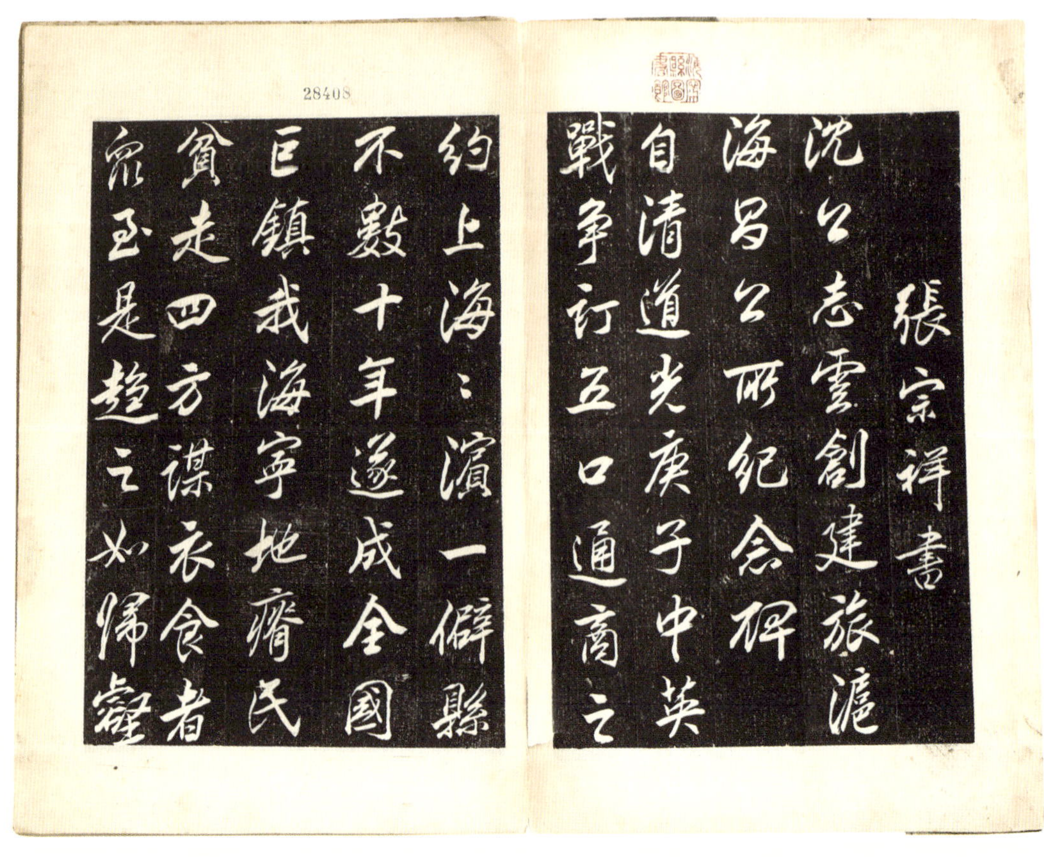

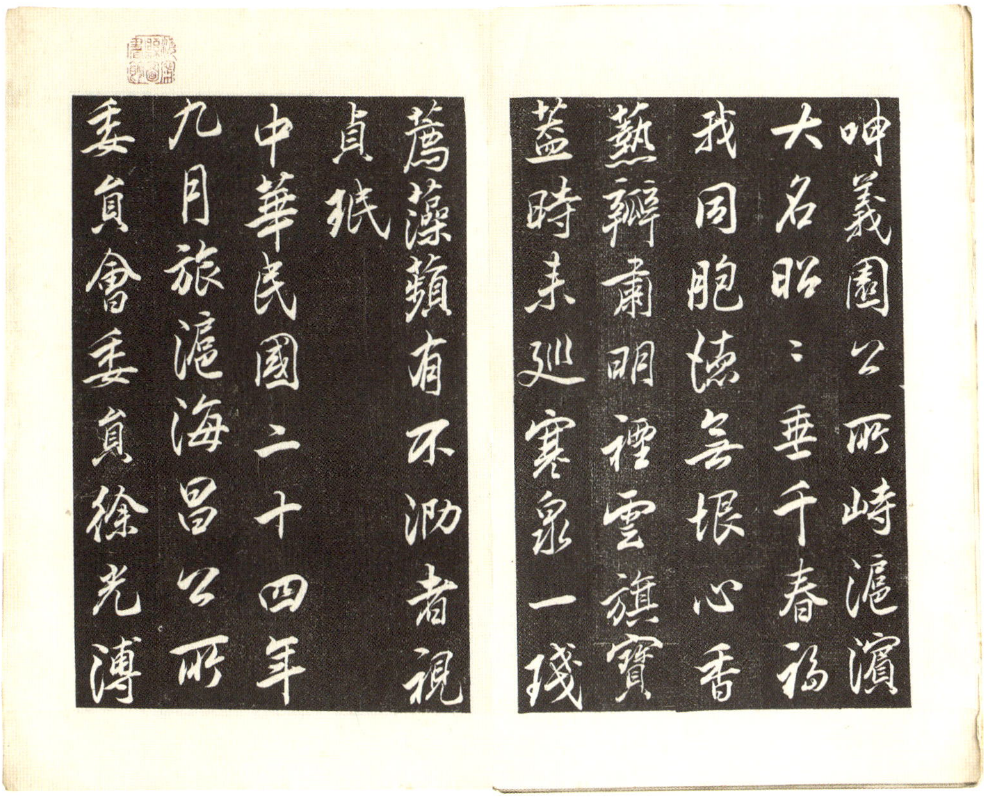

呷義園公所峙滬濱大名昭昭垂千春福我同胞德無垠心香爇瓣肅明禋雲旗寶蓋時來延寒泉一琖

薦藻蘋有不泐者視貞珉

中華民國二十四年九月旅滬海昌公所委員會委員徐光溥

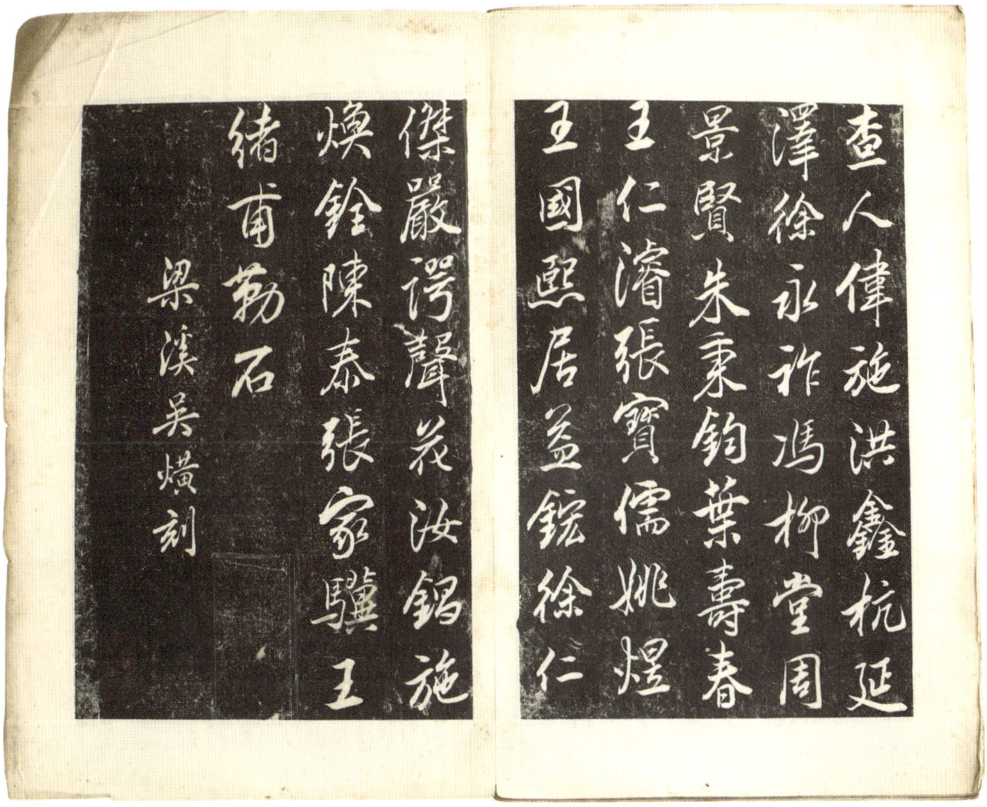

查人偉施洪鑫杭延澤徐永祚馮柳堂周景賢朱秉鈞葉壽春王仁濬張寶儒姚煜王國熙居益鋐徐仁傑嚴諤聲莊汝銘施煥銓陳泰張家驥王緒甫勒石

梁溪吳熿刻

超峰　张宗祥题字

浙江图书馆牌匾　张宗祥题字

柳浪闻莺　张宗祥题字（今已不存）

杭州图书馆儿童分馆　张宗祥题字

徐志摩之墓　张宗祥题字

诗歌杂著

张宗祥先生以抄校古籍余力，亦颇从事著述，凡诗集、杂著多种，均自编成集，而世所罕觏。1984 年，《中华文史论丛》刊载《铁如意馆随笔》；2000 年，西泠印社出版《铁如意馆碎录》；2006 年《诗刊》第一期刊发《张宗祥诗词选（九首）》；2013 年，上海古籍出版社出版《张宗祥文集》，首次整理刊布先生的大量文稿。

张宗祥先生的诗集稿本　浙江图书馆藏

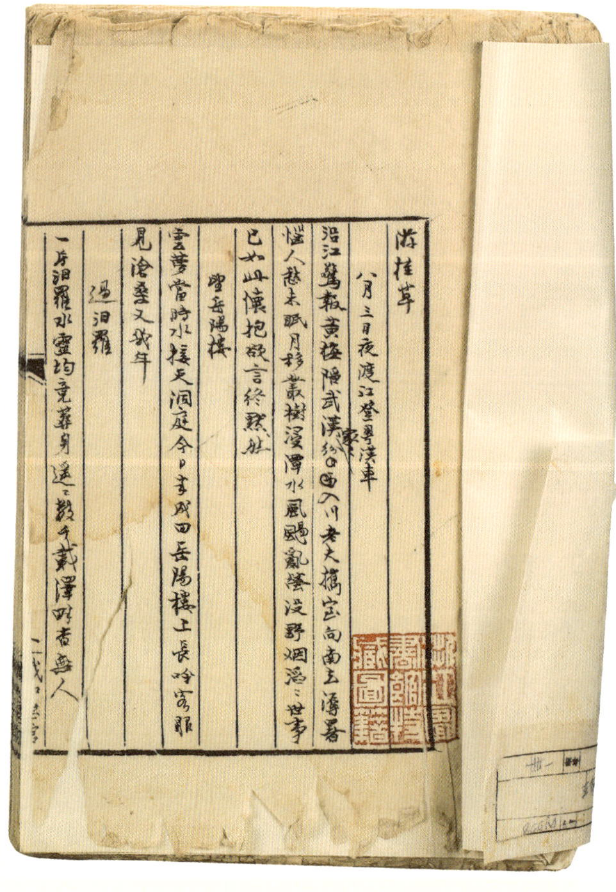

游桂草

八月三日夜渡江登粤漢車

沿江驚報黄梅陷武漢紛紛西入川老大攜家向南去湯暑

惱人愁未眠月移叢樹浸潭水風颺亂螢没野烟滔滔世事

已如此懷抱敢言終默然

登岳陽樓

雲夢當時水接天洞庭今日半成田岳陽樓上長吟客眼

見滄桑又幾年

過汨羅

一片汨羅水靈均竟葬身遥遥數千載澤畔吾無人

《游桂草》

稿本，1938 年成集

《入川草》

稿本，1945 年成集

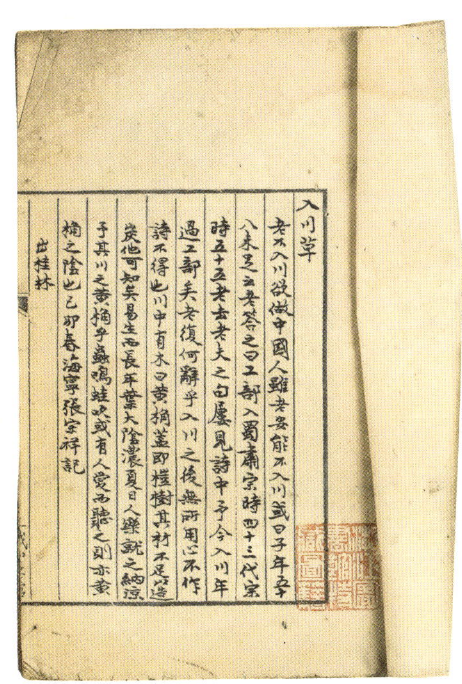

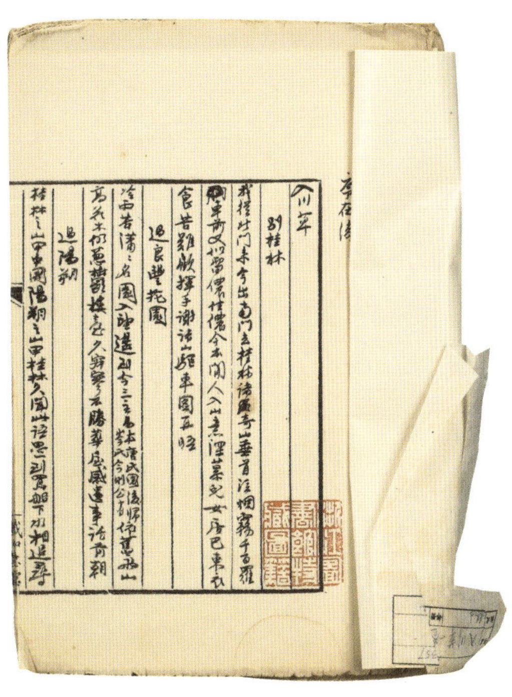

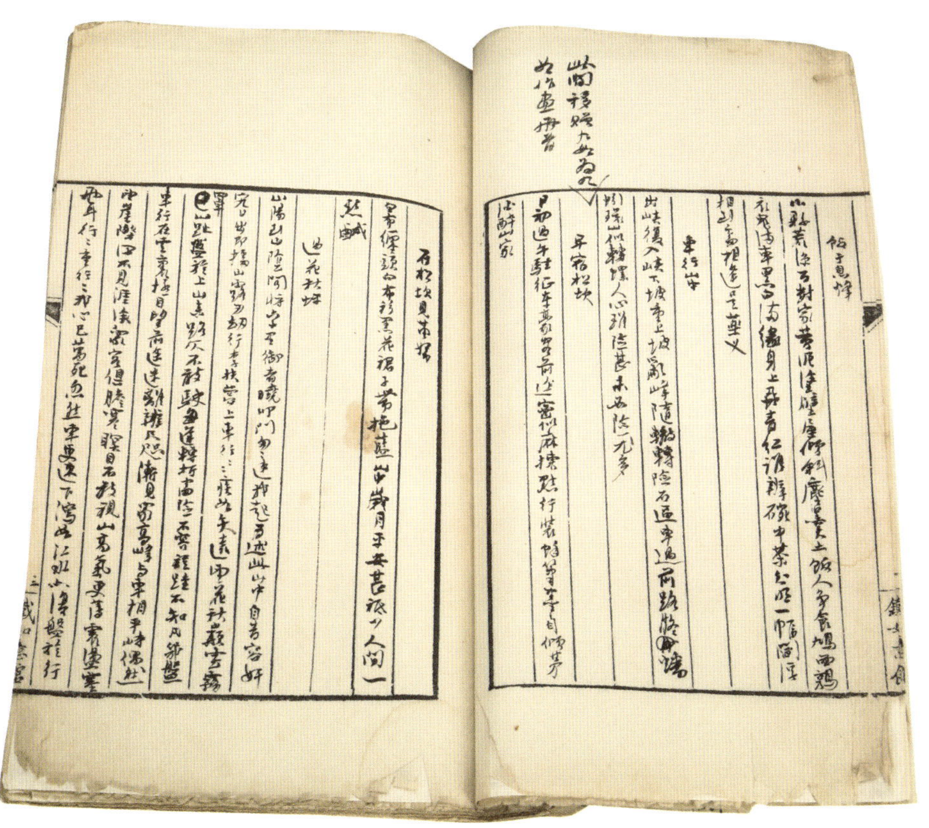

《还都草》

稿本，1949 年成稿

《归杭草》

稿本，1959 年成集

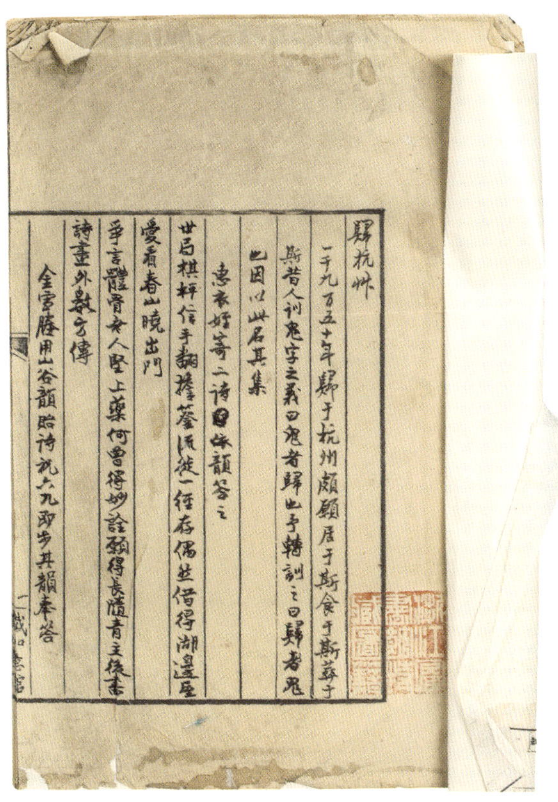

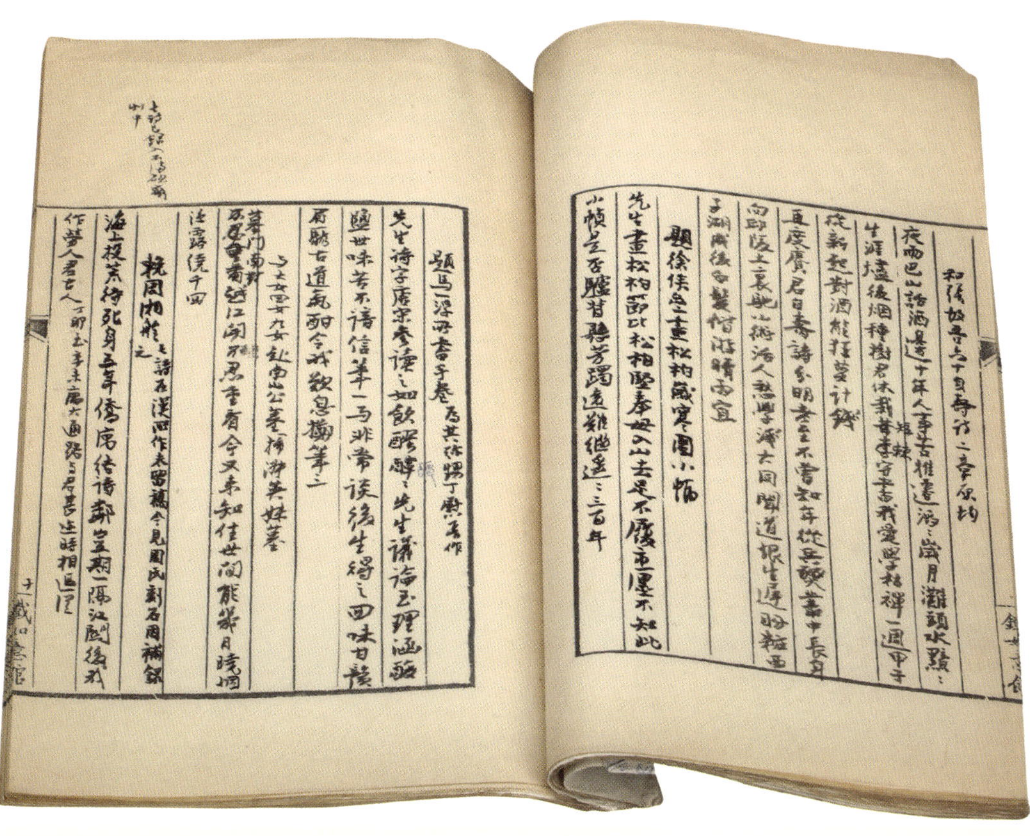

张宗祥先生纪念画册

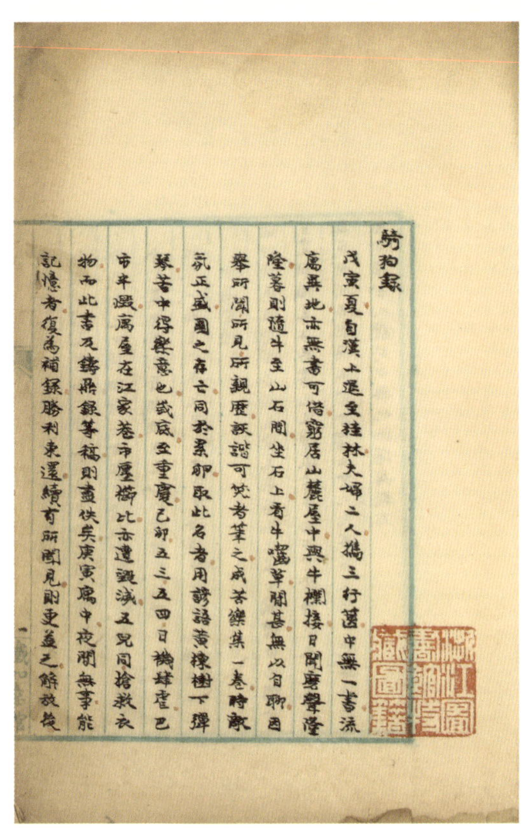

骑狗录

戊寅夏自漢上退至桂林夫婦二人攜三行篋中無一書流
寓其地亦無書可借窮居山麓屋中與牛欄接日聞磨聲隆
隆暮則隨牛至山石間坐石上看牛齧草閒甚無以自聊因
舉所聞所見所親歷詼諧可笑者筆之成若干條集一卷時敵
氛正盛國之存亡同於累卵取此名者用諺語黃楝樹下彈
琴苦中得樂意也歲底至重慶己卯五三五四日機肆虐已
市半燬寓屋在江家巷亦屢燬比亦遭燬誠五兒同搶救衣
物而此書及鑄鼎錄等稿則盡佚矣庚寅病中夜閒無事能
記憶者復為補錄勝利東還續有所聞見則更益之餘故後

《骑狗录》

稿本，1959年成集

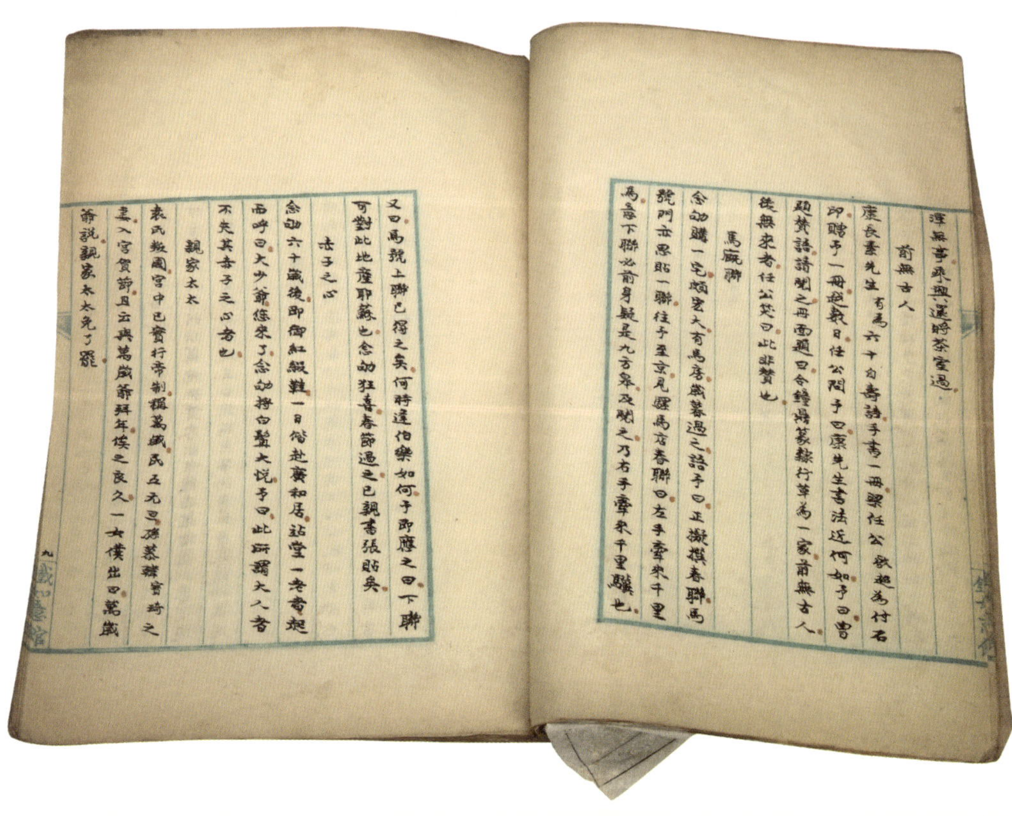

渾無事來與還時茶室過

前無古人

康長素先生有為六十自壽詩手書一冊聚任公欲趣為付石
印贈予一冊題數日任公問予曰康先生書法近何如予曰曾
題贊語請觀之冊面題曰合鐘鼎篆隸行草為一家前無古人
後無來者任公笑曰此非贊也

馬廐聯

念劬購一宅頗宏大有馬房歲暮過之語予曰正擬撰春聯馬
號門亦思貼一聯往予至京見歷馬房春聯曰左手牽來千里
馬意下聯必前身疑是九方皋及觀之乃右手牽來千里驥也

又曰馬號上聯已得之矣何時逢伯樂如何予即應之曰下聯
可對此地產耶蘇也念劬狂喜春節過之已親書張貼矣

赤子之心

念劬六十歲後即御紅緞鞋一日偕赴廣和居飯堂一老者起
而呼曰大少爺係來了念劬捋白鬚大悅予曰此所謂大人者
不失其赤子之心者也

親家太太

袁氏叛國宮中已實行帝制稱萬歲氏五元旦據慕韓實琦之
妻入宮賀節且云與萬歲爺拜年侯之良久一女僕出曰萬歲
爺說親家太太免了罷

《集字联选》

稿本，成书时间不详

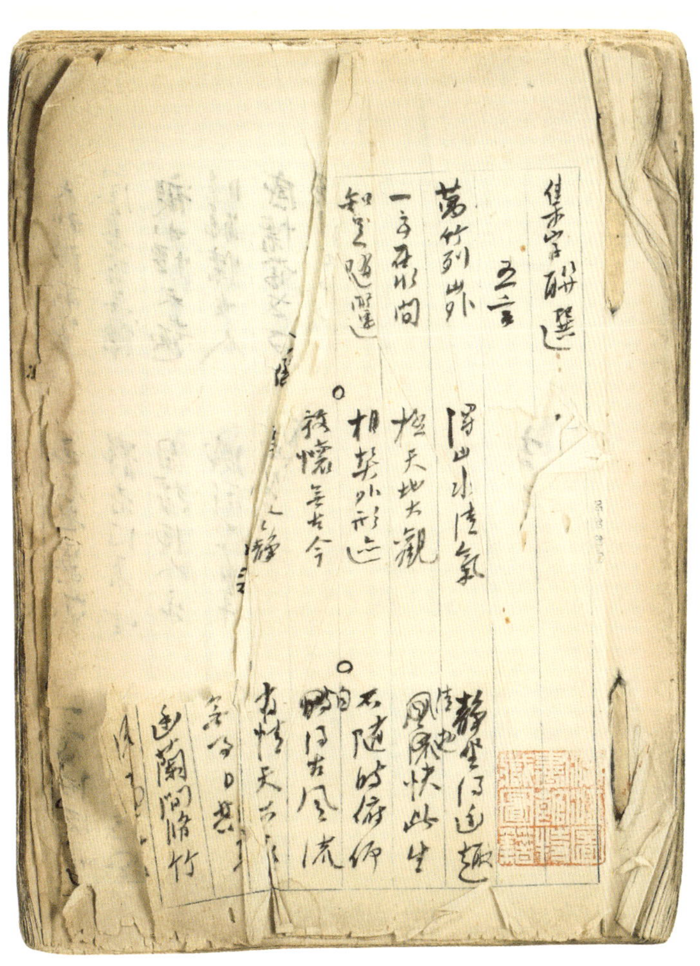

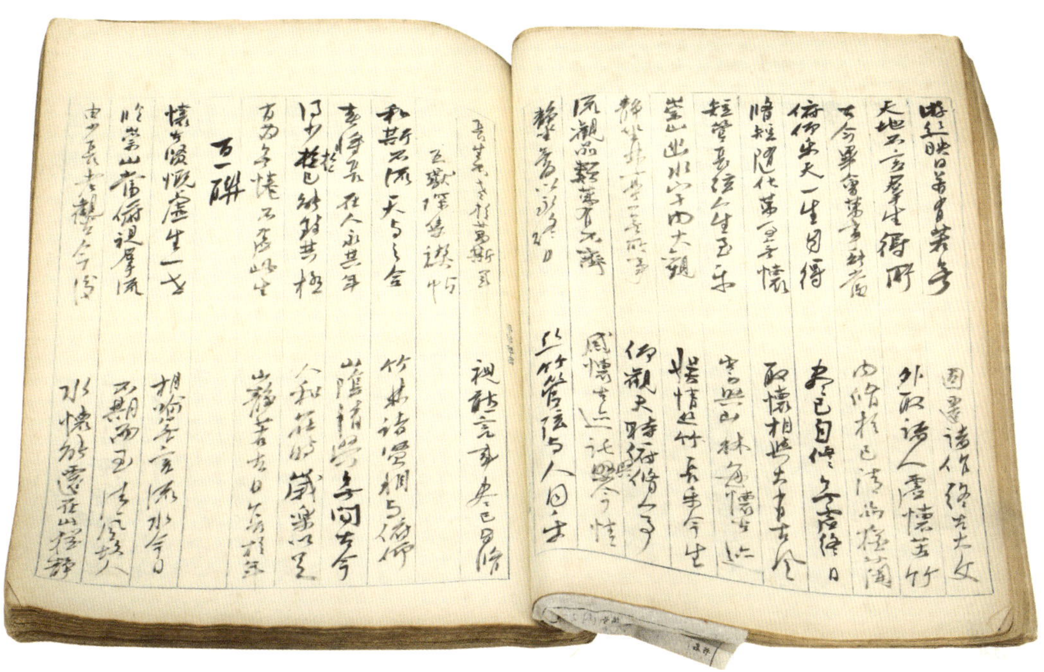

《清代文学概述》 稿本

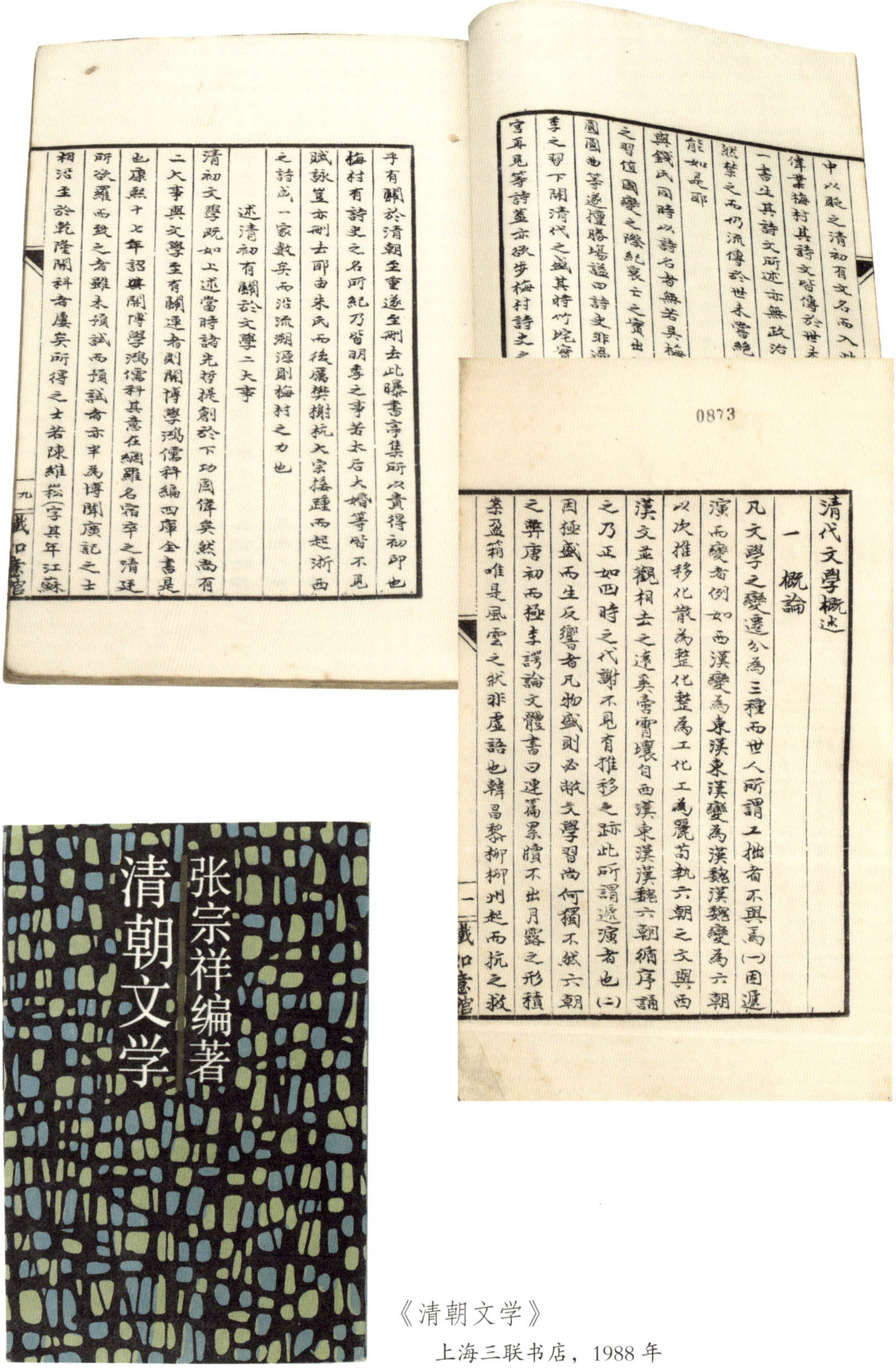

《清朝文学》
上海三联书店，1988 年

诗歌杂著

杂著

《铁如意馆随笔》

稿本，1937 年撰

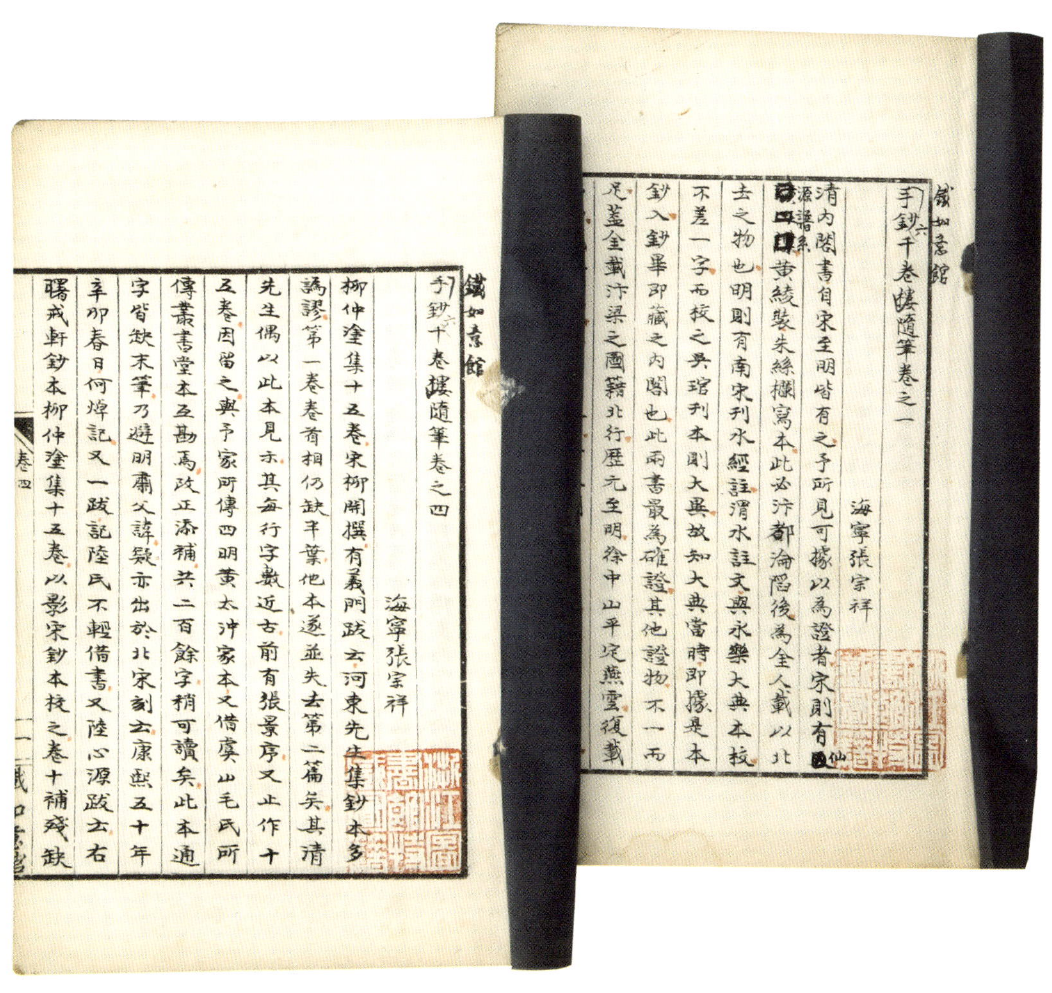

鐵如意館

手鈔六千卷樓隨筆卷之一

海寧張宗祥

清內閣書自宋至明皆有之予所見可據以為證者宋則有仙源譜系[illegible]黃綾裝朱絲欄寫本此必汴都淪陷後為金人載以北去之物也明則有南宋刊水經註渭水註文與永樂大典本校不差一字而校之吳琯刊本則大異故知大典當時即據是本鈔入鈔畢即藏之內閣也此兩書最為確證其他證物不一而足蓋全載汴梁之圖籍北行歷元至明徐中山平定燕雲復載

鐵如意館

手鈔六千卷樓隨筆卷之四

海寧張宗祥

柳仲塗集十五卷宋柳開撰有義門跋云河東先生集鈔本多譌謬第一卷卷首相仍缺半葉他本遂並失去第二篇矣其清先生偶以此本見示其每行字數近古前有張景序又止作十五卷因留之與予家所傳四明黃太沖家本又借虞山毛氏所傳叢書堂本互勘為改正添補共二百餘字稍可讀矣此本通字皆缺末筆乃避明肅父諱疑亦出於北宋刻云康熙五十年辛卯春日何焯記又一跋記陸氏不輕借書又陸心源跋云右曙戒軒鈔本柳仲塗集十五卷以影宋鈔本校之卷十補殘缺

新版《辞源》溯源拾遗

吕友仁

移孝作忠

移孝父母之心以事君。《孝经·广扬名》:"君子之事亲孝,故忠可移于君。"唐李商隐《李义山文集》一为濮阳公陈许谢上表:"……忠孝之两全,则忠因移孝;正文武之二道,则武可辅文。"

按此条所引《孝经》书证是对的,其中虽无"移孝作忠"一词,但不妨……为语意之源。按下引《李义山文集》,则殊无谓,其文虽承《孝经》语意,……没有"移孝作忠"一词。今试补一证。唐陈子昂《陈伯玉集》卷一为义兴公……终丧第二表:"伏读报诏,不胜悲惧。陛下为臣累有政能,将见任用,……为忠,即断来表。臣内愧不孝,外惭无能,污辱圣聪,措身无地。"较之……山文集》不唯稍早,且亦庶几近之。

暒

雨止。晴空无云。通"晴"。见《玉篇》。清龚自珍《定盦……集三阮尚书年谱第一叙:"天暒地坱,日穆月爆。"

按《汉书》卷二六天文志:"天暒而见景星。"《史记》天官书作"……云:"《汉书》作'晊',亦作'暒'。"郭璞注《三苍》云:雨止无云也。"……人之证。《辞源》所引书,恨晚。

散宜生

周初人。……散宜生之名,唐孔颖达《书》君奭疏……戴礼》帝系、《汉书》古今人表都以散宜为复姓。……以散作姓为是。

按以散为氏,不始于孔颖达疏,伪孔传先已指散为氏,……说而已。疏不破注,其来有自,何得遗源而取流。

216

铁如意馆随笔

张宗祥遗稿

编者按:这是张宗祥(阆声)先生(1882—1965)早年整理古籍的一部随笔。据作者在开国后的"丁酉秋"(1957)所写的跋语,这部随笔系作于"辛亥革命之后,袁氏帝制叛国之日",按袁世凯称帝在民国四年(1915),则距今将近七十年了。远在七十来年前,作者就整理了很多古籍,并不断访求前人遗著佚稿,进行校勘、订正、辑补,文澜阁藏《四库全书》就是幸得其力而保全的。这部《随笔》主要记载作者当时所见闻的一些古籍版本和遗稿的流传、收藏经过及目录、校勘情况,并有关掌故,带有作者自己的考证、见解,提供了大量丰富的古籍版本、抄本及目录、校勘资料。由于《随笔》写作时间较早,其中有些属于当时罕见的珍本秘籍,今已陆续出版,或已见于后起者所撰的专著及论文,但以历史的眼光观察,正亦可见其前后的发展演变,仍有一定的史料价值,尚可为今天学术界所参考。《随笔》共六卷,由倪鼎元同志校订、标点。

卷 一

清内阁书,自宋至明皆有之。予所见可据以为证者:宋则有《仙源谱系》,黄绫装,朱丝栏写本。此必汴都沦陷后,为金人载以北去之物也。明则有南宋刊《水经注》,渭水注文,与《永乐大典》本校,不差一字,而校之吴琯刊本则大异。故知《大典》当时,即据是

217

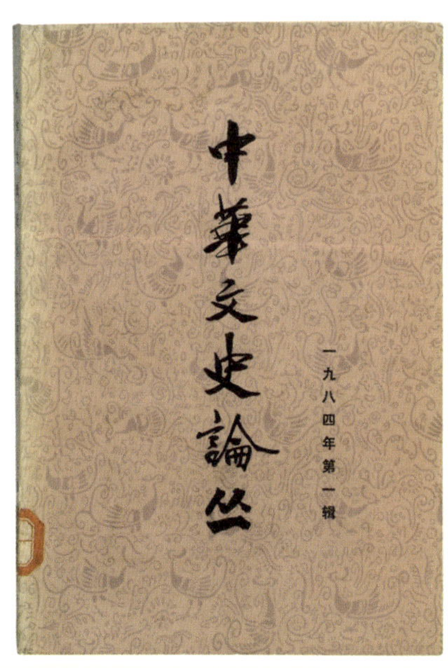

《铁如意馆随笔》

载《中华文史论丛》1984年第一辑

《铁如意馆碎录》

西泠印社，2000 年

目　录

·1·

《铁如意馆读书札记》

稿本，1943 年撰

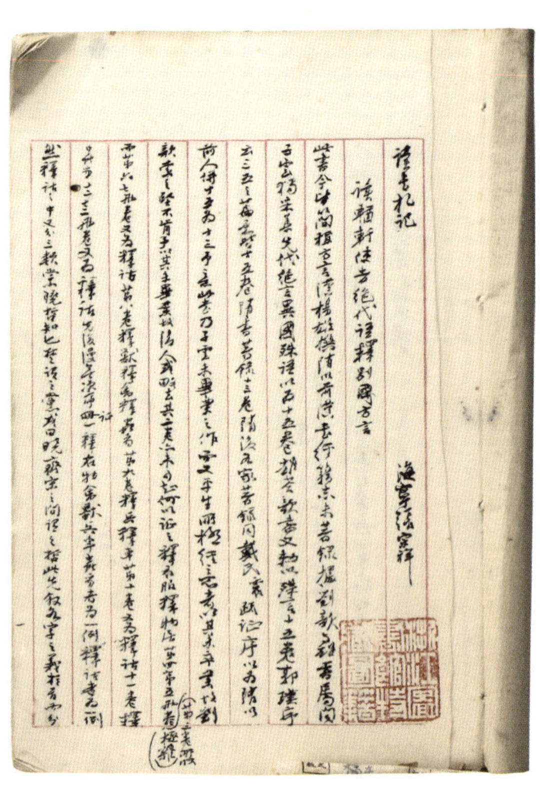

《回忆鲁迅先生》

载《东海》创刊号，1956 年

回憶魯迅先生

張宗祥

魯迅是我一九〇九年在杭州認識的朋友。那时他和許季茀、張燮和、夏丏尊諸人一起來杭州浙江兩級师范学堂教書。他教生理学和化学。我那时教地理，住在高等学堂里面。因为教課很忙，一星期多至三十二小时的課。有几个月，甚至于星期日，还要到师范傳習所之類的地方去上兩三个鐘头，所以沒有机会可以談天。到了沈衡山先生要交卸監督职务，夏震武來接替監督掀起極大風潮的时候，我們是站在同一战線上才認識的。他給我的印象是沉默不多言、冷峻少結交的一个学者。

現在我來談一談兩級师范学堂"木瓜之役"。夏震武是自以为一个理学大儒，一生以尊經、尊王为主的人物。我們在前清末年的教書匠，除了一班"綠蠹"之外，沒有一个不提起皇帝就头痛，提起政府就瞑烏的。而且师道自尊的架子也很不小。歷來新監督到任（当时名校長为監督），先要拜見拜見各位教師，教师眼中看監督就有點等于一般官僚，倘然談話不投机、或者有點外行，就有點愛理不理，尖刻一些的簡直要挖苦几句了。夏監督到校之后，教务長許季茀就拿了一張教师名單去和他接洽，他就很不客气地說另有指示，季茀只好退出。接着就有一紙手諭下來。内开：一，定某日在禮堂与各教师相見；二，必須各穿按品禮服等等。这一來可就放了大砲，而且砲也炸咧。第一，要教师在禮堂見監督而且要穿禮服，这就等于下屬見上司的"庭参"；第二，袍挂、大帽、不但有的人很少，就有，也不願意穿这种服飾（内中張燮和、夏丏尊二人还有兩条假辮子，季茀和魯迅連假辮子也沒有）。因此，以季茀为首認为監督对教师不禮貌，全体教师罢教，向提学使提出辭呈。其所以要向提学使辭职而不向夏某辭职，是因为他藐視我們，我們也不理他。全校学生無課可上，集合起來向提学使請求設法上課。夏監督方面当然也有几位隨着進校的人和几个同鄉的学生，为之出力奔走，想分散教师的团結。自然有几个和平的，表示只要大家上課他也沒有意見。碰到了魯迅和我，就不客气來一頓"冷嘲熱諷"。因之对方就用梁山泊上的混名編排了三个人：許季茀是"白衣秀士"、周豫才是"拚命三郎"、張冷僧是"霹靂火"，还有一名"神机軍师"彖是說許緘甫的。相持一兩星期，政府邀請杭州耆紳如陸春江之類，到校挽留諸教师；教师听了一番"冠冕堂皇"的官話之后，大家就拿出聘書向桌上一放說：我們如再就职，人格何在，即上堂亦难为学生表率、正愁無处辭职，今官廳耆老均在，請即从此告別。大家就起身出屋。学生等知已無望，更連日向官廳請願要求早日复課。又數日，忽然發出通告提前放寒假（其时距寒假尚有月余）。于是省城各校教师連名呈請提学使以为不合章則。記得是一篇"四六"，故友張献之主稿的，末二句說"方期落筆，而成竹在胸。豈意圖窮，而匕首忽見"。夏氏至此万不能留，乃辭职离校，官廳以高等学堂監督孫智敏暫行兼代。是役告竣。同志者二十余人合攝一影而無題名，我乃題之曰"木瓜之役"。盖夏氏木强，魯迅等均呼之曰"木瓜"，因即以此名名之。从此凡同在照片上的人，相遇則呼曰某木瓜。今所存在的木瓜，僅有許緘甫、楊莘耜、錢均甫和我四人。張燮和在解放后未通消息，不知还在否？

"木瓜之役"以后，魯迅便到紹兴去教書，我也到北京去了。又过一年，我回杭州，魯迅仍在紹兴。秋天武昌就發生革命，杭州也独立了。在年底时，沈鈞儒組織教育司，設在九峰草堂，我参加了。第二年魯迅也來杭参加了，他管的是社会教育，我管的是全省中学。相見的时候，他第一句就說："冷僧，我眞利害，从强盗手中要出錢來，維持了中学。"（这个时期紹兴是軍政分府，任分府的是王金發。）因此我們又相敍有一个多月。后來他被南京教育部找去了（其时蔡孑民先生任部長，許季茀任參事）。这一節歷史，現在寫魯迅歷史的都略去了。連許季茀寫的年譜中也沒有寫，大約因为时間太短吧。

一九一四年春天，我到北京。魯迅早就在南北和議告成的时候，隨着教育部遷到北京了，仍舊在社会司管社会教育。我是被派在專門司管專門学校的。从此直到一九二二年我离开北京前，都是朝夕相敍的。这一时期他專心研究古典文学，嵇康集就是在这时校訂的。（我們同时着手而略有不同的地方，后來因为他这一部已印行，我时刻想拿我的本子來对勘一下，但至今沒有工夫。）

我自一九二二年离开北京之后，一直在南方，听見女师大的事件之后，曾与他和季茀通信問大概情形，他的回信就說可惜你不在北京，民三之后你又不肯教書，不然，你又可以題一个照片叫做"景陽岡之役"〔註〕。

我在漢口的时候，忽然季茀來一快函，拆开一看，是報導魯迅病故的消息。季茀囑我寫一首詩，当然这是很伤心的事，我即刻就寫了寄去。季茀后來編魯迅行狀时，是把这首詩的原稿印在上边的，时代久了，不大容易看到，現在寫在后边：

> 老友飄零賸几人，海濱驚報隕愁身。
> 文章几度疑戕命，魑魅千年为寫眞。
> 別有煩冤天莫問，但余慈愛佛相親。
> 嘔心瀝血歸黃土，天下黔婁識苦辛。

〔註〕章士釗曾經办过一种刊物叫"甲寅"，寅屬虎，所以后來他做了教育總長，人家叫他"老虎總長"。一九二五年章士釗非法解散北京女师大，並違法免魯迅先生僉事職。魯迅先生跟章士釗及其走卒如陈原之流展開正义的斗爭。"景陽岡之役"，就是打老虎的意思，指的就是这一樁事。

《蒋方震小传》

张宗祥著，载《蒋百里先生纪念册》，1993年

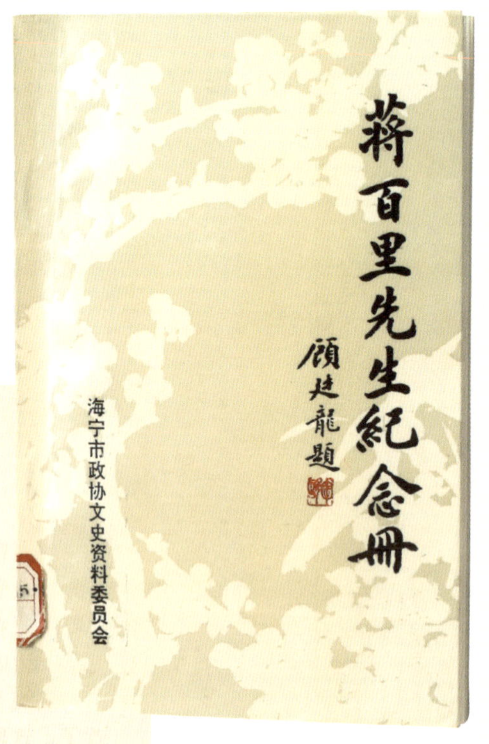

蒋 方 震 小 传

张 宗 祥

家世和幼年时代

蒋方震，字百里，五十岁后又别号澹宁，浙江海宁州人，1882年（即清光绪8年）9月某日生于海盐县。他祖籍原是安徽（编者按：应为江苏宜兴），先世以经商为业，很早就因商业上的关系迁居在海宁州所属硖石镇水月亭的地方，以经营典当业为主，也产生了几个有名的乡里之士。他祖父生沐（光煦）先生笃好收藏书籍、字画、碑帖，延请了一班当时名人画客如张叔未（廷济）、费晓楼（丹旭）、张子祥（熊）之流，又建筑了一座别下斋，而且又刊印了《别下斋丛书》和《涉闻梓旧》两种书，当时就成为杭、嘉间一个收藏鉴赏名家。现在谈起收藏家来，大家多还知道"别下斋"这一名词。生沐先生子女颇多，生到百里的父亲已经是第十九个了。百里的父亲名学烺，字泽久，生下来就没有左膀，只在左肩下垂着二三寸长的一条没有骨头的肉。生沐先生一见他就不乐意，待养到十余岁就将他送至海盐一个寺庙中出家做沙弥，送了

·1·

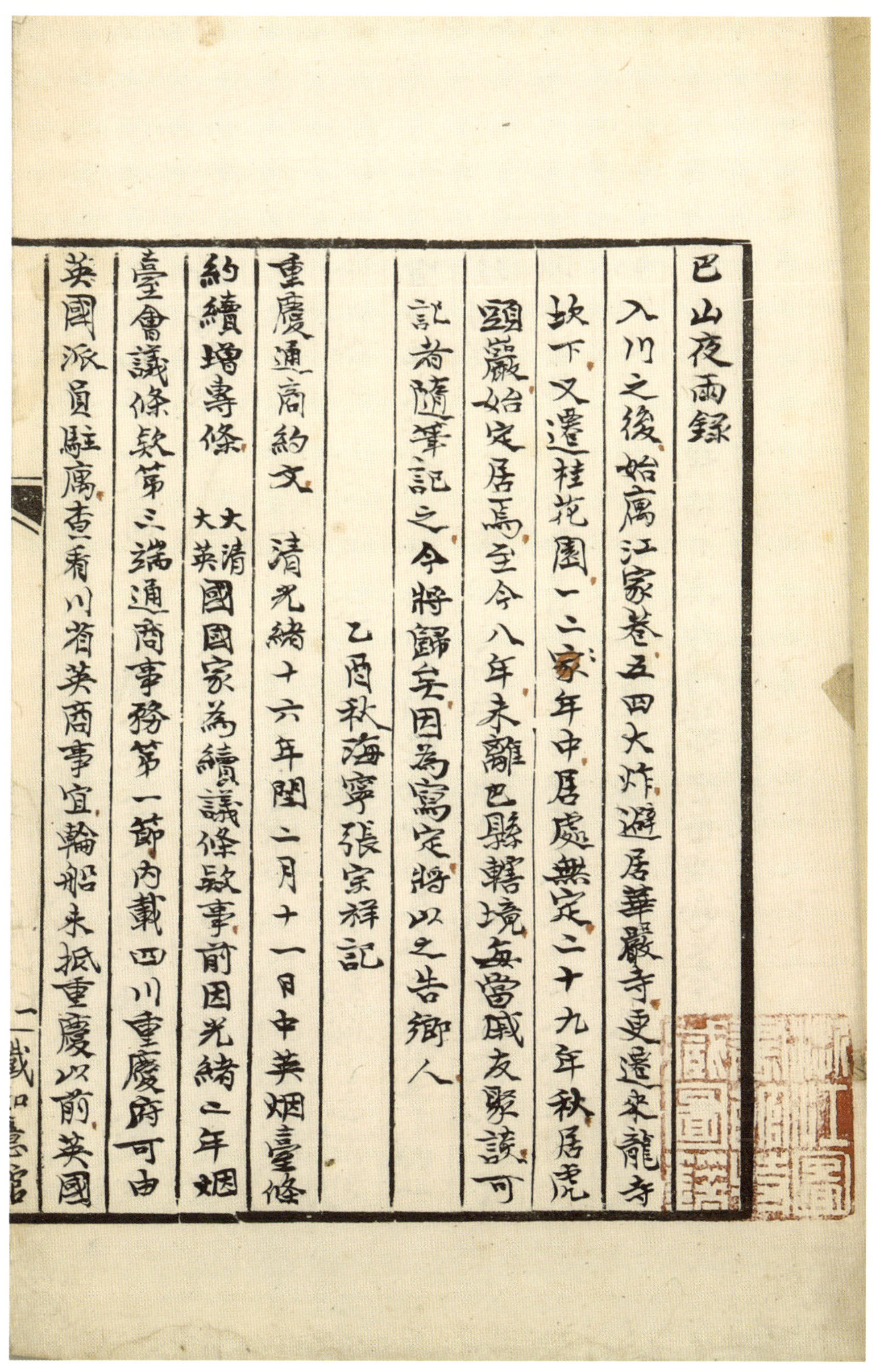
巴山夜雨録

入川之後始寓江家巷五四大炸避居華嚴寺更遷來龍寺坎下又遷桂花園一二家年中居處無定二十九年秋居虎頭巖始定居焉至今八年未離巴縣轄境每當戚友聚談可訝者隨筆記之今將歸矣因為寫定將以之告鄉人

乙酉秋海寧張宗祥記

重慶通商約文　清光緒十六年閏二月十一日中英烟臺條約續增專條

大清大英國國家為續議條款事前因光緒二年烟臺會議條款第三端通商事務第一節內載四川重慶府可由英國派員駐寓查看川省英商事宜輪船未抵重慶以前英國

《巴山夜雨录》

稿本，1945 年撰

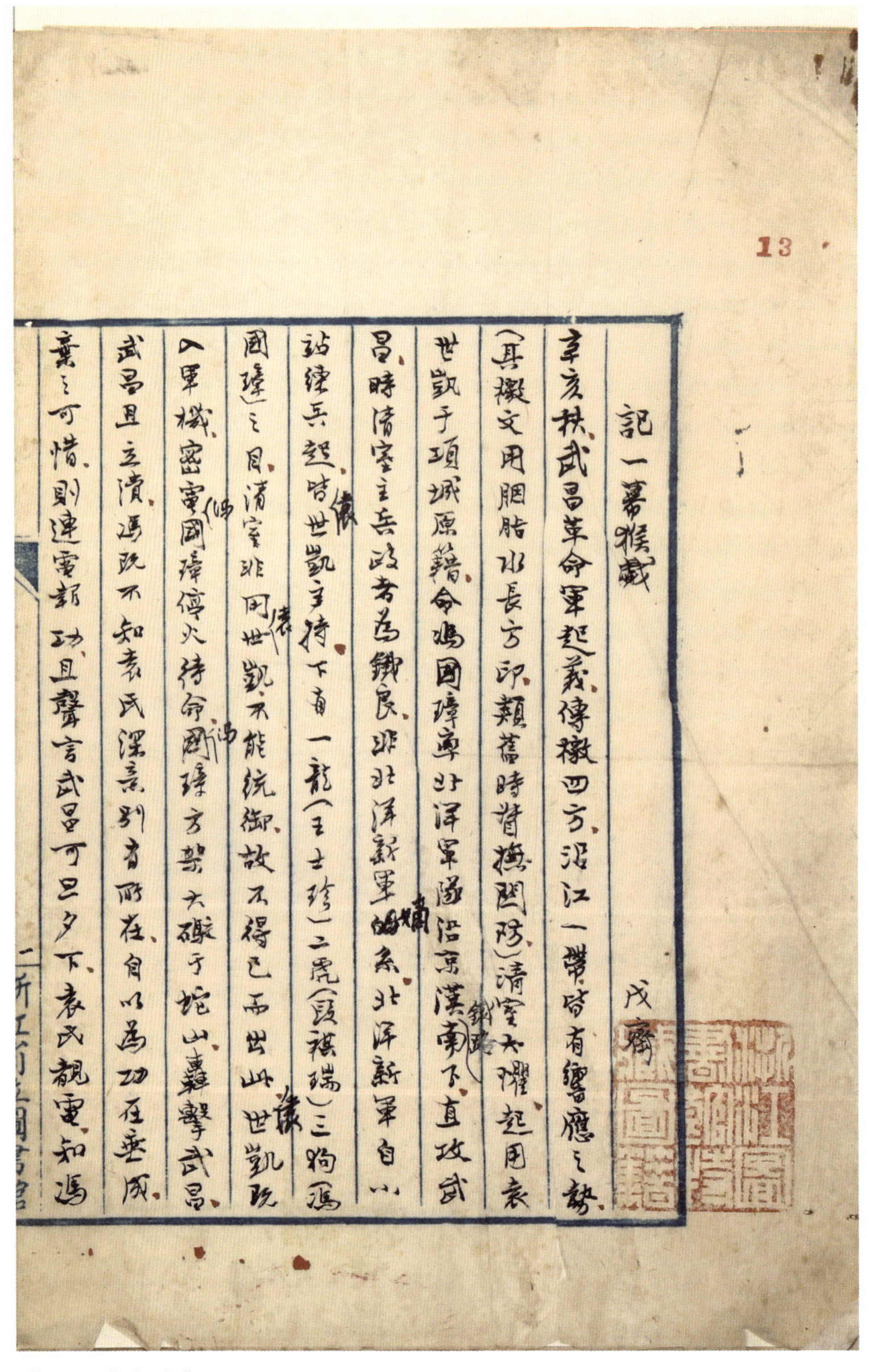

13

記一幕猴戲

戊齋

辛亥秋武昌革命軍起義傳檄四方沿江一帶皆有響應之勢（其檄文用胭脂水長方印類舊時督撫關防）清室大懼起用袁世凱于項城原籍命馮國璋率北洋軍隊沿京漢鐵路南下直攻武昌時清室主兵政者為鐵良非北洋嫡系北洋新軍自小站練兵起皆世凱手植下有一龍（王士珍）二虎（段祺瑞）三狗（馮國璋）之目清室非用世凱不能統御故不得已而出此世凱既入軍機密電國璋停火待命國璋方督大礮于龜山轟擊武昌武昌且立潰馮既不知袁氏深意別有所在自以為功在垂成棄之可惜則連電邀功且聲言武昌可旦夕下袁氏覩電知馮

《记一幕猴戏》

稿本，撰写时间不详

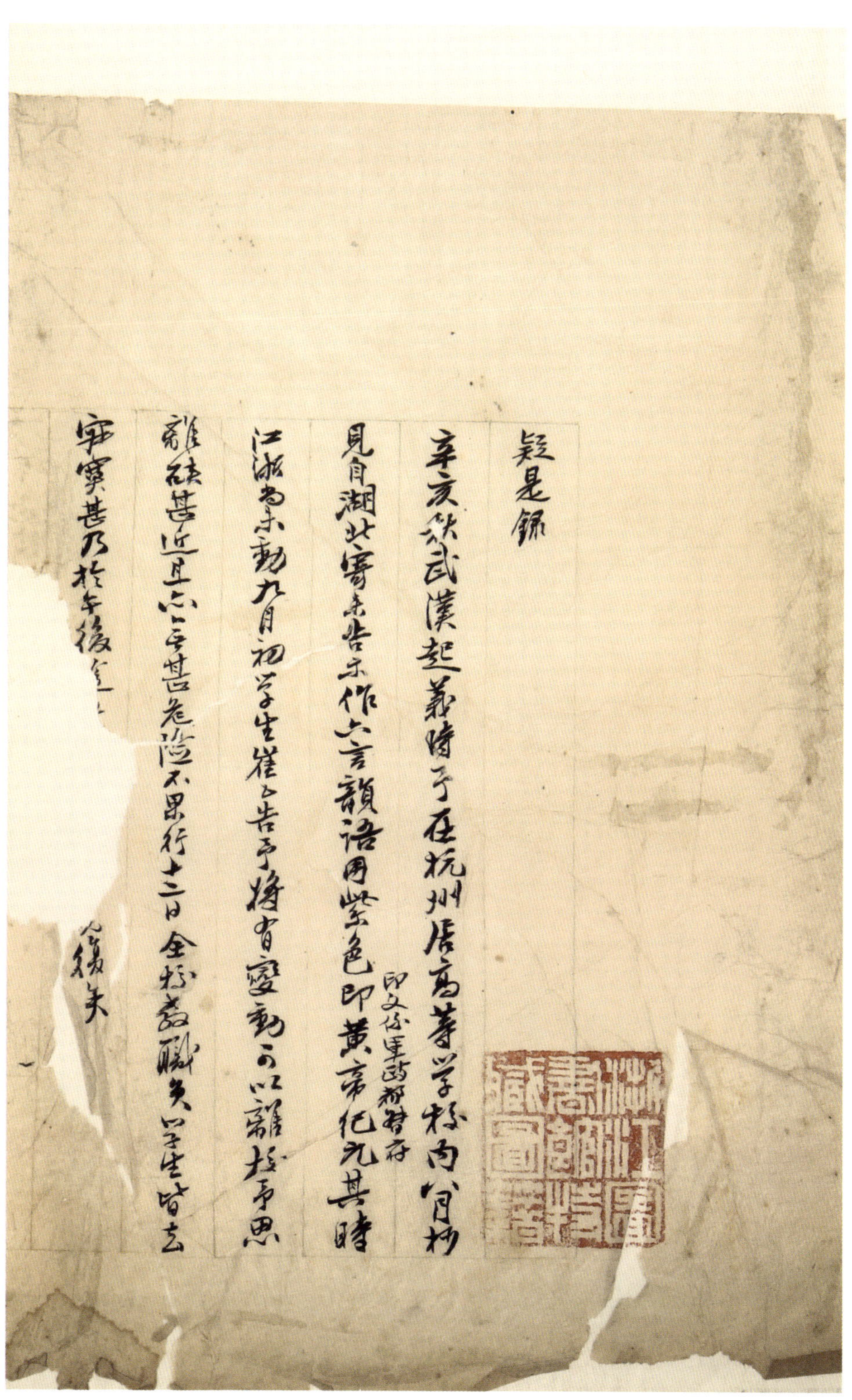

疑是録

辛亥秋武漢起義時予在杭州居高等學校內八月杪見自湖北寄來告示作六言韻語用紫色印黄帝紀元印文係軍政都督府其時江浙尚未動九月初學生崔某告予將有變動可以離校予思離校甚近且亦無甚危險不果行十二日全校騷亂矣學生皆去空實甚乃於午後[illegible]……後矣

《疑是录》

稿本，撰写时间不详

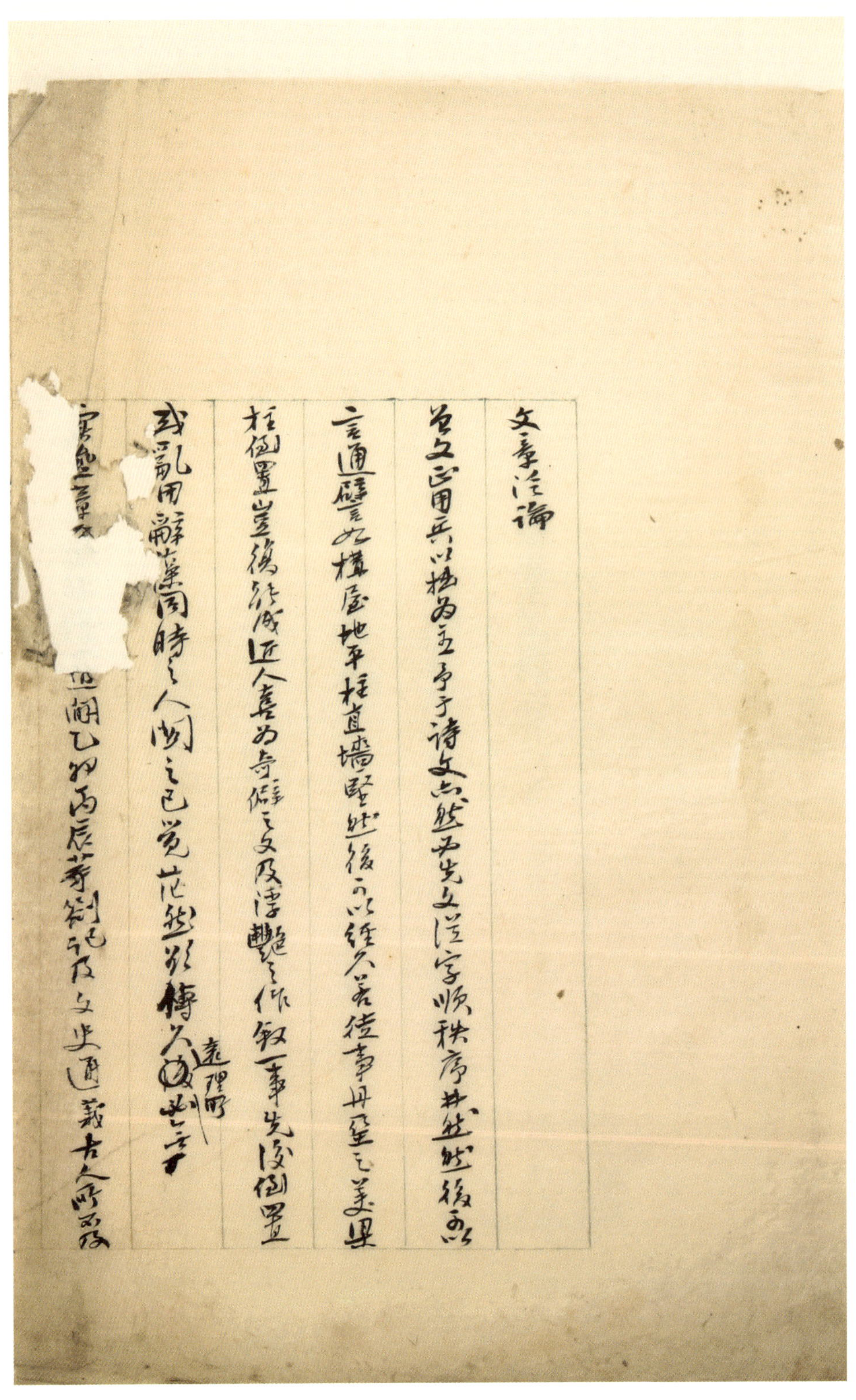

《文章泛论》

稿本，撰写时间不详

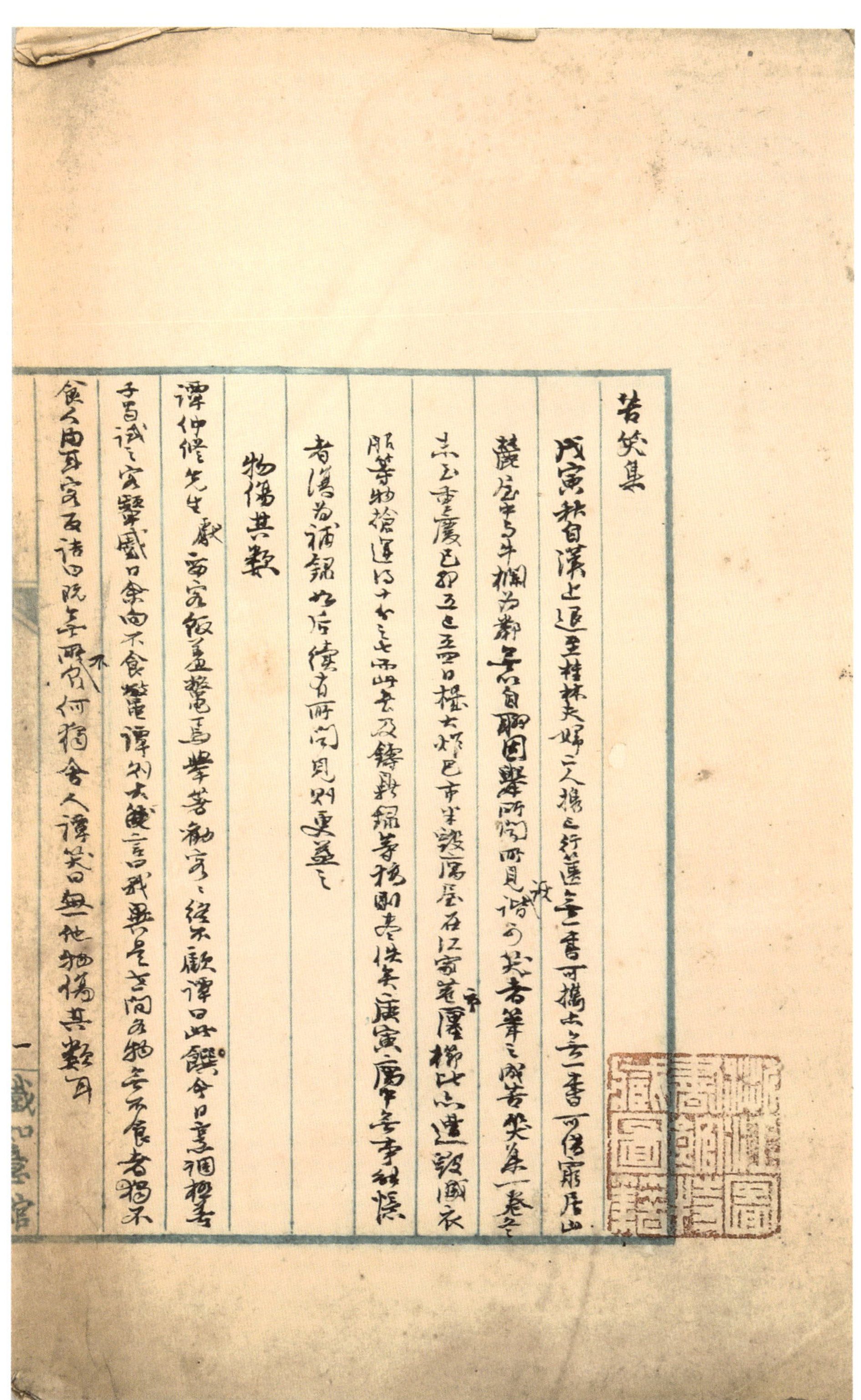

《苦笑集》

稿本，撰写时间不详

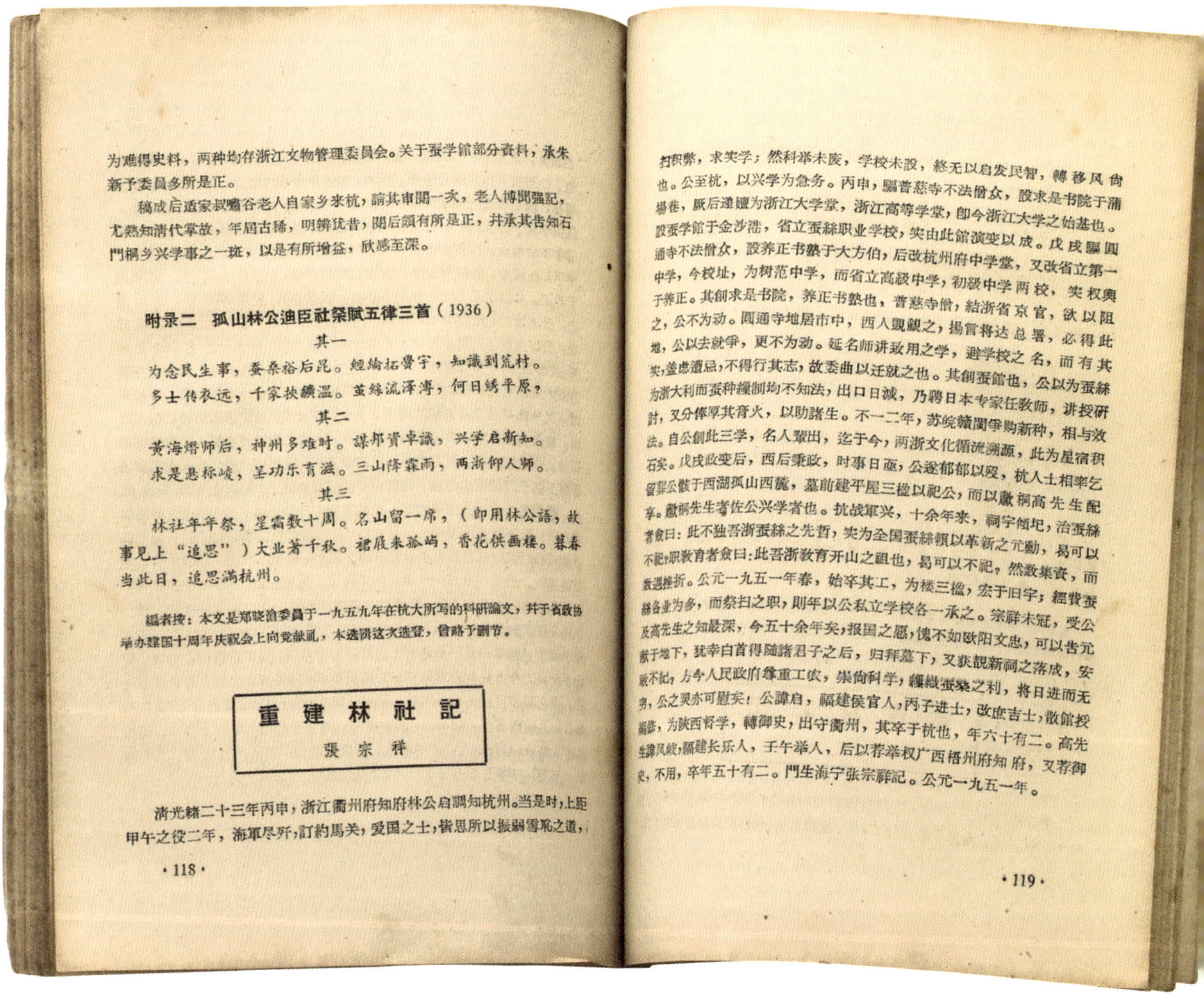

为难得史料，两种均存浙江文物管理委員会。关于蚕学館部分資料，承朱新予委員多所是正。

稿成后适家叔嚼谷老人自家乡来杭，請其审閱一次，老人博聞强記，尤熟知清代掌故，年屆古稀，明辨犹昔，閱后頗有所是正，并承其告知石門桐乡兴学事之一斑，以是有所增益，欣感至深。

附录二 孤山林公迪臣社祭賦五律三首（1936）

其一

为念民生事，蚕桑裕后昆。經綸拓黌宇，知識到荒村。
多士传衣远，千家挟纊温。茧絲流泽溥，何日綉平原？

其二

黄海熠师后，神州多难时。謀邦資卓識，兴学启新知。
求是悬标峻，呈功乐育滋。三山降霖雨，两浙仰人师。

其三

林社年年祭，星霜数十周。名山留一席，（即用林公語，故事見上“追思”）大业著千秋。裙屐来孤屿，香花供画樓。暮春当此日，追思满杭州。

編者按：本文是郑晓滄委員于一九五九年在杭大所写的科研論文，并于省政协举办建国十周年庆祝会上向党献亂，本选輯这次选登，曾略予删节。

重建林社記

張宗祥

清光緒二十三年丙申，浙江衢州府知府林公启調知杭州。当是时，上距甲午之役二年，海軍尽歼，訂約馬关，爱国之士，皆思所以振弱雪恥之道，

扫积弊，求实学；然科举未废，学校未設，終无以启发民智，轉移风尚也。公至杭，以兴学为急务。丙申，驅普慈寺不法僧众，設求是书院于蒲場巷，厥后递嬗为浙江大学堂，浙江高等学堂，即今浙江大学之始基也。設蚕学館于金沙港，省立蚕絲职业学校，实由此館演变以成。戊戌驅圆通寺不法僧众，設养正书塾于大方伯，后改杭州府中学堂，又改省立第一中学，今校址，为树范中学，而省立高級中学，初級中学两校，实权輿于养正。其創求是书院，养正书塾也，普慈寺僧，結浙省京官，欲以阻之，公不为动。圆通寺地居市中，西人覬覦之，揚言将达总署，必得此地，公以去就爭，更不为动。延名师讲致用之学，避学校之名，而有其实；盖虑遭忌，不得行其志，故委曲以迁就之也。其創蚕館也，公以为蚕絲为浙大利而蚕种繅制均不知法，出口日減，乃聘日本专家任教师，讲授研討，又分俸厚其膏火，以助諸生。不一二年，苏皖贛閩爭购新种，相与效法。自公創此三学，名人輩出，迄于今，两浙文化循流溯源，此为星宿积石矣。戊戌政变后，西后秉政，时事日亟，公遂郁郁以殁，杭人士相率乞留葬公骸于西湖孤山西麓，墓前建平屋三楹以祀公，而以獻桐高先生配享。獻桐先生者佐公兴学者也。抗战軍兴，十余年来，祠宇傾圮，治蚕絲者僉曰：此不独吾浙蚕絲之先哲，实为全国蚕絲賴以革新之元勳，曷可以不祀？职教育者僉曰：此吾浙教育开山之祖也，曷可以不祀？然数集資，而数遇挫折。公元一九五一年春，始卒其工，为楼三楹，宏于旧宇；經費蚕絲各业为多，而祭扫之职，则年以公私立学校各一承之。宗祥未冠，受公及高先生之知最深，今五十余年矣，报国之愿，愧不如欧阳文忠，可以告无献于地下，犹幸白首得随諸君子之后，归拜墓下，又获覩新祠之落成，安敢不記？方今人民政府尊重工农，崇尚科学，繅織蚕桑之利，将日进而无穷，公之灵亦可慰矣！公諱启，福建侯官人，丙子进士，改庶吉士，散館授編修，为陕西督学，轉御史，出守衢州，其卒于杭也，年六十有二。高先生諱凤岐，福建长乐人，壬午举人，后以荐举权广西梧州府知府，又荐御史，不用，卒年五十有二。門生海宁张宗祥記。公元一九五一年。

《重建林社记》

载《浙江文史资料》第一辑，1962 年

戏曲创作

张宗祥先生爱好戏曲，与浙江昆苏剧团（今浙江昆剧团）有着很深的渊源关系。为振兴传统昆曲艺术，先生除给演员传授文化知识、自掏腰包资助、选定演出剧目、指导排练之外，还创作或改编剧目。先生改编昆曲《浣纱记》，改定剧本《十五贯》，编写剧本《平飓母》《卓文君》《荆州记》《马二先生》等，还撰写了戏曲理论著作《中国戏曲琐谈》等。

《中国戏曲琐谈》 张宗祥撰

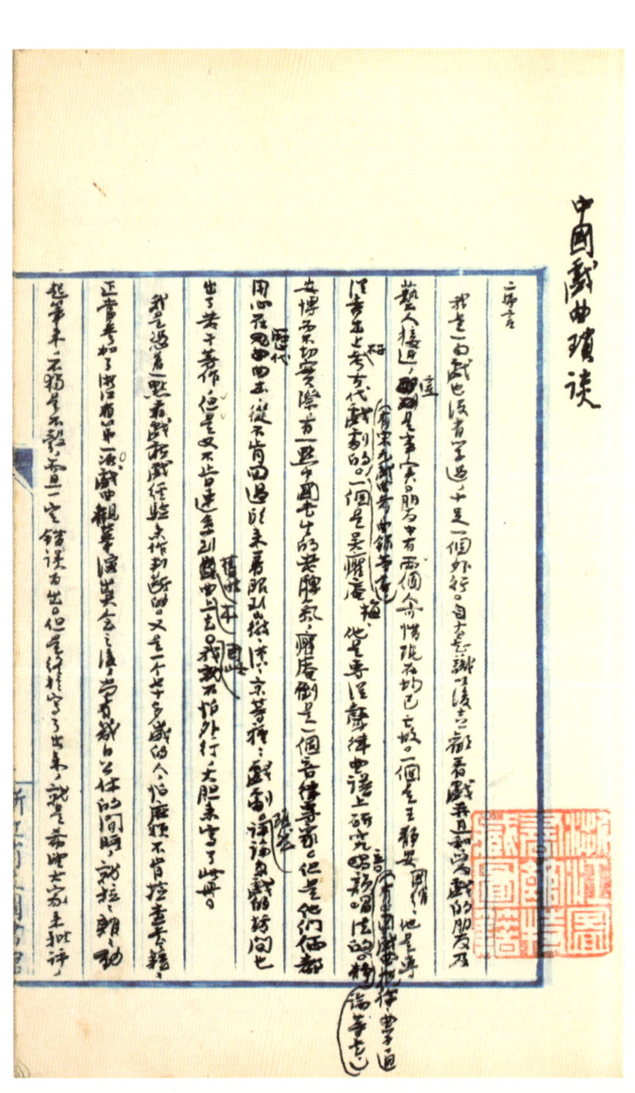

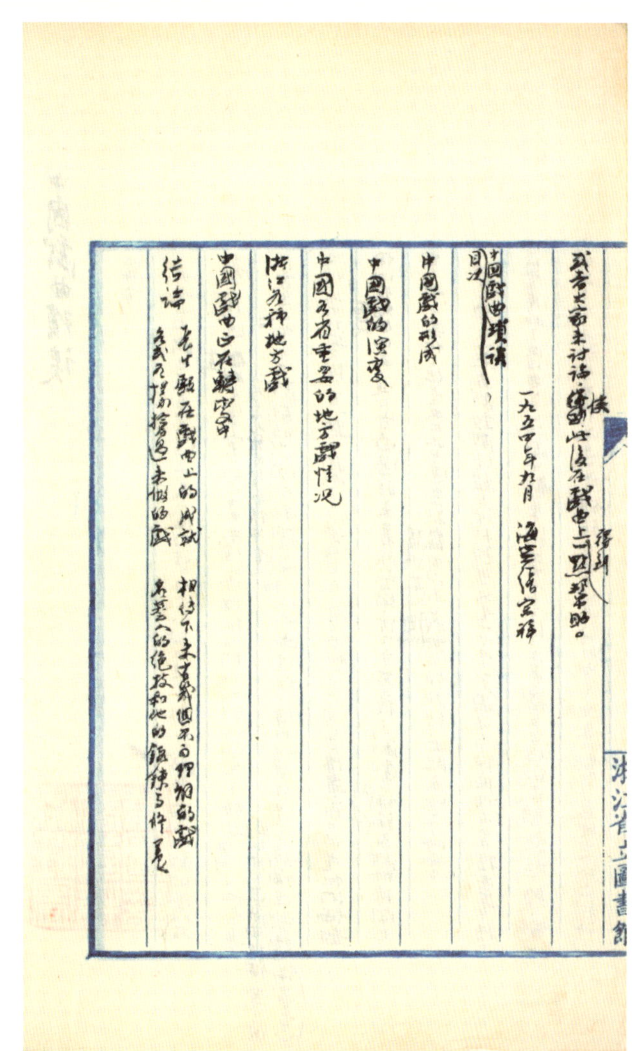

戏曲史上尚未讨论，传世以后在戏曲上一些问题要点。

中国戏曲琐谈

一九五四年九月 海宁张宗祥稿

目次

中国戏的形成

中国戏的演变

中国各省重要的地方戏情况

浙江各种地方戏

中国戏曲应存戏字

结论 老生戏在戏曲上的成就 相传下来真戏演不白纠纷的戏 各戏名情节退来做的戏 名艺人的绝技和他的锻练等件

中国戏的性质

戏是要具备三大条件：一、有悲欢离合的故事剧本。二、有具备扮演故事中的角色。三、有很协调节奏的乐器。以上三个条件不完备，这一种戏就算不得成立。就是拿嵊县戏最原始时期来说（即现在越剧前身）它也有一些板式调节唱句，所以当时就叫它做"的笃班"，因为鼓板的声音是"的"、"笃"的。依这个"优伶"两字来说，优就是戏剧中的艺人，以为中国戏要算在春秋时就有了。现在先将"优伶"两字来说说的明白。优，是一种古代统治阶级消闲遣闷的人物，专门打科插诨，有时也起了讽谏作用。最有名的如春秋时优孟扮孙叔敖以感动楚王。到了南宋，此种讽刺更多了，仅据见于"桯史"一书，"在钱眼里"以讽刺张俊贪污的，"二圣还置脑后"以讽刺秦桧议和的，"钻弥坚不如钻弥远"

改编《浣纱记》 张宗祥改编

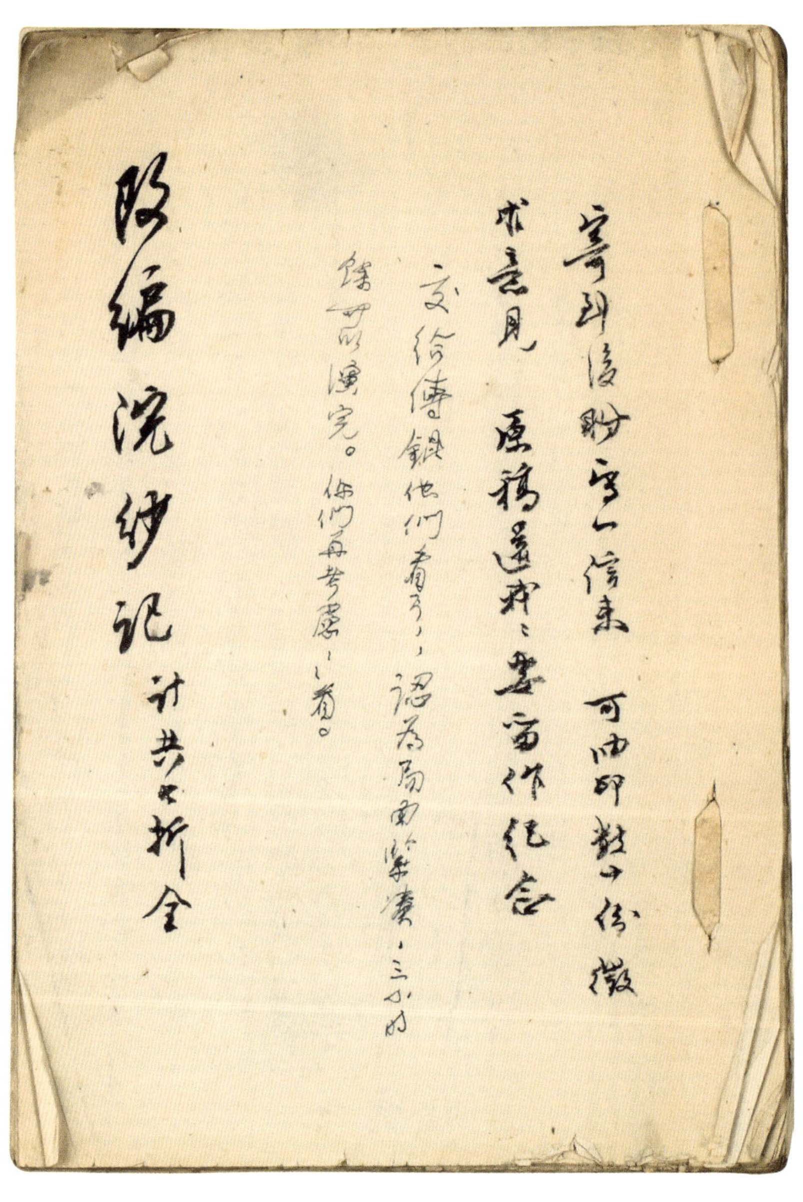

改编浣纱记
计共四折 全

张宗祥致周传瑛信稿

谈及《浣纱记》剧本及排演各方面细节。

傳瑛弟：你三四次說起要致力這部「浣紗記」，今年回杭又向我說「崑蘇劇團」中各藝人、已在學唱劇中曲文，是的，這一劇本是值得注意的。一：這是一部歷史劇、劇中主人是數千年來全國聞名的美人——西施。二：梁辰魚為了幫助他創造崑腔的好友魏良輔、專心刻意來寫成此劇扶助崑腔，使得能融會南北二曲、成一種獨立的腔調，這就說明了此一劇本、可以作為崑腔的開山祖師。我想了許久、現在要拿來全部演唱、卻有兩種難處。一：全書四十五折、連臺排演、也得要四五日方能演畢。二：梁氏此劇以「吳越春秋」一書為底本、又參加進一些其他材料、因之極爲複雜。一忽兒說伍子胥連「寄子」也編進去了。一忽兒說王孫駱、一忽兒又說晉君、千頭萬緒，鬧得「不亦樂乎」，從而把主題倒反削弱了。我的意思：現在演唱：非在三四小時內解決不可、此其一。非把主題突出、使觀衆瞭然劇本意義不可、此其二。根據這兩點意見得出編改的原則是：將所有材料專圍繞在西施一人身上，無關的一切删去、比較有關的可以在道白曲文中反映一二。其他如預言、鬼神、報應等等，當然一點不留。這就可以節省時間，又可以使觀衆完全明瞭浣紗記之字意義。但是又須明確認定這一劇本，究竟爲什麽要排演他

，我意思是：梁氏編劇時，僅僅談到復仇，起發一點狹義的愛國觀念而已。現在應該站在弱肉強食帝國主義者侵略弱小民族一方面着眼。况且當時越國確是指定地區種菅、以供吳國貢品，這就是古代帝國主義者侵略弱小民族的事實。現在世界上侵略者未盡消滅之前、是可以排演的。根據這一理由，拿他改變了立場，讓句踐夫婦、仍以復仇爲主，拿主要人物西施，改變成反抗帝國主義的人物，我認爲並不十分違背事實的。其次：這是一部崑腔經典劇本，唱崑曲的劇團、當然有責任要排演它。主要人物產生在諸暨，在浙江的崑曲劇團，尤其要排演、

二

它。因此我就大胆地、草率地、動手改編、成此劇本。

我近來外貌不大改樣，其實耳朵、眼睛、都打了折扣。尤其是怕冷、怕煩、怕動，已經[illegible]足顯得衰老了。不趁此刻動手、恐怕更沒有機會搞好它，又恐怕或者有人拿來改編成「話劇加唱」，脫離了崑腔的疇範，所以匆匆地寫出此稿。存在着問題很多：一、刪改得是否適當。二、演唱時要佔多少鐘點。第一點可由團中排此稿寄北京上海、讓韓世昌、白雲生、俞振飛許多同志和其他愛好戲曲者儘量提出意見，在明年二月底彙齊，進行修改。第二點我原擬將回營一折加入，所以讓吳一折中有文大夫行賄一語，後覺過長刪去。但如果嫌短、仍舊可以改動加入。（必須改動、方好加入它）倘照現編七折演唱尚覺時間過長，必須刪節，那就衹好在教舞、進施兩折中設法了，但極願不再刪減。

演出時在團中人員上的支配。我建議由你及張嫻扮越王和夫人，傳淞扮伯嚭、朱國樑扮吳王、傳鐸扮文種。范蠡、西施、唱做多，分兩小生兩旦扮演，小生團中本有兩人，旦角尤多，但必須擇扮相好、嗓音好、身段好、宜合式、可以仔細研究。

龔祥甫演得如何。許多小寶寶想必思想上、身體上、藝術上、多有進步。希望他們更大大的有進步。翻過頭來、替我一筆作種樣、好麽？我怕煩、就拿給你的信、寫在這一劇本前面，作為說明，好麽？祝你們進步團結、一切順利。

張宗祥 一九五七、十、三十、

如果你們唱教舞中的(二犯江兒水)、就會感到抑揚婉轉、表現出歌舞情況來。唱採蓮中(古輪臺)、就會感到熱鬧繁華的場面。唱泛湖中的南北對曲、就會像聽到喁喁對語的情形。所以句末曲牌、雖不明分哀樂，可以隨便處理、但是能夠精心選擇、實在也可以代表出劇中情節來的。又及。

浣紗記節改本

張宗祥編製

第一折 謀吳

(寶鼎現) 生貼同上 生 三年歸故苑身命難甚江山猶在嘗胆汁敢將苦憚卧亂薪時驚魂駭 貼 石室歸來人未死憂國處傷眉黛 合 誓掃破牢籠人登樂土名揚東海

貼 大王千歲 生 夫人少禮請坐 貼 有坐 生 寡人越王勾踐 自在檇李與吳王夫差一戰大敗被擒與夫人同囚石室養馬三年從此越國臣屬于吳男為人臣女為人妾幸得大夫范蠡隨至吳邦大夫文種賄通吳國太宰伯嚭二人各出奇計取悅吳王方能放回本國但是吳強越弱仍須年年進貢瑪

荊州記　諸葛亮深謀連吳國
　　　　關雲長驕傲失荊州

第一折　交印

上場人物　四小軍　雜　趙雲　小生　諸葛亮　正生

探子　丑　關羽　淨　張飛　付淨

（小生扮趙雲四卒從上、趙唱）（粉蝶兒）豪氣如虹、一生敢誇神勇、想當陽百萬軍中、近劍斫、遠槍刺、曹兵驚悚、保幼君、突開羅網千重、（白）某趙雲、自主公入川之後、跟隨軍師將軍鎮守荊州、今日軍師陞帳、衆將官、（雜應介）兩廂侍候、（生扮諸葛亮上唱）（四園春）昔日南陽一臥龍、感恩三顧遂從戎、（陞座白）漢軍師將軍諸葛亮、主公率領

第一折　一

《荆州记》　张宗祥改编

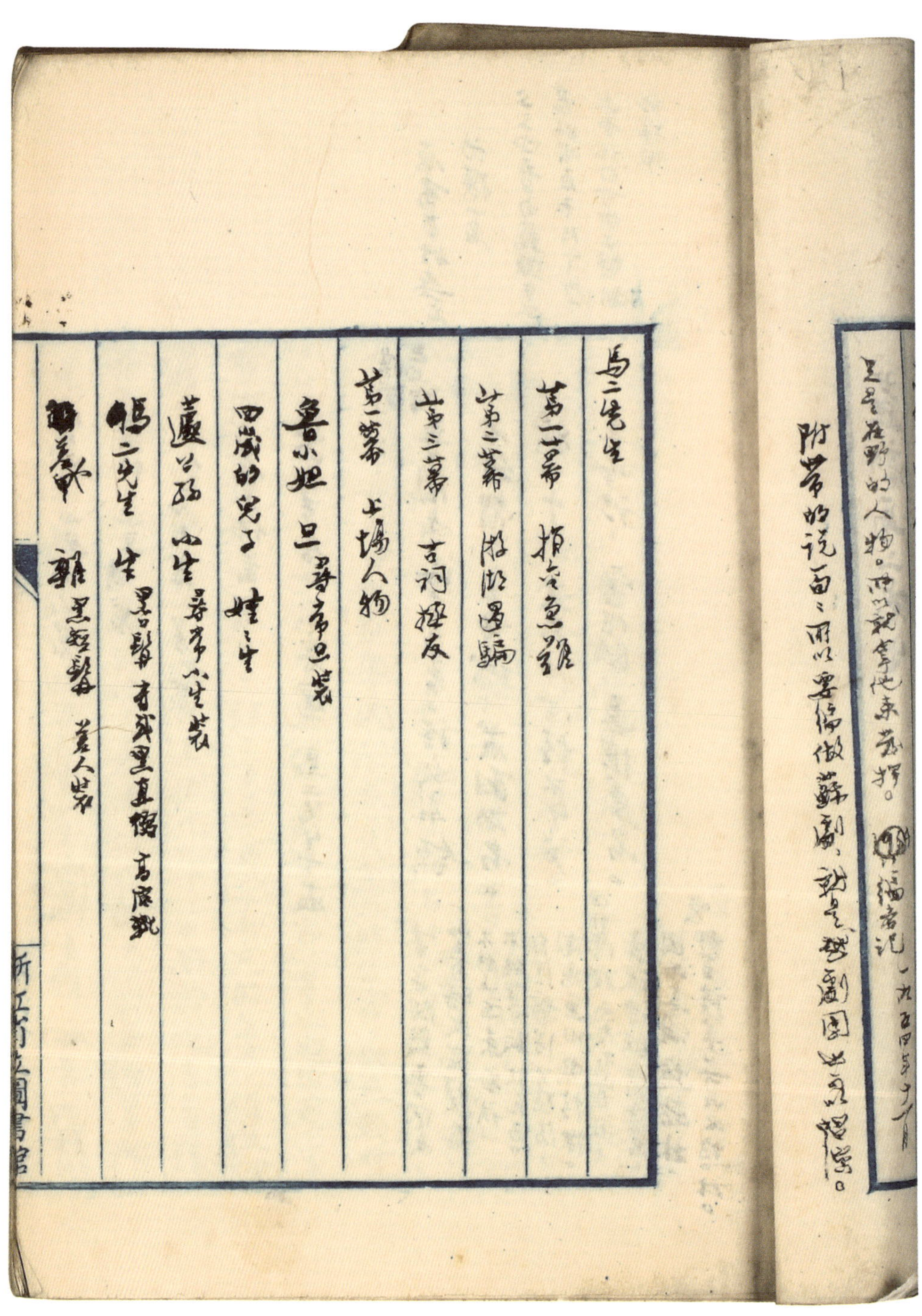

馬二先生

第一幕 [illegible]

第二幕 [illegible]

第三幕 [illegible]

第一幕 上場人物

魯小姐 旦

四歲的兒子 娃娃生

蘧公孫 小生

馬二先生 生

[illegible] 雜

《马二先生》 张宗祥改编

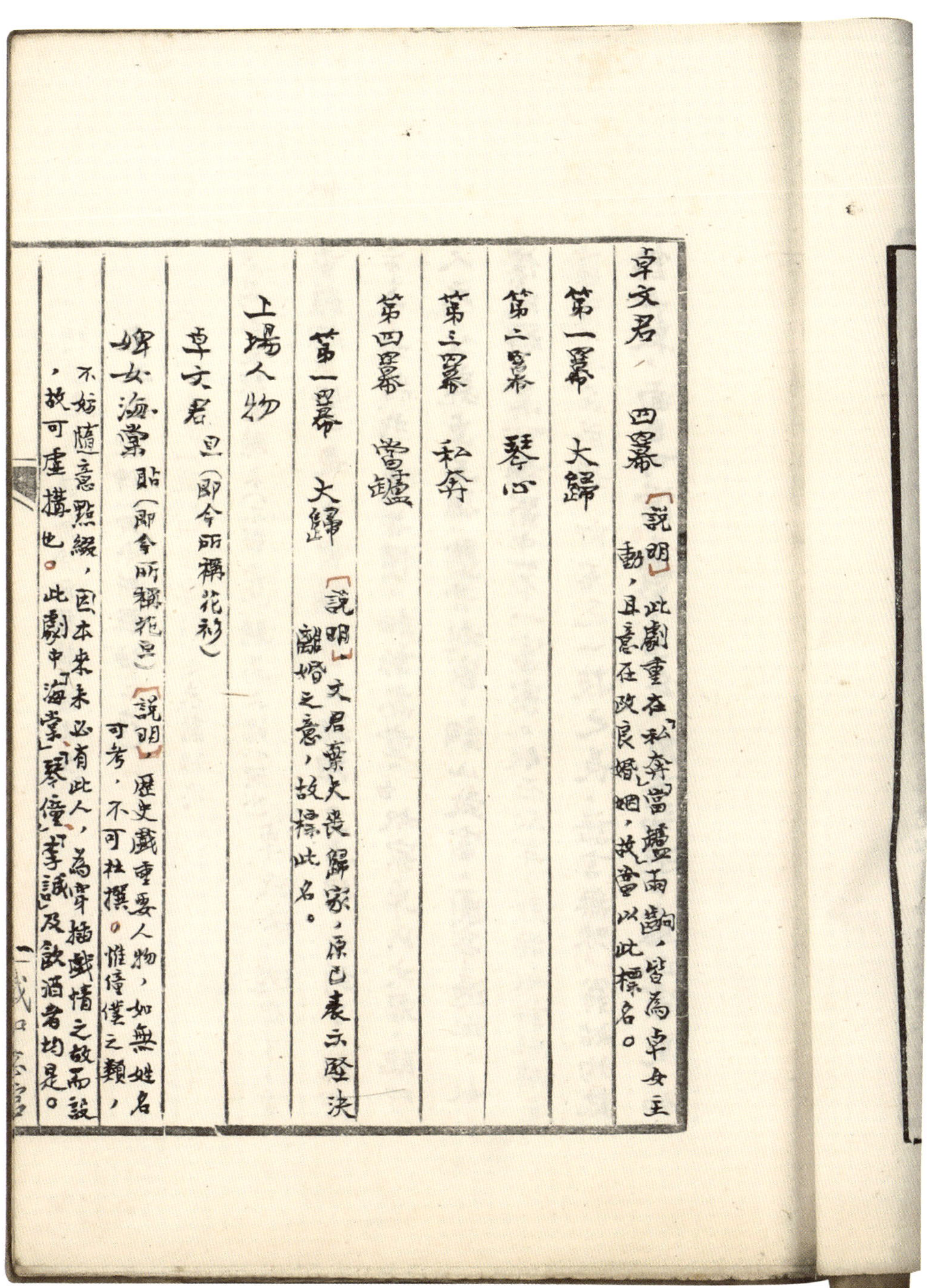

卓文君 四幕 [說明]此劇重在「私奔」「當壚」兩齣，皆為卓女主動，且意在改良婚姻，故當以此標名。

第一幕 大歸

第二幕 琴心

第三幕 私奔

第四幕 當壚

第一幕 大歸 [說明]文君棄夫喪歸家，原已表示堅決離婚之意，故標此名。

上場人物

卓文君 旦（即今所稱花旦）

婢女海棠 貼（即今所稱花旦） [說明]歷史戲重要人物，如無姓名可考，不可杜撰。惟僮僕之類，不妨隨意點綴，因本來未必有此人，為穿插戲情之故而設，故可虛構也。此劇中「海棠」「琴僮」「李誠」及「飲酒者」均是。

《卓文君》 张宗祥改编

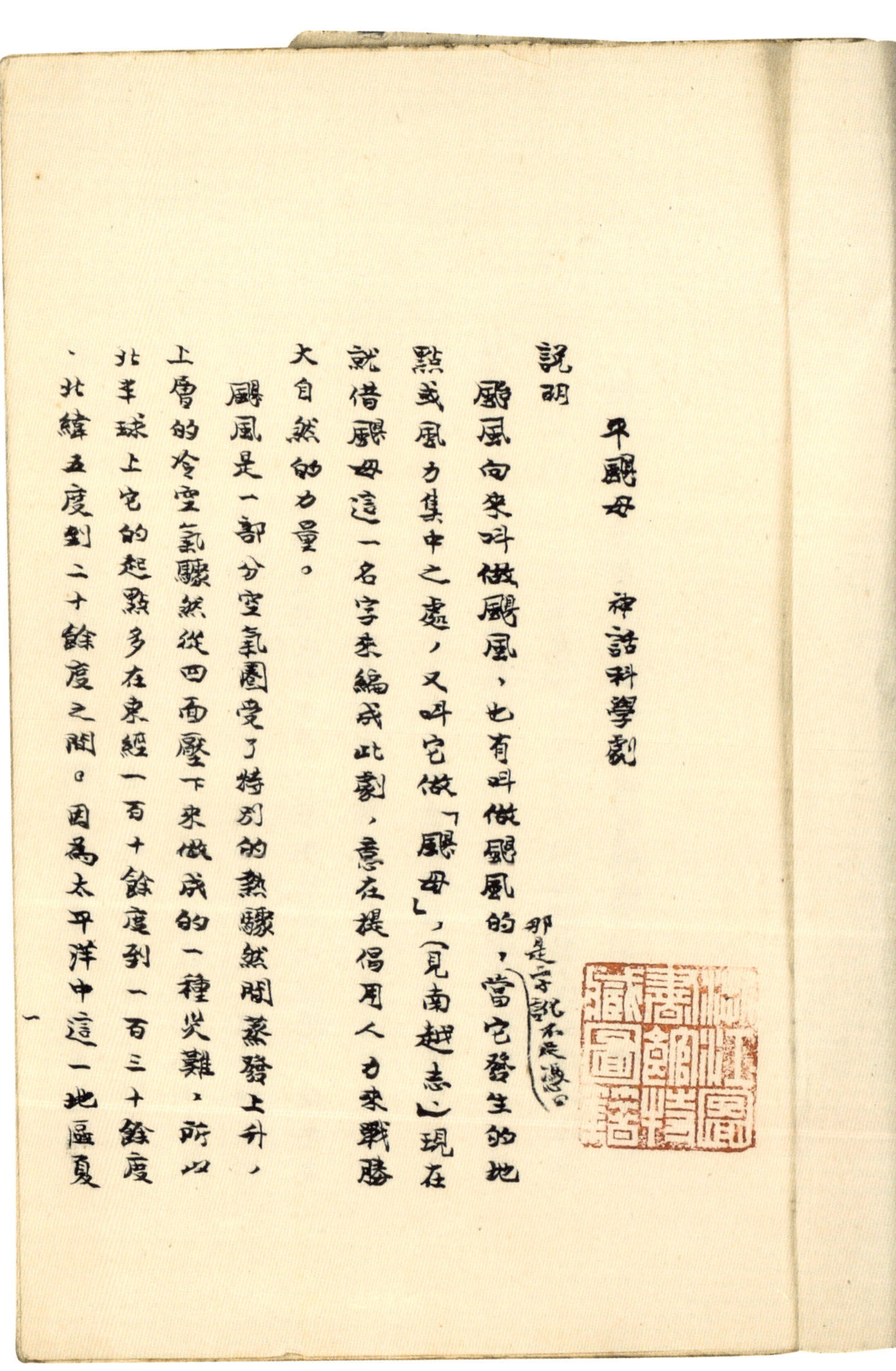

平颶母　神話科學劇

說明

颱風向來叫做颶風、也有叫做颱風的，當它發生的地點或風力集中之處，又叫它做「颶母」，（見南越志）現在就借颶母這一名字來編成此劇，意在提倡用人力來戰勝大自然的力量。

（那是字訛不是混同）

颶風是一部分空氣圈受了特別的熱驟然間蒸發上升，上層的冷空氣驟然從四面壓下來做成的一種災難，所以北半球上它的起點多在東經一百十餘度到一百三十餘度、北緯五度到二十餘度之間。因為太平洋中這一地區夏

一

《平颶母》　张宗祥改编

浙江圖書館邀請省、市文藝、教育工作者集會

紀念「長生殿」作者洪昇逝世二百五十周年

今年是我國古典文學名著「長生殿」作者洪昇逝世二百五十周年，浙江圖書館特於七月五日邀請省、市文藝、教育工作者四十餘人舉行紀念會。中國戲劇家協會副主席洪深也出席了紀念會。

浙江圖書館館長張宗祥致詞後，由該館工作人員介紹了洪昇的生平。在座談中，大家一致認爲「長生殿」是我國古典文學中不可多得的名著，它具有現實主義與愛國主義的優良傳統。洪深同志說：「洪昇在他的作品中，一貫地反映了一定的人民性和進步性，如在雜劇『四嬋娟』中，他通過故事，反對不忠於自己的民族、替異族統治者服務的人。在『長生殿』中，他反映了潛伏的民族意識、愛國主義思想，如在『罵賊』一齣中，充分地表現了當代文人對異族統治者的仇恨；在『進果』一齣中，反映了當時帝王之家視人命如草芥、對農民橫加壓迫和剝削的情形。因此，它是一個現實主義的作品，是具有教育意義的。但因爲『長生殿』產生於封建時代，它不可避免地含有封建性的糟粕，這是我們應該注意到的。」

會議最後由杭州市國風崑蘇劇團的演員們清唱了「長生殿」中的三齣：「絮閣」「聞鈴」「驚變」。

按：洪昇，字昉思，浙江錢塘（即杭州）人，據考證，他約生於一六四五年（清順治二年），死於一七〇四年（清康熙四十三年），今年爲他逝世二百五十周年，全國文聯決定在今年舉行紀念會。洪昇最擅長作曲，他寫的雜劇、傳奇有「天涯淚」和「迴文錦」等多種。其中以「長生殿」爲最成功，也只有「長生殿」流傳到現在，一直受人重視。「長生殿」描寫的是唐明皇和楊貴妃的故事，是他化了十餘年心血、經過幾次修改而成的作品。

浙江图书馆邀请省、市文艺、教育工作者集会纪念《长生殿》作者洪昇逝世二百五十周年

浙江日报　1954 年 7 月 6 日第 1 版

《长生殿》剧照

1954年，为纪念钱塘出生的世界文化名人、清初著名剧作家洪昇逝世250周年，张宗祥先生向浙江省昆苏剧团周传瑛提议重排洪昇名剧《长生殿》。图为周传瑛及夫人演出《长生殿》的剧照。

医药论著

张宗祥先生自言："自三十岁后，始纵览医药诸书，又周旋于当世中西医之间，若郭沈粹甫、张简斋诸友，相与讨论得失。五十岁后，始敢诊断处方。"先生开的药方疗效好，在杭州市药店通行。据浙江图书馆老员工回忆，同事有小病小痛，常常请先生开方。张先生著有《医药浅说》《本草简要方》《神农本草经新疏》等著作。1954 年，张宗祥先生被浙江医学院聘请为该院科学研究委员会中医中药组委员。1956 年，先生为《浙江中医杂志》题写刊名。

《本草简要方》

张宗祥著，稿本

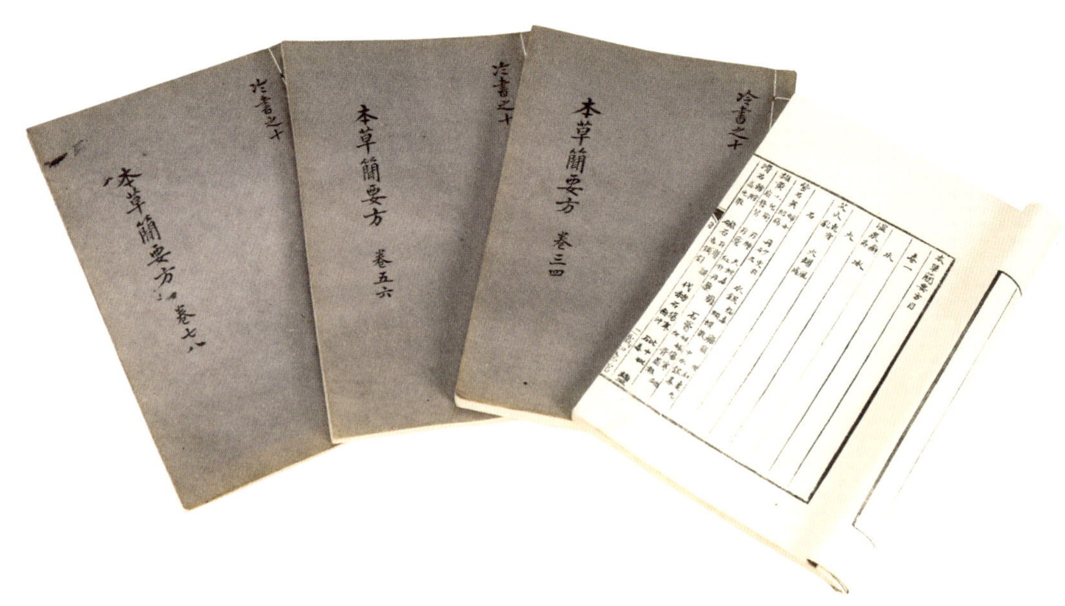

《本草简要方》（全二册）

张宗祥著，上海书店，1985 年

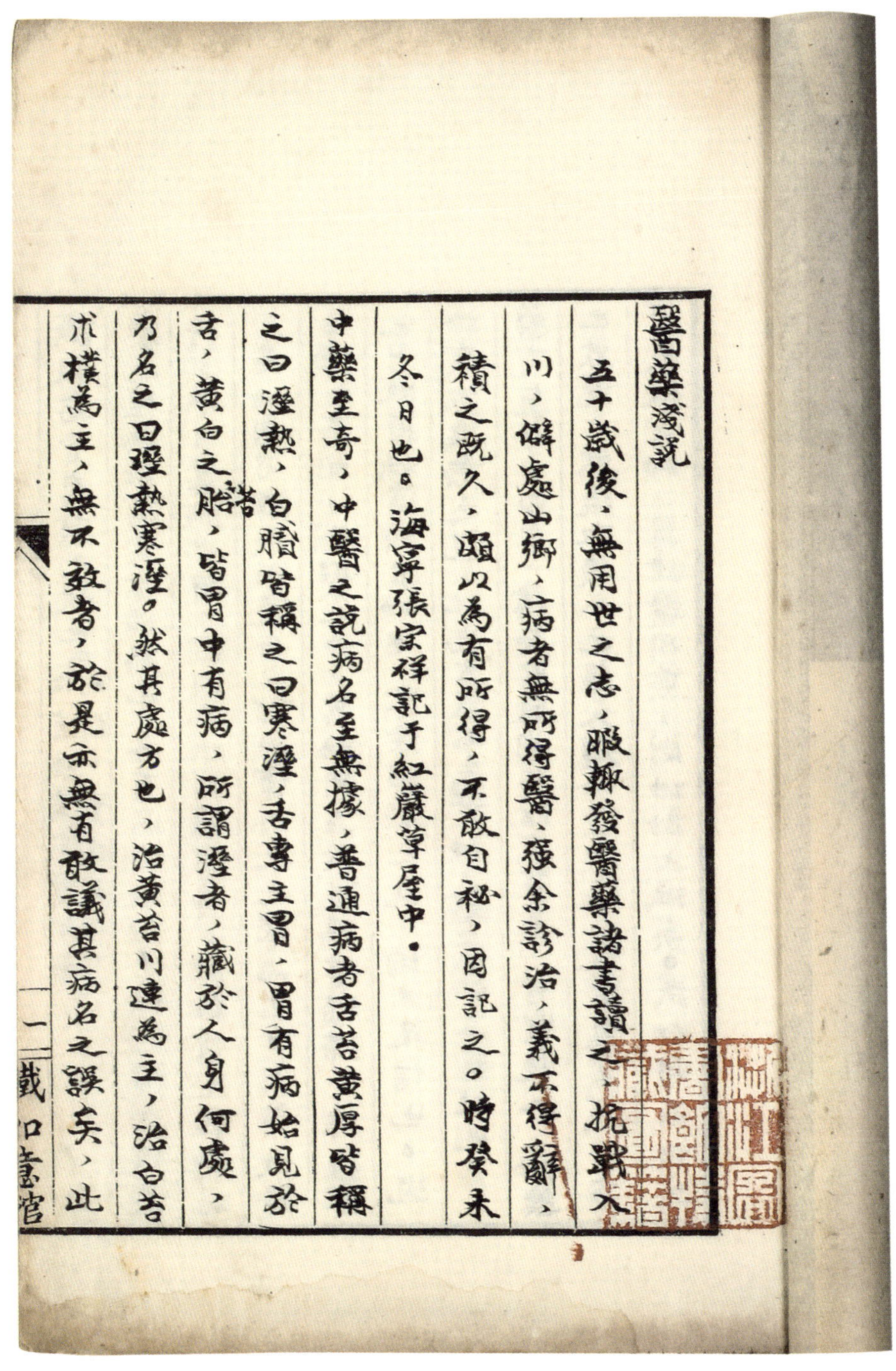

醫藥淺説

五十歲後、無用世之志、暇輙發醫藥諸書讀之。抗戰入川、僻處山鄉、病者無所得醫、强余診治、義不得辭、積之既久、頗以為有所得、不敢自秘、因記之。時癸未冬日也。海寧張宗祥記于紅巖草屋中。

中藥至奇、中醫之説病名至無據、普通病者舌苔黄厚皆稱之曰溼熱、白膩皆稱之曰寒溼、舌專主胃、胃有病始見於舌、黄白之胎（苔）、皆胃中有病、所謂溼者、藏於人身何處、乃名之曰溼熱寒溼。然其處方也、治黄苔川連為主、治白苔朮樸為主、無不效者、於是亦無有敢議其病名之誤矣、此

一

鐵如意館

《医药浅说》

张宗祥著，稿本

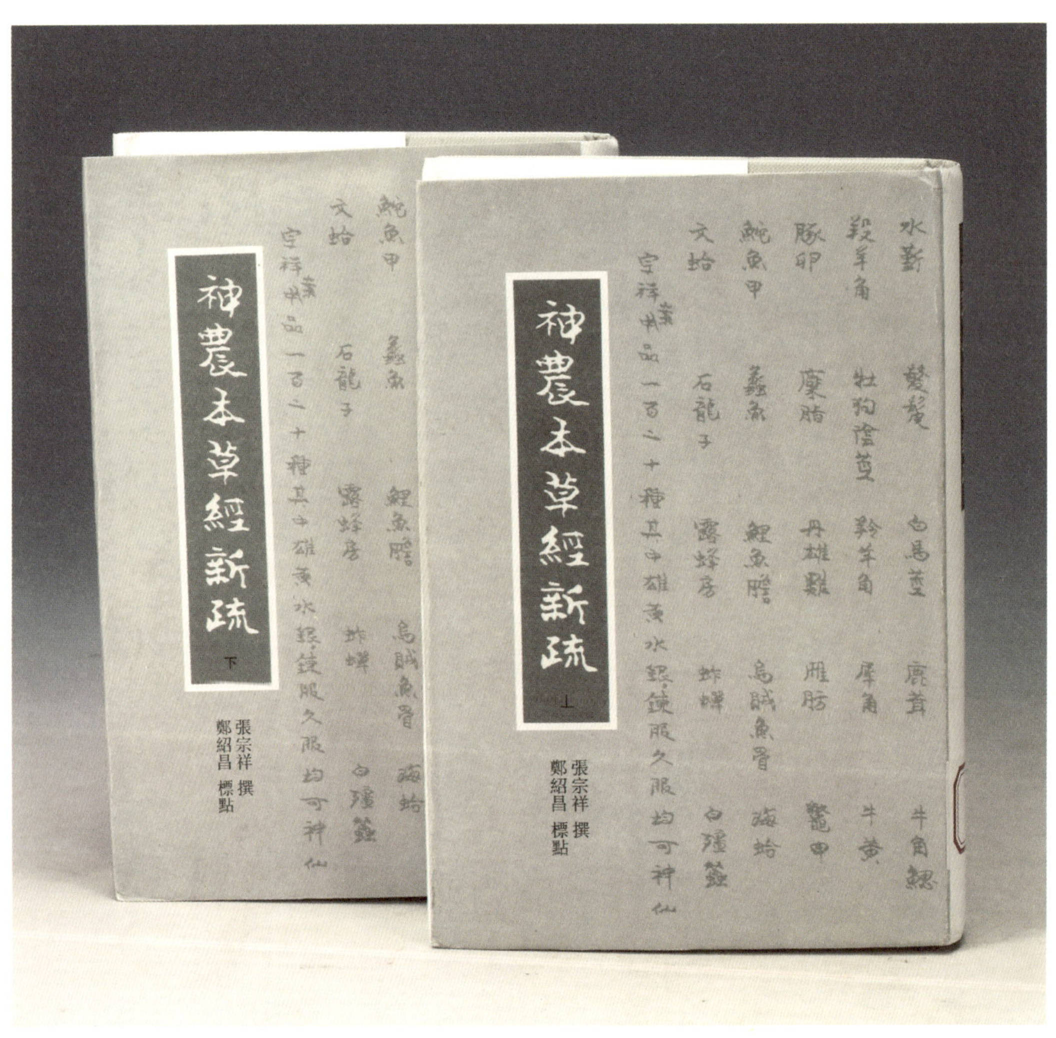

《神农本草经新疏》（全二册）

张宗祥撰，上海古籍出版社，2013 年

浙江中醫雜誌
試刊号
1956年12月
ZT 000100079046 9
浙江中医雜誌編審委員会主編
浙江人民出版社出版

题写《浙江中医杂志》刊名

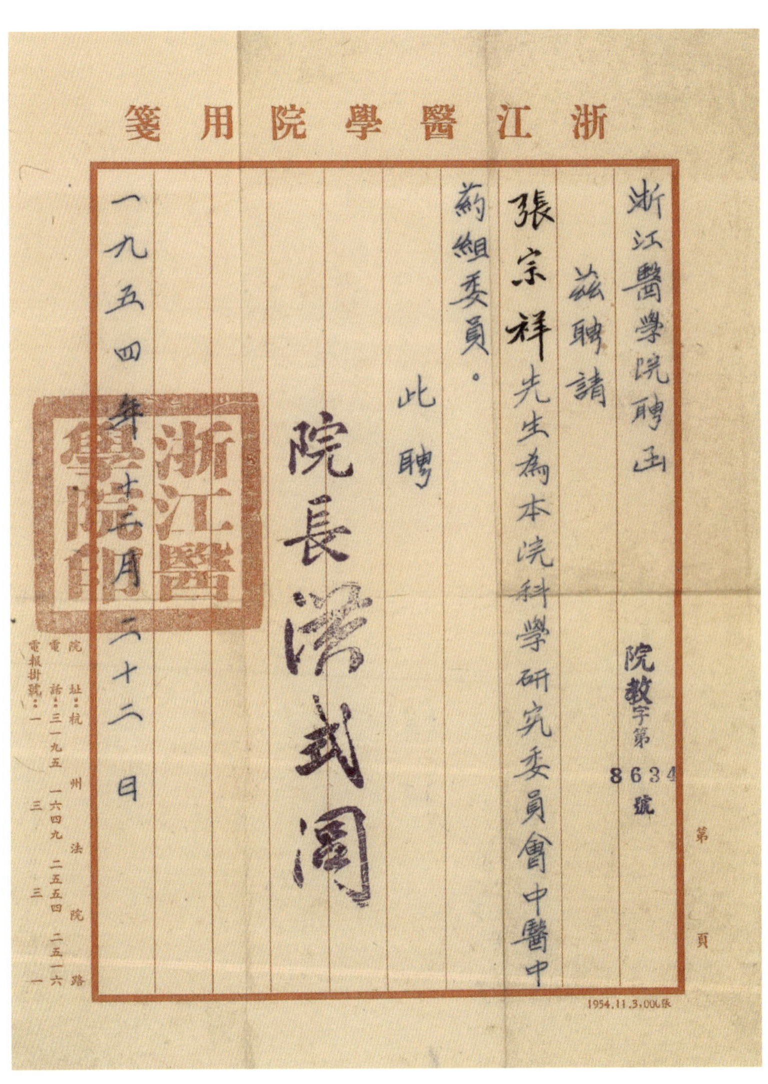

浙江醫學院用箋

浙江醫學院聘函

院教字第 8634 號

茲聘請

張宗祥先生為本院科學研究委員會中醫中藥組委員。

此聘

院長 洪式閭

一九五四年十二月二十二日

浙江醫學院印

院址：杭州法院路
電話：三一九五 一六四九 二五五四 二五一六
電報掛號：一三三一

第 頁

1954.11.3.000张

浙江医学院聘请张宗祥先生为本院科学研究委员会中医中药组委员的聘书

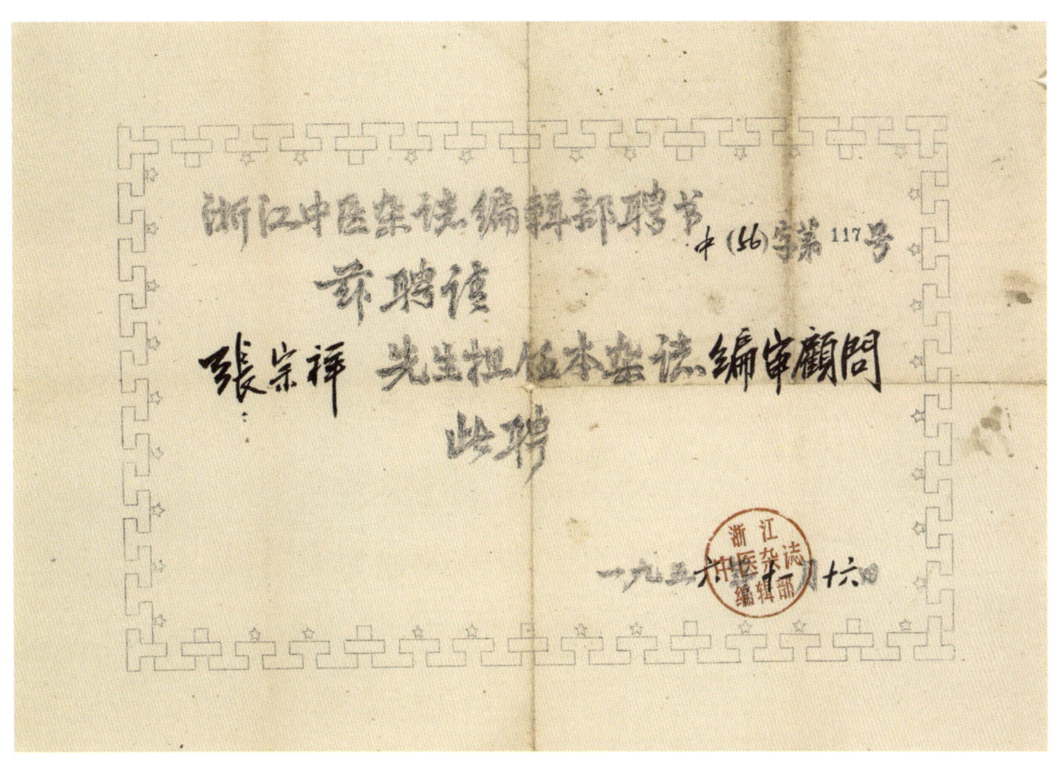

浙江中医杂志编辑部聘书　中(56)字第117号

兹聘请

張宗祥 先生担任本杂志编审顾問

此聘

一九五六年十一月十六日

浙江中医杂志编辑部

《浙江中医杂志》编辑部聘请张宗祥先生为该刊编审顾问的聘书

张宗祥医道精通之一证

林乾良著，载《西泠印社》第 34 辑：“张宗祥研究·西泠印社壬辰春季雅集专辑”，2012 年

张宗祥医道精通之一证

□ 林乾良

通儒无所不通，每通于医。何况，我国自古有“不为良相，则为良医”之传统，良相医国以求治世，良医拯民以解疾苦，其功于社会则同。在古史上，商汤之时出了一位顶尖的高级知识分子伊尹，此人之名甚至见于甲骨文之中，伊尹本是职司厨役之奴隶，最善调制汤类菜肴。中国医史上又有“医食同源”之论。伊尹从饮食之汤，旁及医药之汤，遂兼能医药之事。古称他著有《伊尹汤液经》，多半也是和《黄帝内经》与《神农本草经》一样是后世医家托名之作。不但如此，伊尹更从调制汤类菜肴及中药汤剂中领悟到如何调和人事关系，因而被商汤委为类似后代宰相的要职。后来，人家称赞政治家的丰功伟绩每用“调和鼎鼐”之词，即源于伊尹的故事。

因为我在篆刻、书画与收藏、鉴赏上也稍有表见，又是“文革”后首批入社之社员，艺术界朋友几乎多忘掉了我的本职是医学教授了。我原为浙医二院的外科医生，拿的是手术刀而非刻印刀。1956 年，卫生部调我到上海首届西学中研究班。一去三年，倒大大造就了我。专业的事就不说了。我因业师丁济民（上海中医学院附院院长、孟河名医丁甘仁文孙、中国医史学会副会长）的启发，自1957年开始收集名医处方，而且一定要毛笔书写者。半个世纪锲而不舍，遂成为中国当然也是世界第一。第六届西湖博览会时，曾办“万方楼珍藏名医处方真迹展”于胡庆余堂中药博物馆，电视、报刊均有大

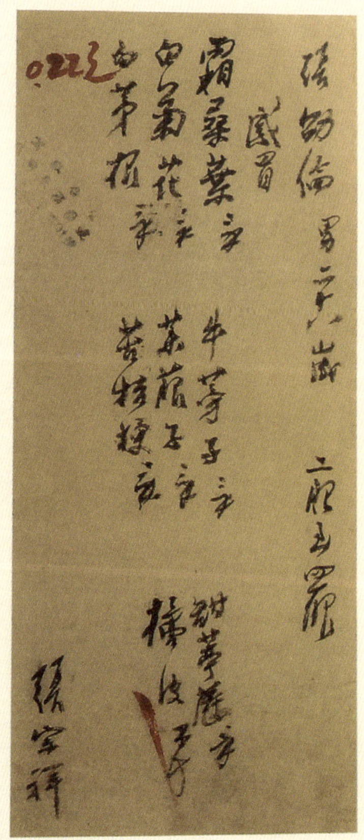

张宗祥手书处方

块面介绍。后来，又移展北京、温州，并在《中国中医药报》、《中医文化杂志》上连载过。

我是《浙江中医学院学报》的创办人。在1997年第一期的"创刊廿周年纪念集"上，曾发表一篇《浙江四大文人中医处方真迹》。文中首次述及张宗祥、马一浮、陆维钊、诸乐三之医道并附手书处方，当即震动四方。有读者不敢相信是真的，国家档案馆即来函要收入记录。其实，张宗祥不但能治病而且还有医学著作《临症杂谈》；而诸乐三则是上海中医专门学校的科班出身。20岁后才弃医从艺而任教于上海美专。

张宗祥（1882—1965），原名思曾，字阆声，号冷僧，浙江海宁人。出身书香门第。17岁在双山书院求学时名列榜首。学问深邃，年才廿岁即在开智学堂任教。廿一岁中举人，宣统二年殿试一等。历任大理院推事、瓯海道道尹、教育部视学、京师图书馆主任。建国后，任浙江图书馆馆长，文史馆副馆长、美术家协会副主席及西泠印社第三任社长。对中国传统的各类学问诸如文史、诗词、地理、宗教、考古、书画、医学等无不精通。曾手抄古书六百余卷，并世罕见其俦。著作等身（包括校注古籍），如《国榷》、《说郛》、《冷僧书画集》、《临症杂谈》等。

今介绍寒斋（万方楼）珍藏之张宗祥手书处方一纸，该方曾经中药店配方，曾收入拙著《中国古今名医处方真迹留珍》（西泠印社2009年出版）。该书以图版为主，未加分析。今对该方组成细加查考，才知张氏对遣方用药均有出处，非精通本草（即中药，因"诸药以草为本，故云本草"）、方剂（即配伍成复方，必经验有效才能代代相传）者何能臻此。先将该方全文录下：

"张劭伦，男，二十八岁。二服至四服。感冒。霜桑叶3钱、牛蒡子3钱，甜葶苈3钱，白菊花3钱，莱菔子3钱、橘皮钱半、白茅根3钱，苦桔梗3钱。张宗祥。"方上钤有"公私合营张同泰国药号"印记，并朱笔批价"0.22元"。

张宗祥为我国近代之重要书法家，其行书苍老雄浑中又兼有飘逸灵动，别具一格。此纸虽为临证处方，而结体、章法十分严谨，实是一件小品书法之佳作。

细加查考，方中虽仅八味中药，却为六张著名古方综合化裁而成：①方之首排为霜桑叶与白菊花，此为《温病条辨》著名方桑菊饮中冠名的两味药，是"温邪上受"所致寒热、咽痛所必用。②牛蒡子出自《疡科心得集》之牛蒡解肌汤，"解肌"与"解表"同义，为解除客于肌表之外邪。③甜葶苈出自《金匮要略》之葶苈大枣泻肺汤，亦冠名之要药。估计，该患者必感冒两三天后方就诊，故除寒热、咽痛外兼见较重之咳嗽、痰粘，甚或兼喘，故需用甜葶苈、莱菔子等。④莱菔子出自《韩氏医通》之三子养亲汤，其意已见前文。⑤橘皮出自《和剂局方》之二陈汤，为化痰止咳首方。橘皮用其晒干之陈货为佳，处方可书"陈皮"。⑥苦桔梗出自《伤寒论》之桔梗汤，功可宣肺、利咽、祛痰，自与上述合。

我们赞文学家、书法家之作品。或用"无一字无来历"以极言其学有根底，学识渊博。今琐论张宗祥之方剂组成者，亦此意耳。

行文至此。忽忆一事。"文革"后期趋谒韩师登安，而容膝楼上已先有一客在。经介绍，才知是西泠早期社员秦康祥之独子。谈及彼少年时常患低热、汗出，中西医久治不愈。其父曾携子请教张宗祥。嘱其每日饮马乳，果然不半年即愈，且从未再发，张公之博，一至如此，真令人叹服。

作者简介 林乾良：西泠印社社员、中国书法协会会员。

【本文责任编辑 郭超英】

张宗祥先生为张劭伦所开药方原件

浙江中医药博物馆藏

药方全文如下：

“张劭伦，男，二十八岁。二服至四服。感冒。霜桑叶三钱、牛蒡子三钱、甜葶苈三钱、白菊花三钱、莱菔子三钱、橘皮钱半、白茅根三钱、苦桔梗三钱。张宗祥。”方上钤有“公私合营张同泰国药号”印记，并朱笔批价“0.22元”。（据林乾良《张宗祥医道精通之一证》）

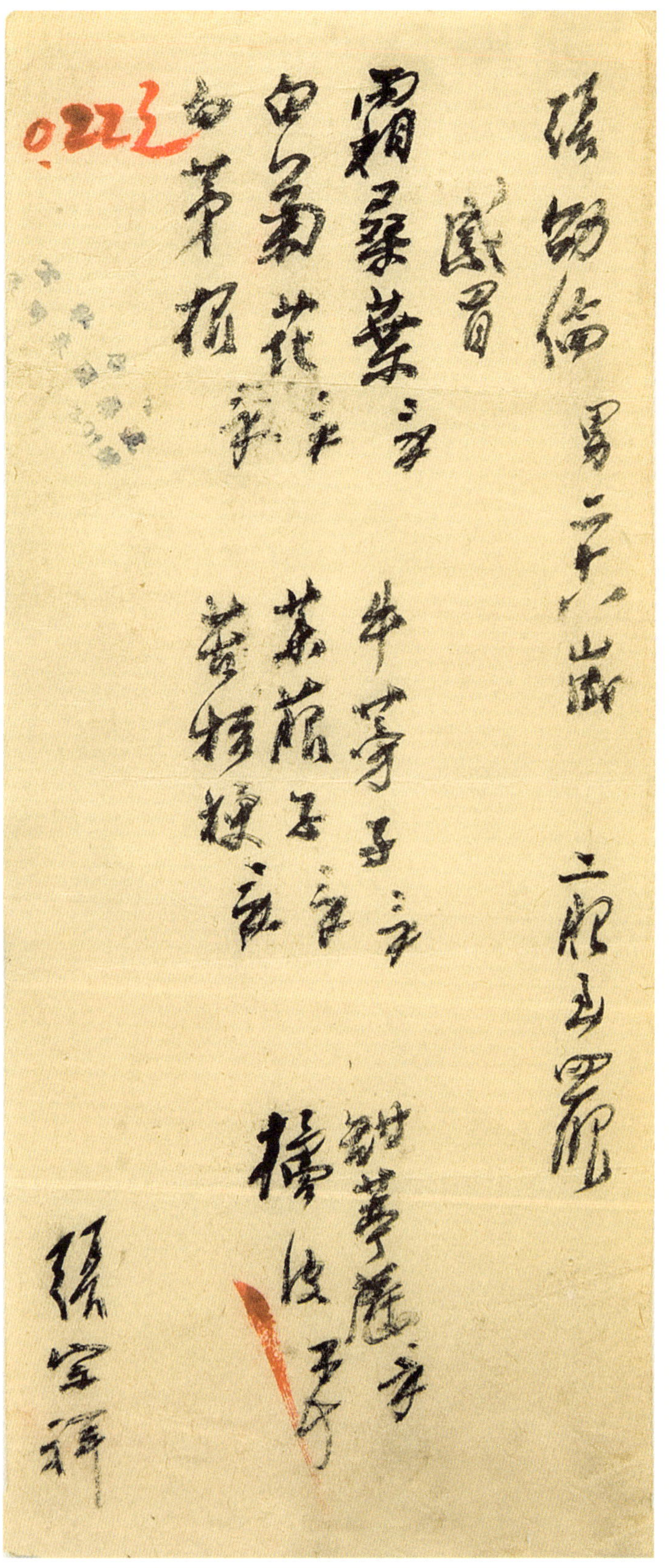

張劭倫 男 二十八歲 二服至四服
感冒
霜桑葉三錢 牛蒡子三錢 甜葶藶三錢
白菊花三錢 萊菔子三錢 橘皮錢半
白茅根 苦桔梗三錢
張宗祥

参政议政

浙省开人民代表会议，邀予为特约代表。自筹备委员会起，以至预备会、正式会，继续六十余日，始毕事……（摘自张珏：《冷僧自编年谱简编》）

省府昨邀開各界聯席會議

協商省人民代表會議籌委人選

會議一致同意並補充省府所提初步名單

今日舉行籌備委員會第一次會議

（本報訊）浙江省人民政府於昨日下午二時，邀請在杭省、市各機關、團體代表及各民主黨派、民主人士，舉行聯席會議，協商浙江省第一次各界人民代表會議籌備委員會委員人選。出席者有：譚震林（浙江省人民政府主席）、蔡一鳴（中國農工民主黨浙江省工作委員會）、蘇步青（中華自然科學工作者第一次代表大會籌委會杭州區分會）、劉景善（浙江省學生聯合會）、林楓（中共杭州市委會副書記）、唐爲平（中華全國新聞工作者協會籌備委員會杭州分會）、谷超豪（中國科學工作者協會杭州分會）、唐巽澤（杭州市工商聯合會籌委會）、李士豪（中國農工民主黨中央委員）、趙德三（民主人士）、李健（杭州市總工會）、邵裴子（民主人士）、馬文車（杭州市人民救濟事業委員會）、童友三（杭州市小學教育工作者聯合會）、劉建中（浙江省總工會籌委會）、胡成放（浙江省人民政府交際處長）、金臻庠（寧波市工商聯合會）、俞佐宸（寧波市工商聯合會）、姜震中（民主同盟中央委員、杭州市工作委員會）、田井（杭州市民主婦女聯合會籌委會）、陳碧如（浙江省民主婦女聯合會）、趙克明（中國新民主主義青年團浙江省工作委員會）、舒模（杭州市文學藝術工作者聯合會籌委會、杭州市音樂工作者協會）、馬寅初（高等教育工作者聯合會）、張令杭（代）、劉丹（浙江省人民政府秘書長）、吳憲（杭州市人民政府）、王文長（浙江省人民政府副秘書長）、龍躍（浙江省農民協會）、金鈴（杭州市總工會）、盧開錫（國立藝術專科學校）、沈棪（小教聯）、王鴻禮等。

會議由譚震林主席主持，首先說明：浙江省第一次各界人民代表會議籌備委員會委員人選，曾經省人民政府自五月下旬開始與各團體、各民主黨派、各民主人士廣泛協商，多次徵求意見，產生今天的初步名單，請各位到會人士詳細研究，充分討論，或增或減，獲得一致意見後，由省人民政府正式聘請。繼由省人民政府交際處胡成放處長將籌委會委員初步名單逐一介紹，並由主席詳細說明各特邀參加籌委會的民主人士之履歷，及其對於人民革命事業之貢獻。旋即進行討論，一致同意省人民政府提出的初步名單，並增加國立浙江大學教授蘇步青參加籌委會，決議由省人民政府按一致同意之名單，分別致送正式聘書（名單另文發表）。最後，由主席宣佈：定於今日（七日）下午二時，舉行籌備委員會第一次會議。（平）

浙江省第一次各界人民代表會議籌備委員會委員名單

（以姓氏筆劃多少爲序）

丁秋生　王建安　王文長　王國松　毛契農
江華　呂公望　余森文　李士豪　李文灝
吳憲　吳仲廉　吳山民　何燮侯　貝時章
林楓　金鈴　金臻庠　金仲椿　邵裴子
胡成放　胡海秋　俞仲武　俞佐宸　姜震中
馬文車　馬青　唐巽澤　張勁夫　張蓬
張宗祥　郭靜唐　郭人全　陳冰　程孝剛
楊思一　趙克明　趙德三　劉丹　劉建中
劉開渠　蔡一鳴　霍士廉　龍躍　鍾文娟
譚震林　譚啓龍　蘇步青

主任　譚震林

副主任　王建安　譚啓龍　何燮侯

浙江省第一次各界人民代表会议筹备委员会委员名单

浙江日报　1950 年 6 月 7 日第 1 版

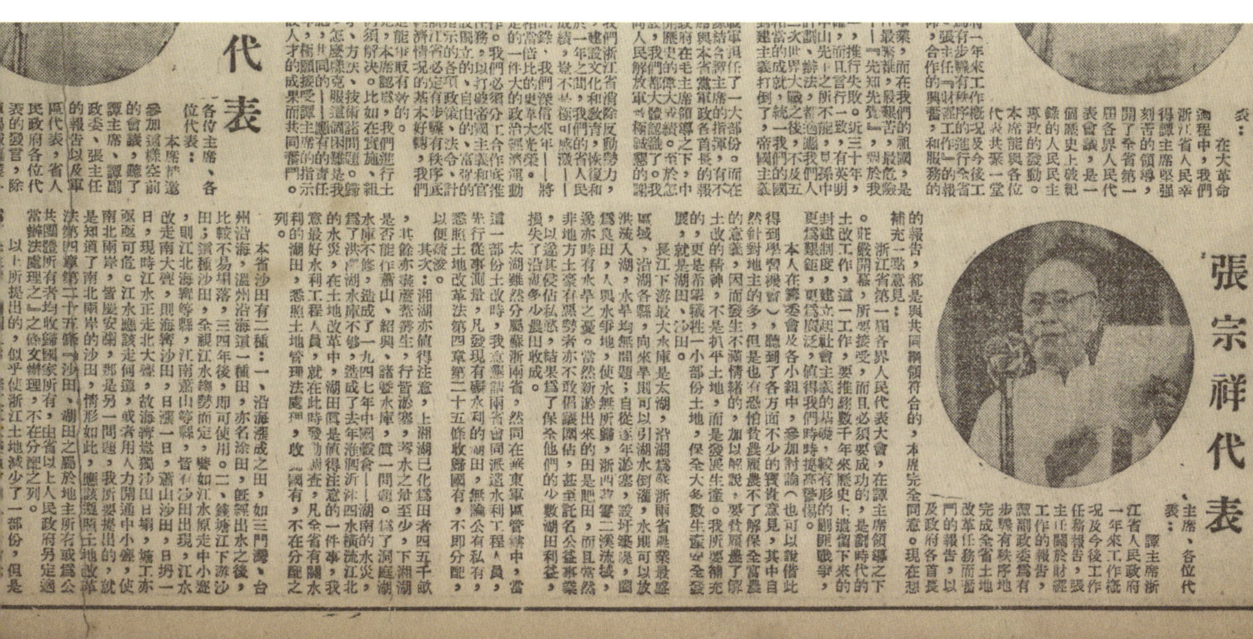

表：在大革命過程中，我們浙江省人民幸得譚主席堅強刻苦的領導，開了全省第一屆各界人民代表會議，是一個歷史上破紀錄的人民民主專政的發動。本席能與各位代表共聚一堂

張宗祥代表

主席、各位代表：譚主席浙江省人民政府一年來工作概況及今後工作任務報告，張主任關於財經工作的報告，譚副主席有步驟有秩序地完成全省土地改革任務……門的報告，以及政府各首長的報告，都是與共同綱領符合的，本席完全同意。現在想補充一點意見：

浙江省首届各界人民代表会议代表发言

浙江日报　1950 年 8 月 9 日第 6 版

投資少，收效快，成本低，利潤大，
於一般種場所生產的標準，是符合於
和國家在蠶桑方面發展的需要的。這
，已得到中央重視，並介紹給各省仿
數年以來，我們却是單純地搞養蠶製
沒有以互助合作爲中心來發展蠶種生
成了農副業分家，領導不統一，削弱了
量。在共育室內部，單純從防治蠶病
主、富農參加，使組織不純，生產分
農受到嚴重的剝削，使生產積極性受
地違反了階級政策。在解放後蠶桑生
二年以前，超額完成了任務。自一九
雖然每年生產都有增加，但增加速
，那樣快，甚至還沒有完成計劃生產任
業生產來看，也是這樣情況。就是說
農業發展慢，農業發展的速度，跟不
要求。這是一個很大的問題，值得我
種情況發展下去，將使社會主義工業
的影響。所以造成這樣的原因，主要的
思想上、技術上落後於形勢發展的要
產上來講，由於政府實施了蠶種計劃
要種場按照政府計劃生產，按計劃配
出的顧慮，農民和種場都可以安心生
積極性。但是假如自已在思想上和技
套，就不能符合形勢發展的要求。這
桑生產發展的主要原因。
五五年的工作任務是很繁重的。要完
我們必須遵照本次會議各項決議，和
結一致，努力工作，努力學習，提高
平和業務水平，改造自己，改進缺點，
位上，堅決貫徹增產節約精神，爲國
金，爲完成和超額完成一九五五年生
全省優良蠶種供應，支援解放台灣而
有一個要求，要求有關生產蠶桑的各
公私營蠶種場的領導，提高蠶種產量
加强對於原有桑園的鞏固和提高，發
在力量，提高桑葉產量和質量；要求
件的山區縣份，加强就地培苗，推廣
的桑園面積，依照國家計劃，發展蠶
家的社會主義工業化而奮鬥！
會勝利成功，祝各位代表身體健

表大會第二次會議上的發言

張宗祥代表的發言

主席，各位代表：

我是一個文化工作者，現在我就談談我們浙江圖書館的工作。我們館內書籍很多，一九五〇年爲三十五萬册，一九五四年增爲八十二萬册，其中新書十餘萬册。在流通圖書方面，一九五二年每月到館借閱最高紀錄爲六萬册，到館讀者二萬人；到一九五四年八月，閱借最高紀錄有十一萬多册，到館讀者爲四萬七千多人。我們還有一百七十三個流通站，有書四萬册，閱讀的人數難以計算。這說明了廣大人民對文化的要求是相當迫切的。但是我們在添購圖書時却還有盲目性。自學習了國家在過渡時期的總任務以後，由於進一步明確了爲工農兵服務的方針，因此在去年十二月我們即派了兩個幹部，帶了五千册圖書到基本建設工地去爲工人服務。那個工地上現有一萬二千多工人，不久以後即將達到二萬多工人。等這一工地的工作結束後，我們準備再到其他工地去服務。不過，目前我們的工作中還存在很多缺點。主要原因有二：一，年紀大的同志，連我自已在內，思想認識上提高得不够快；二，年青同志文化水平還不高。

我是海寧縣選出來的代表。海寧縣的文化教育工作也有了相應的發展，全縣三十七萬人口現有中學三所，小學二百所，可以說有村就有小學。每個鎭都有文化站。但是，量雖多，質却不够高；教員中還有極少數品質很壞的。在一九五五年，海寧縣的領導機關一定要按照上級的指示，好好地加以改進。

去年，浙江省有水澇，其中受澇最厲害的是產稻區。我建議省府召開水利會議研究一下，要抓緊時間，立刻動員，應興修的興修，應開浚的開浚；否則，到春水一泛濫，就來不及了。去年造成水澇，最大的原因是：太湖和運河兩個出口都流入長江，而長江水位特別高，不能迅速流出，因此太湖倒灌、運河倒流，致杭、嘉、湖地區的水就很難排出。農田在水退後還可救，一般桑樹、竹園和枇杷樹受水浸後，多數死亡，就非三、五年不能恢復。太湖流域的水情和江、浙兩省人民有關係的，長江水位增高是和全國有關係的，請出席全國人民代表大會的諸位代表能熱誠地來指導我們，並希望把這一實際狀況帶到中央去。

藍陳香代表

我小時是一個童養媳，在
位，也沒有文化，所以講不好
我參加這次會議，感到非
報告說明了我們農業戰綫上，
五三年大大不同了。這完全是
的。就拿我們臨安縣來說，在
業生產合作社只有兩個，到一
四百零二個了。產量也大大地
均產量爲五百零三斤，比前年
們楊嶺鄉，現在已有一個高級
個農業生產合作社，並且已基
去年在抗洪防澇中，有十一戶
由於發揮了集體力量，便用互
克服了。毛主席教我們不要向
做到了。並且由於互助合作的
自然災害，獲得了豐收。去年，
到穀子十六斤四兩，比前年增
雖然我們的工作獲得了很
着缺點。如在我們這裏，領導
作風，不了解下面的實際情況
體領導和幫助。今後應力求改
現在，美帝國主義正在阻
蔣賊簽訂了「共同防禦條約」，
們要以鞏固合作社、搞好生產
國人民解放軍解放台灣。我們
計劃，我們在冬季準備做好積
除蟲、刨草等工作。此外，還
屬和淸潔衞生工作，這個工作
做。
總之，台灣是我國的領土，
的兄弟姊妹，他們受的痛苦，
們一定要解放台灣，使台灣的
福生活。因此，我們要堅決完
計劃，擴大雙季稻的種植面積，
支援國家建設，支援人民解放
善我們的生活。
祝各位代表身體健康！

董聿茂代表

主席，各位代表：
聽了霍副主席的浙江省人
况及今後一年工作任務的報告，
告到水產部分時，我感到非常
水產在全國中是突出的，尤其是
的自然環境：它位在東海，有
和浙江省的第一大河錢塘江及

在浙江省首届人民代表大会第二次会议上的发言

浙江日报　1955年1月22日第3版

在浙江省第一届人民代表大会第四次会议上的发言

浙江日报　1956 年 6 月 5 日第 5 版

張宗祥代表的書面發言

我做的是圖書館工作，現在就說一說浙江省圖書館为科学研究工作者服务的步驟、存在的問題和解决的方法。

杭州只有一个浙江省圖書館，沒有杭州市圖書館。杭州全市人口有六十余万，应該有市圖書館，也应該有兒童圖書館，因为客观条件困难，所以至今未能建立起來。省館从1950年以來，一直兼負着市館和兒童閱覽的工作，这是与沈陽、济南等处的圖書館不同的一點。

自1950年至1953年，浙江省圖書館組織未划一，業务方針未確定，專一在推廣新書、宣傳馬克思列寧主义方面用力。自1954年規定面向工、農、兵以后，省館就依照这个方針來進行工作。以1956年來說，我們在杭州市郊建立了六十三个流通站，市區建立了一百三十余个流通站，工地、工廠派干部携書出借，積極進行推廣流通工作。当然我們做得并不周到，缺點甚多，不能滿足一般市民的願望，这是不可諱言的。

为了便于青少年課外学習，建立兒童圖書館是必要的。以杭州市人口來計算，最好能有兩个到四个兒童圖書館。但是目前只有附屬在省館的一个兒童閱覽室，每月有一万四、五千个小朋友來館閱覽，而管理干部僅有一，人还有一个是臨時义务工作者，人手很不够。

为了更好地为科学研究工作者服务，本年省委文教部曾召開了一次在杭州的各大、專学校圖書館会議，大大啓發和鼓勵了我們。接着省館又召開了在杭市各大、專学校圖書館館長会議和采編工作干部会議（此項会議，每月至少開一次，各館輪流召開）。館長会議上决定了建立館际圖書互借關系和分工采購的办法（如有關農業科学的書籍由農学院負責采購）。决定自本年6月開始，各校購進新書，多印卡片一張，交省館目錄櫃統一編排，成一联合書目，学者只需至省館一查目錄，立刻明了此書現在何館，就能得到各种專門科学書籍。为了避免重複以至浪費人力起見，会議决定今后各館編制專題目錄，事先与各館联系，并請各館供給有關这一方面的材料來充实專目的內容。这幾种方法实行之后就，使杭市各大、專学校的圖書館和省館合而为一个供給科学工作者应用的圖書館。这是替國家節約的一个好办法。

科学雜志是各种科学的百貨公司。我們决定編印一种反映本市各圖書館所藏的一切中外文雜志联合目錄，其中中文雜志联合目錄由省館負責，外文雜志联合目錄由浙大圖書館負責，預計在8月中能与讀者見面。如果進一步要求，雜志应該有索引，但是外文雜志要編索引，目前还缺乏这个条件，省館中能編俄、英、日三國文字書本目錄的人也不多。

再談一談省館接收舊書与为科学服务的關系。省館从1954年第三季度起，整理舊書三四十万冊（南潯嘉業堂書另有目，不計在內）。其中工業六百六十余种，中医、中藥六百余种，美術、書画、碑帖及理論二千余种，金石、考古二百余种。这些書中有很名貴的版本；如元刻針灸資生經，李時珍本草綱目第二刻本等等。在本草方面已編成詳細提要卡片，在善本方面（包括四庫全書在內）已編成簡要目，备医学上应用。地方志方面，已發動文史研究館的老先生就地震、水旱、物產等部門，采輯資料，供地質、水利、農業研究之用。

自淸道光到解放以前，百年之中，石印、鉛印書刊逐漸盛行，私人著作往往不用木板而用排印，書本旣小，流亡至易，此時期的浙江人著作（特别是辛亥革命至今四十余年中的著作），今宜急为收集，以备史料。省館接收舊書時極重此點，但所獲不多。

除了比較高深、專門的科学書籍外，还要供应一般高中程度的青年所需要的科技書籍，这当然不是各友館的任务，而是省館的任务。过去省館因为文藝書供不应求，曾把高中学生的讀者組織小組，讓他們以小組为單位來館借閱，借書的限期也較短。現在为了便于高中生借科技書，特为另發个人借書証，可以不受小組限制，而且時期也延長了。

我再來談談存在的問題。就本人論，除了略略知道一點中國史地知識之外，其余就兩眼墨黑了。要了解世界高深科学，必須精通二國以上外文（尤其是俄、英兩种文字）。虽然一个省館不能齐备各科專家，但是配备一兩个深通外文的人員是必要的。省館有圖書館專科畢業干部，却少外文干部，此为最大的一个問題。

關于今后工作問題，省文化局、杭州市人民委員会与文化处、省館曾集議过一次，打算建立杭州市圖書館，只有館址难以解决，因为市館必須地點適中，方能面对大众。如果今年可成立市館，此后省館一方面研究为科学服务，一方面可抽出力量輔導各縣縣館，培养各縣縣館干部，这是比較適宜的。

各位代表中不少是科学專家，此后希望多多介紹世界上科学的新書，协助我們做好工作。

本省圖書館工作者协会成立

选出張宗祥等十五人为执行委員

本报訊 浙江省圖書館工作者协会第一屆会員代表大会，昨天在杭州市工人文化宫举行。会上正式成立了浙江省圖書館工作者协会。

浙江省圖書館工作者协会是全省圖書館（室）工作者自願結合的群众团体，凡是本省各級各类圖書館（室）工作者（兼职者包括在內）自願申請，都可以加入。它的任务是为了加强圖書館工作者的联系，組織学習，交流經驗，以提高政治思想和業务水平；推动本省圖書館事業的巩固和發展，更好地为普及文化科学和教学、科学研究服务。筹委会在今年三月間成立，并进行了会員調查登記及拟訂章程草案等工作，目前已有会員三百多人。

参加第一屆会員代表大会的，有浙江省圖書館、各市县圖書館、文化館圖書室和各地机关、工厂、大中学校圖書館（室）正式代表及列席代表六十多人。中共浙江省委宣傳部副部長、省文化局局長黃源、省文化局副局長許欽文都到会祝賀，并講了話。黃源副部長特别强調圖書館工作在社会主义文化事業建設中的重要性，他希望全省圖書館工作者要繼承和研究我国圖書事業的优良傳統，收集各地私人藏書，更好地为工农群众普及文化服务，为科学研究工作服务。会上并通过了章程，选出了張宗祥、鮑傳声等十五人为执行委員。

本省图书馆工作者协会成立，选出张宗祥等十五人为执行委员

杭州日报　1957年6月4日第2版

追忆缅怀

张宗祥先生爱好文物，收藏甚富。先生晚年将生平所藏古籍、碑拓、手抄书、字画、名人刻章等珍贵文物全部无偿捐赠给国家，高风亮节，为世景仰。

张宗祥先生纪念画册

张宗祥先生长女张珏编写的《纪念爸爸》

·目　錄·

幸福的晚年：閑坐（扉頁說明）

在國家關懷下，爸晚年過得很幸福。整理古書的心願得償，是老人家一生最高興的事。校書寫字之後，有時在書桌旁閑坐，有時在室內獨步，而笑聲常達戶外。家人以爲有客聊天，實係發自心底的笑聲。（攝于一九六五年二月，生前最後的照片）

1

《张宗祥百衲小传》

张珏重抄，纪念父亲110岁诞辰，海宁市图书馆打印稿

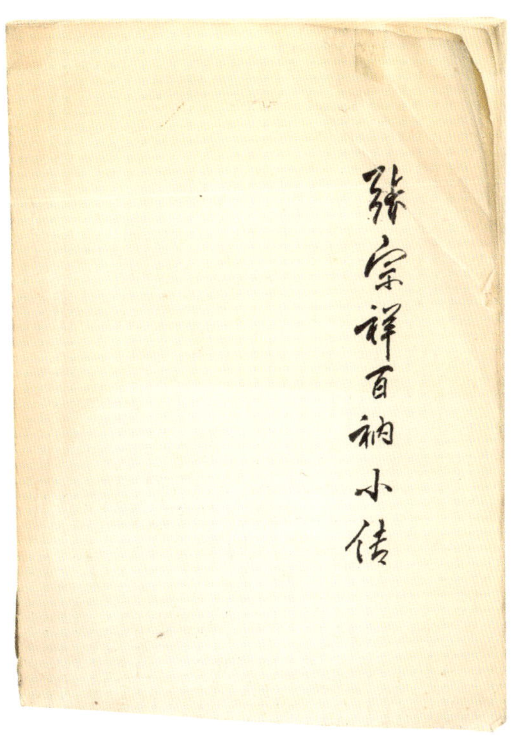

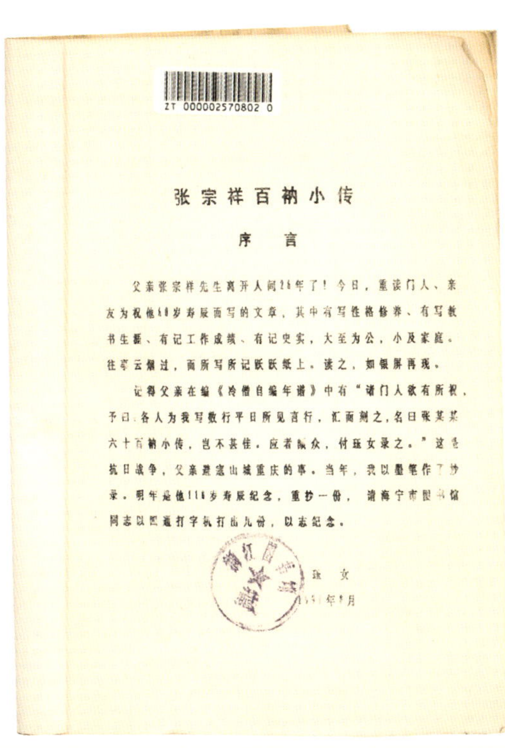

张宗祥百衲小传

序　言

父亲张宗祥先生离开人间26年了！今日，重读门人、亲友为祝他60岁寿辰而写的文章，其中有写性格修养、有写教书生涯、有记工作成绩、有记史实，大至为公，小及家庭。往事云烟过，而所写所记跃跃纸上。读之，如银屏再现。

记得父亲在编《冷僧自编年谱》中有“诸门人欲有所祝，予曰：各人为我写数行平日所见言行，汇而刻之，名曰张某某六十百衲小传，岂不甚佳。应者颇众，付珏女录之。”这是抗日战争，父亲避寇山城重庆的事。当年，我以墨笔作了抄录。明年是他110岁寿辰纪念，重抄一份，请海宁市图书馆同志以电脑打字机打出九份，以志纪念。

珏　女

1991年[illegible]月

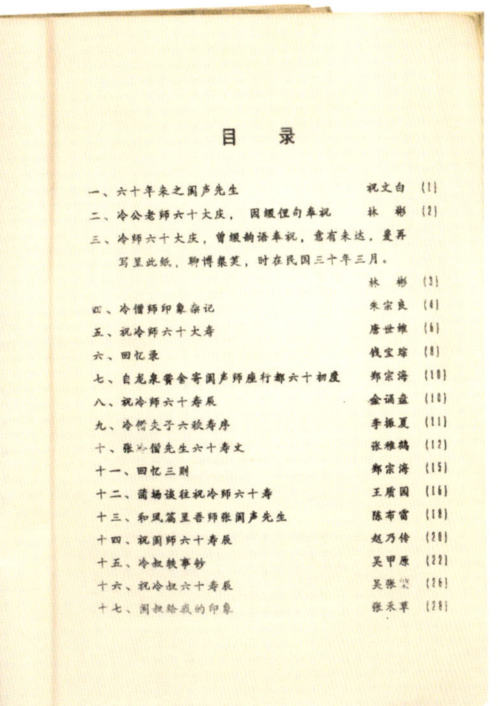

目　录

张宗祥先生诞辰110周年纪念活动

1992年4月2日，由浙江省文化厅、省图书馆、省博物馆、西泠印社等九家单位联合在杭举办纪念张宗祥先生诞辰110周年活动。上午，在文澜阁举办张宗祥先生遗作展。下午在西泠书画院进行座谈。

张宗祥先生遗作展览

长女张珏在座谈会上讲话

《张宗祥先生纪念册》

张宗祥先生诞辰一百十周年纪念活动筹备领导委员会编，1992 年

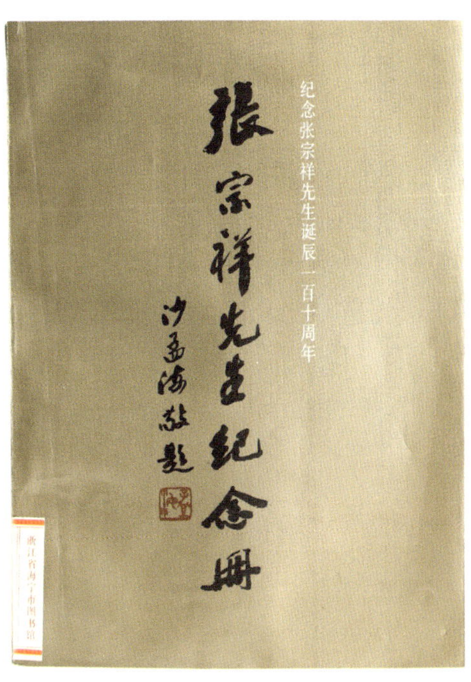

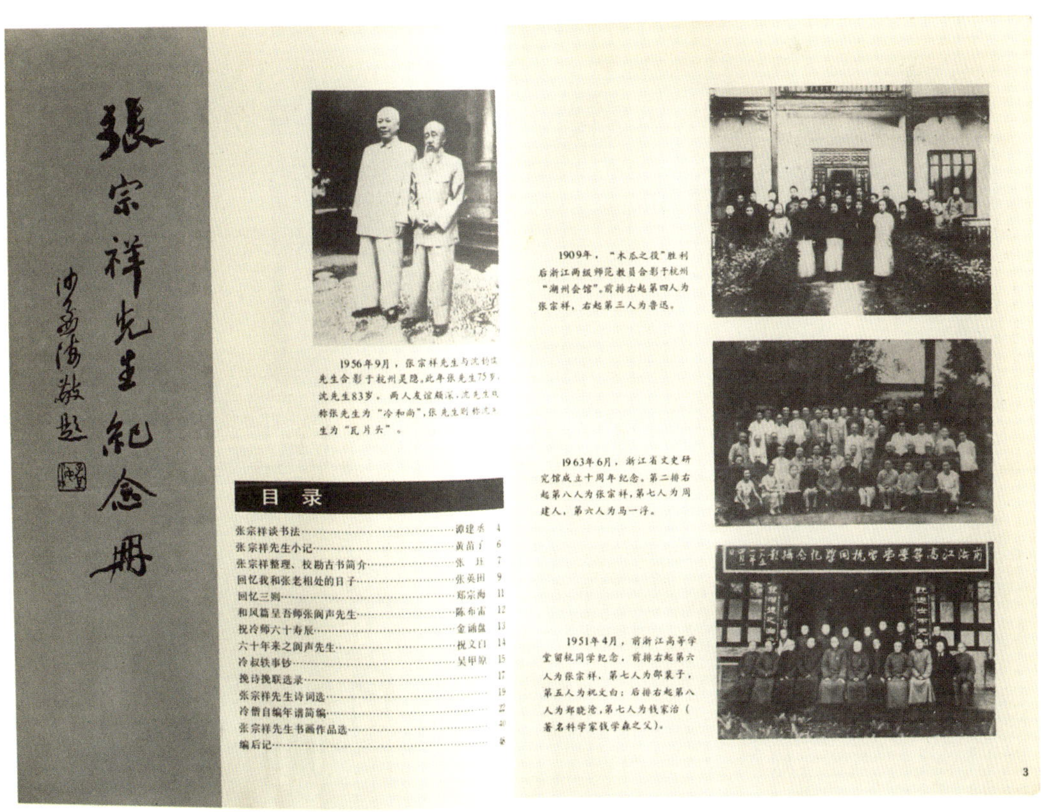

1956年9月，张宗祥先生与沈钧儒先生合影于杭州灵隐。此年张先生75岁，沈先生83岁。两人友谊颇深，沈先生戏称张先生为"冷和尚"，张先生则称沈先生为"瓦片头"。

目 录

1909年，"木瓜之役"胜利后浙江两级师范教员合影于杭州"湖州会馆"。前排右起第四人为张宗祥，右起第三人为鲁迅。

1963年6月，浙江省文史研究馆成立十周年纪念。第二排右起第八人为张宗祥，第七人为周建人，第六人为马一浮。

1951年4月，前浙江高等学堂留杭同学纪念，前排右起第六人为张宗祥，第七人为邵裴子，第五人为祝文白；后排右起第八人为郑晓沧，第七人为钱家治（著名科学家钱学森之父）。

3

张宗祥先生纪念画册

《张宗祥先生纪念册》

海宁市政协文史资料委员会编，1992 年

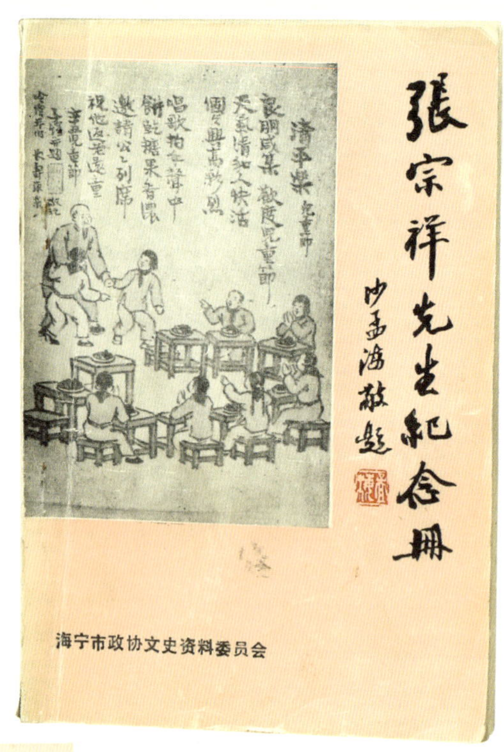

目　录

“文澜阁”展出张宗祥书画

本报讯 昨天上午，我国近代著名学者和书画家张宗祥先生的50余幅作品，在孤山“文澜阁”展出。这是省市及海宁市各界为纪念张宗祥诞辰110周年而举办的一项活动。

下午，各界人士50多人相聚西泠书画院，就张宗祥先生的书画艺术和学术成就进行了座谈。

张宗祥(1882－1965年)对祖国文化作出过重大贡献，举世闻名的“文澜阁”《四库全书》就是在他主持下进行第3次补抄后，始得完璧的。他曾将毕生校抄的善本或孤本古籍，悉数捐献给国家。他又以书画称世，书法更是自成一家。

(记者 姜青青 戎国彭)

“文澜阁”展出张宗祥书画

杭州日报 1992年4月3日第2版

我省举行张宗祥诞辰110周年纪念活动

本报讯 我省近日举行著名学者、书画家张宗祥先生诞辰110周年纪念活动。

纪念活动包括从4月2日起在浙江省博物馆举办的张宗祥先生遗作展，在西泠书画院举行的探讨张宗祥书画艺术和学术成就的座谈会，出版纪念他的《西泠艺丛》和纪念册等。

张宗祥先生是浙江海宁人，他淡泊名利，热爱祖国，深受人们的尊敬和爱戴。他学识渊博，文史、金石、考古、书画、医药等方面都有造诣。他一生著述甚富，还将毕生抄校的善本及所藏珍贵字画全部捐献国家。 (章新建)

我省举行张宗祥诞辰110周年纪念活动

浙江日报 1992年4月3日第1版

张宗祥先生逝世五十周年纪念活动：浙江图书馆祭拜老馆长张宗祥先生

2015 年 4 月 2 日，浙江图书馆全体馆员前往张宗祥先生墓地举行“纪念张宗祥先生逝世 50 周年”清明祭祀活动。本次活动是“张宗祥先生逝世五十周年纪念活动”中的一部分，8 月将陆续开展纪念展、主题讲座、“文献 · 艺术”国际学术研讨会暨张宗祥先生逝世五十周年纪念会等活动。

CULTURE 13-16
责任编辑：吴德恩 | 联系电话：0571-85310366 | 2015年4月3日 | 星期五

《四库》补遗功不可没

浙图追念老馆长张宗祥

本报杭州4月2日讯
记者 刘慧

今天，浙江图书馆"纪念张宗祥先生逝世50周年"清明祭祀活动在杭州南山公墓举行，人们缅怀先生的爱国情怀，深情颂扬先生对浙江图书馆事业所作的贡献。

张宗祥（1882—1965），海宁硖石人。曾历任浙江图书馆馆长、省文史馆副馆长、西泠印社社长等职，在整理校勘古籍、书法等方面成就颇高，为保护《四库全书》书写了浓重一笔。

《四库全书》编成于清乾隆四十七年（1782年），共缮写7部，分藏于紫禁城文渊阁、圆明园文源阁、沈阳文溯阁、避暑山庄文津阁、镇江文宗阁、扬州文汇阁和杭州文澜阁。因战争不断，《四库全书》有的被毁，有的破损。杭州文澜阁及所藏《四库全书》也面临同样厄运，藏书大量散失。杭州著名藏书家、八千卷楼主人丁丙、丁申两兄弟挺身而出，搜觅流散民间之阁书。张宗祥任浙江教育厅长时，眼见这些珍贵书籍屡遭毁损心急如焚，便四处奔走募捐补抄《四库全书》，同时组织人力到北京抄补原书遗漏部分，又加以详细校注。这样，共抄写了4497卷，并将丁申、丁丙的丁氏抄本择要重校5660卷，终于补全了《四库全书》。

在南山公墓，还有一位与张宗祥为伴的陈训慈——浙江图书馆1932年至1941年间的老馆长。抗战爆发后，陈训慈与同仁将文澜阁《四库全书》分装140箱，连同浙图其他善本228箱迁至贵州，在贵阳流寓多年，后搬迁到重庆青木关。

张宗祥1965年在西湖边。

1945年2月，文澜阁《四库全书》保管委员会成立，张宗祥为委员之一。1946年，当局欲将文澜阁《四库全书》搬往南京，张宗祥和陈训慈、竺可桢等人据理力争，以该书补抄时全用浙籍人士募捐之资，未用政府一笔一纸的理由相抗议，几经周折，文澜阁《四库全书》在颠簸流离整整9年之后，终于回到杭州，成为浙江图书馆的镇馆之宝。

今天的文澜阁《四库全书》与国内现存的其他几部《四库全书》相比，虽缺少了乾隆原装的名分和贵族气，却也因其历代补配的"组装"特色而别有所长，以内容论，许多详全之本及未经删改之本胜于它书；以数量论，因补抄后又购回原抄本等原因，多达36917册，超出原颁的35990册，足以称冠。

没有众多的爱国仁人志士，就没有文澜阁《四库全书》的今天。

孤山不孤，先生不老……

《四库》补遗功不可没，浙图追念老馆长张宗祥

浙江日报 2015年4月3日第13版

浙图百名馆员纪念老馆长逝世50周年
国学巨匠张宗祥的外孙女徐洁透露外公绝笔

打开一把扇，张宗祥画了一根竹

本报记者 郑琳/文 詹利华/摄

今天，是国学巨匠张宗祥先生的诞辰日，而距离他在杭州逝世，整整过去了50年。

昨天，南山公墓，浙江图书馆160多名馆员身着统一的黑色制服，佩戴浙图的馆徽，分四批来到张宗祥先生和他夫人的墓前，每人献上一朵白菊。

因为，张宗祥曾经担任浙江图书馆的馆长长达15年。

清晨7点半，阳光还没有穿过云层。南山公墓很安静，门口卖花的阿婆正把刚刚洒了水的新鲜花篮一个个摆出来，等待扫墓客人。整个陵园道路上只有少数几个扫墓者的身影。

当记者跟着浙江图书馆第一批扫墓者——20多号人一起走入陵园，成了现场焦点。这群人衣着统一，每人拿着一朵白菊，队伍前前后后拉开了几十米。

祭祀仪式十分简洁肃穆。徐晓军馆长用扫帚清扫了墓上的树叶，年轻的浙图馆员将白色花篮敬献在墓前，全体默哀。

徐晓军朗诵起了祭文："维乙巳年七月，张宗祥馆长逝世。越五十年，岁次乙未，序属清明，浙江图书馆全体馆员，以清酌鲜花之奠，祭於老馆长阆声先生灵前……"

每位馆员献上了白菊。

徐晓军透露，全馆出动祭祀老馆长，这是浙图有史以来第一次。"因为今年是张宗祥先生逝世50周年。先生是国学巨匠，于学无所不窥，无所不精。1950年到1965年任浙图馆长，在古籍整理与保护、图书馆管理等方面作出巨大贡献。"

清明节祭祀是张宗祥逝世50周年纪念活动中的第一项，接下来，还有举办纪念展览、出版纪念画册等活动。

这批祭拜队伍中，有一位特殊的成员——张宗祥的外孙女、现任浙江图书馆党委副书记的徐洁。

这样规模空前的集体祭祀，让她深有感触，"看到大家心里都为外公留着老馆长的位置，我觉得很感动。平时馆员们只能从馆藏的古籍、史料里了解历史人物，现在亲自来祭祀，这个人的形象就会生动起来。"

浙图工作人员向前辈献上鲜花

1951年，张宗祥夫人王淑英逝世后土葬在这里，"外公1965年过世后也葬在南山公墓，虽然他是火葬的，但墓地还是保留了原来土葬的大小。在上世纪80年代的时候，这块墓被重修过，当年是外公的一位老同事帮我们制作了新的墓碑，一直保留到现在。"

在同一片陵园里，还安静地躺着许多文化名流，这其中也有张宗祥的好友们。

"民国军事理论家蒋百里的墓就在上面。"徐洁说，"他和外公是发小，他的女儿、钱学森的夫人蒋英祭拜父亲的时候，一定会来这里悼念我的外公。"

而就在距离蒋百里墓不远的地方，还躺着浙江图书馆的另一位馆长陈训慈，1932年到1941年任浙图馆长。昨天，当浙图馆员祭拜完张宗祥，也去拜祭了陈训慈，"外公和陈训慈曾经一起抢救过《四库全书》"。

徐洁透露，在之后举办的纪念展览中，她和她的家人将拿出一件特别有意义的纪念品。

"那是一面扇子，上面有我外公的绝笔。"徐洁说，"1965年，他住在浙江医院，最后时刻，他跟家人要笔墨，想要画点什么。就在病床上，在那面扇子上，他画了一根竹子。我们家留下的外公遗物已经很少了，大部分在历史中被损毁，有些捐给了公共机构。但这面他临终前画的扇子还是保存了下来，十分有意义。"

浙图百名馆员纪念老馆长逝世50周年

钱江晚报 2015年4月3日第A21版

《国学巨匠——张宗祥传》

浙江人民出版社，2007 年

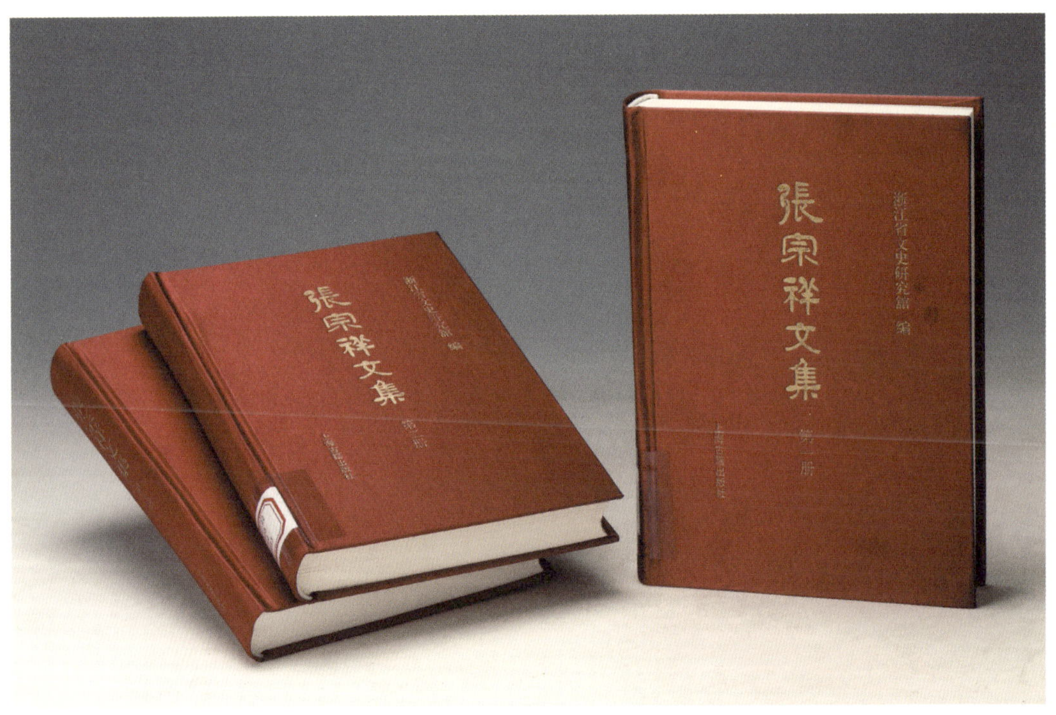

《张宗祥文集》

上海古籍出版社，2014 年